JN326721

歴史の「常識」をよむ

歴史科学協議会――編

東京大学出版会

Readings on the Common Sense of History

Association of Historical Science, Editor

University of Tokyo Press, 2015
ISBN 978-4-13-023066-7

本書のねらい

いま歴史系の博物館や美術館には多くの人が集まってくる。同じように、歴史ものの講演会・カルチャーセンター・オープンカレッジでも、大勢の人が講師の話を聞きに来る。歴史をテーマにした本や雑誌もたくさん刊行されている。毎年、ＮＨＫの大河ドラマが話題になり、歴史に関わるテレビ番組やクイズ番組もなくなる気配はない。歴史に関する知識を競う検定試験のほか、それぞれの地域の歴史や名物をどれだけ知っているかを問う、ご当地検定もさかんである。市民が歴史に触れる機会は日常にあふれているばかりでなく、歴史に対する人びとの関心はとても高いといってよい。

しかし、人びとの歴史への関心が高いからといって、世の中に流布している歴史像が歴史研究の成果を反映したものになっているかといえば、残念ながらそうなっているとは限らない。むしろ、思い込みで世間に定着している歴史像が、社会通念化しているケースは少なくないように思われる。もちろん、歴史学と社会をつなぐ回路はいくつもあり、歴史研究の成果は多くの人に開かれているはずであるが、実際、どれほどが届いているかははなはだ心許ない。歴史研究の成果と歴史に関する社会通念は一致していないのではないか、というのが歴史学関係者が日頃感じている感触である。

一方で、歴史学関係者も自分の専門外の分野となると、一般に社会通念化している歴史像とあまり変わらないイメージしか持ち合わせていない、という場合も珍しくなくなってきている。それは自分の専門分野に埋没して、総合的に歴史を考える発想が後退してきているからなのではないだろうか。歴史研究ばかりでなく、すべての学問で研究が分野ごとに細分化しているという批判が投げかけられて久しいが、これもその弊害の結果なのかもしれない。ただし、研究とは精緻でなければならないのは当然であるから、正確さを求める研究姿勢を批判することは的外れである。近年、歴史研究の成果が多くの人びとに届いていないように思われるのは、個別に実証された研究成果がどのように通史・全体史に位置づけられるかが、わかりづらくなっていることにも原因の一端があるように思われる。

本書は右のような問題意識をもって企画された。したがって、本書を企画した私たちには、歴史研究の成果を一方的に提示するという単純な発想はなく、本書は社会通念化している歴史の常識を検討することによって、歴史研究の現状と課題を自己点検しようとする試みでもある。

本書の企画を立ち上げたのは、本書のとりまとめ役である大橋が歴史科学協議会の事務局長だったときの二〇〇八年である。構想を具体化してから刊行に漕ぎ着けるまで、七年もかかってしまったことになる。これは出版社の事情など不運なことが重なった結果であるが、ここに掲載された内容は、いずれも現在の歴史学の成果をふまえて、歴史に関する現代人の社会通念に再検討を迫るものとなっていると自負している。希望ある未来を展望するため、歴史から何を学ぶ必要があるか。本書がその手がかりとなることを期待する。

二〇一五年一月

『歴史の「常識」をよむ』編集委員を代表して

歴史科学協議会　前事務局長・前編集長

大橋幸泰

歴史の「常識」をよむ／目次

Ⅲ［近　世］

Ⅳ［近 現 代］

歴史の「常識」をよむ

時代区分論1——前近代

木村 茂光

時代区分の定義とその必要性

時代区分とは、「人間の営為の総体が時間の中で変化して今日に至った総過程を、幾つかの時代に分けてとらえることをいい、ある時代をさらに細分化することは、しばしば〈時期区分〉とよばれる」（大田秀通）。ではなぜ時代区分が必要なのか。永原慶二は「歴史研究の究極目標が歴史的社会の運動の全体像を追求しようとするものであるかぎり、時代区分がそのもっとも煮つめられた結論的な理解を示すものだからである」と説明し、かつ「その意味で歴史研究はつねに時代区分問題と離れて存在しえないのである」と結論している。

近年の歴史学研究は、この時代区分の問題について真正面から取り上げることが少なくなったが、しかし、同じく永原がいうように、「戦後の日本史研究は、活発な時代区分論争をたえずともないながら推進されてきた」のであった。たとえば、封建制成立論争、太閤検地論争、寄生地主制論争など、時代の区分＝時代の転換をめぐる論争が繰り返し行われてきた。

このような論争が行われなくなった要因を一言では説明できないが、論争の理論的前提となっていたマルクス主義歴史学の動揺、さらには社会史研究に象徴的なように、理論よりは歴史的実態の多様なあり方の究明を重んじる風潮、などを挙げることは許されるであろう。

しかし、「人間の営為の総体が時間の中で変化して今日に至った総過程」が少なくとも数十万年の時間を経過している以上、それらの総過程をなんの変化も特徴もない一本の時間軸で理解することの方が難しい。何十万年の人間の総過程の変化を理解し、その変化の中で「現代をどのような位置にあるものと考える」ためには、現在においても時代区分は必要であり、現代社会を理解するうえで不可欠の作業であると考える。

三区分法の誕生

実際、我々の先輩たちも自分の生きている時代＝現代を理解するために時代区分を行ってきた。その早い例が一六世紀のヨーロッパで誕生した、古代・中世・現代（近代）という三区分法である。これは、ルネサンス運動の中で、この運動の指導者たちが、これから出発すべき新しい時代を「現代」、この新しい時代の模範とすべきギリシア・ローマの文明を生んだ時代を「古代」、その中間のキリスト教中心の時代を「中世」と理解した。

以上のように、新しい時代である「現代」とその模範である「古代」に力点がおかれたため、「中世」は過渡的で克服すべき時代として位置づけられるという弱点はあったが、世界史だけでなく各民族史の時代区分にも適用できうるものであったため、広く使用された。

社会構成体論の登場

この三区分法に大きな変更を迫ったのがマルクスとエンゲルスであった。近代資本主義の特質を解明することを通じて搾取なき社会の実現を目指した彼らは、社会の全体構造を理解する方法的概念として、階級関係とそこから生まれる搾取関係の質に規定された「（経済的）社会構成体」という範疇を作り上げ、人類の歴史を社会構成体の相継ぐ交替として捉えようとした。その結果、原始共同体社会に後続する時代を、奴隷制社会、封建社会＝農奴制社会、資本制社会＝自由な賃労働の社会とし、その克服の上に社会主義・共産主義の社会が到来すると考えた。「社会構成体」という区分原理が全歴史に適用できる原理であったことと、二〇世紀における社会主義運動の隆盛もあって、歴史学を含めた社会科学研究に広く受容されることになった。

日本前近代の時代区分

日本の歴史学がマルクス主義歴史学の強い影響のもと発展してきた所為もあり、マルクスの社会構成体論を「世界史の基本法則」として日本史に「適用」する議論が戦前より行われてきた。

早くはマルクスが『経済学批判』の「序言」で使用した「アジア的生産様式」をめぐる議論であり、それに『資本制生産に先行する諸形態』に登場する「総体的奴隷制」の理解が加わり、複雑な論争が繰り返された。この議論にはヨーロッパの古典・古代時代とは異なったアジアと日本の前近代社会の社会構成的特質をどう理解するか、という重要な論点が含まれていた。

第二は封建制成立論争である。これは日本における封建制＝農奴制の成立の時期と社会構成的特質に関する論争である。主に農奴制成立の前提である小農の性格と封建的生産様式の成立時期をめぐって議論された。

三つ目は、近世社会の移行と性格をめぐる論争である。単純化していえば、近世とは封建制の一時代なのか近代社会への移行の時期なのか、という問題であり、そしてその移行をいつに求めるか、などをテーマに議論された。

日本封建制成立論争

ここではそれらのなかでも「日本封建制成立論争」を取り上げ、論争の内容の一端を紹介することにする。現在、この問題をめぐっては諸説が提示されているが、成立時期と要因に絞って整理すると、以下の五つの説に代表させることができる。

①石母田・松本・永原説　この説は戦後まもなくの間主流を占めた学説で、石母田正や松本新八郎・永原慶二らによって提起された。その特徴は、古代律令制＝総体的奴隷制の解体の中から私営田経営（名田経営）を媒介として、奴隷→農奴への進化を基本コースとする考えで、律令制の解体の中から出てきた郡司・有力郷戸主層が領主化し、この領主（在地領主）層を封建制成立の担い手として評価する。そして、封建制成立の第一段階を治承・寿永の内乱＝鎌倉幕府の成立におき、その完成を南北朝・室町幕府の確立に求めている。なお、その後永原は、後述の戸田らの説を受けて、班田農民の奴隷を通過しない農奴化を「過渡的経営体」として理論化している。

②安良城説　①の名田経営論の批判的検討を通じ、安良城盛昭によって提起された学説である。①では名田の錯圃性を強調するのに対して、そこに非散在性と非零細性を認めこれを家父長的奴隷制に適合的な経営構造だと評価する。その上で、荘園制社会では名主が下人・所従を所有する家父長的奴隷主でありながら、他方では荘園領主の支配下にあって年貢負担者であるという二重の階級関係が存在することから、荘園制社会を家父長的奴隷制社会と規定した。そして、日本封建制社会は太閤検地を経過した幕藩制社会において成立すると評価した。

③戸田・河音・工藤・大山説　これは①説を批判的に継承しつつ②説の克服を目指して、戸田芳実・河音能

平・工藤敬一・大山喬平によって提起された学説である。③の特徴は、①・②がともに奴隷から農奴への進化を基本としていることを批判し、栗原百寿の小生産様式論に学びつつ、班田農民の階層分解によって農奴主階級と農奴・封建的隷属民が誕生し、それが封建的な階級関係を形成するという道筋を提起した点にある。彼らはこの理解をもとに、封建的な階級関係はすでに院政期には成立しているとし、封建制の成立を院政期まで遡らせた。

④黒田説と⑤峰岸説　①と③の説がともに在地領主制を機軸に中世社会の成立を理解していたのに対して、律令公民の分解によって生まれた百姓の生産力を中世社会成立の要因として評価する黒田俊雄の説である。このことから「非領主制説」と呼ばれる。在地領主制論は副次的な位置となり、律令制国家の収奪体系を分割し荘園制的土地所有を成立させて、なし崩し的に封建領主に転成した貴族・寺社層＝荘園領主と百姓との関係が主要な階級関係であるとし、その成立は院政期だと評価される。

　これら諸説をうけて峰岸純夫は、在地領主を中軸に貴族・寺社を含む全領主階級と中世的百姓との間に封建的な階級関係を求め、①・③が重視する在地領主―下人・主従関係は副次的と評価し、その体制的成立は治承・寿永の内乱、鎌倉幕府の成立だと評価する（この項は〔峰岸 一九七五〕に拠っていることを明記しておきたい）。

新たな時代区分論に向けて

以上、「時代区分」の歴史とその具体相の一端を紹介した。日本における封建制成立に関する学説だけでも複数の説＝論が存在していることが理解されよう。そして、残念ながらそれらは依然併存したままである。しかし、このような根本的な違いを残したまま、日本の歴史の継起的な発展・変化を一貫する視点から理解し叙述することは到底不可能である。

　二一世紀の未来に歴史学が責任を持つためにも、いまこそ「現代」を明確に理解するための新たな時代区分論を構築することが求められている。

参考文献

大田秀通「時代区分」（『平凡社大百科事典』第六巻）
永原慶二「時代区分論」一九七一年（『永原慶二著作集』第七巻、吉川弘文館、二〇〇八年）
峰岸純夫「日本中世社会の構造と国家」一九七五年（『日本中世の社会構成・階級と身分』校倉書房、二〇一〇年）

時代区分論2——近現代

大日方純夫

歴史の流れを古代・中世・近世（近代）の三つに区切ってとらえる発想法は、ヨーロッパのルネッサンスの時期に登場したものだという。その場合の近代とは、Modern Age（新時代）、すなわち現代のことだった。現代から過去を眺め、その流れに区切りを入れて、現在に至る流れを段階的に認識しようとしたのである。

時代の区切り方は、ある時点の時代性、ある観点の立場性に大きく左右される。過去から現在に向って進む歴史の流れを、逆に現在の側からとらえなおし、時間の流れのなかに、時代を単位とする共通性を見出した時に、時代区分に関する認識が生まれる。

いつから「近代」、いつから「現代」——講座にみる推移

時代区分がどう論じられ、実際にどう区分されてきたのか。戦後三回刊行された『岩波講座日本歴史』（三回目は『岩波講座日本通史』）と、四回刊行された歴史学研

時代区分の〝常識〟

高校の日本史教科書を見ると、「原始・古代」「中世」「近世」のつぎに「近代」「現代」が登場する。学習指導要領は、高校の日本史Bを「原始・古代」「中世」「近世」「近代」「両世界大戦期」「第二次世界大戦後」に区分している。講義や書名にも「近代」「現代」は氾濫している。研究者も「専門は日本近代史」などと自称する。

では、時間の流れを「近代」「現代」のように区切って呼ぶことは、自明なのか。「近世」と「近代」、「近代」と「現代」は、どこで区切られるのか。一方で、平安・鎌倉・江戸など、政権の所在地で時代を呼ぶ前近代に対し、近現代の場合、明治・大正・昭和のように、元号で時代を区切る呼び方も根強い。政権の所在地や元号に基準を求めれば、事態は単純化される。しかし、それだけでは時代の特質や構造は浮かび上がらない。

究会・日本史研究会共同編集の日本史講座（東京大学出版会刊）を見てみよう。岩波書店版は、一九六〇年代初め（A）、一九七〇年代半ば（B）、一九九〇年代半ば（C）に刊行され、共同編集版は、一九五六―五七年の『日本歴史講座』（①）、一九七〇―七一年の『講座日本史』（②）、一九八四―八五年の『講座日本歴史』（③）、二〇〇四―〇五年の『日本史講座』（④）である。両方を組み合わせると、①→A→②→B→③→C→④の順となる。時代区分の仕方が固定的ではなく、いかに変動してきたかは、この七つの講座を見るとよくわかる。そこには各時期の問題状況や研究状況が反映されている。

①は、「近世―近代」の巻に開国・尊王攘夷・討幕戦争を含め、近世社会の経済成長のなかから近代が登場してくるという立場に立つ。「近代の展開」（明治期）、「日本帝国主義」（第一次世界大戦後）につづく最後の巻は「戦後十年史」で、まだ自立した時代区分としての「現代」はない。封建社会が崩壊し、資本主義社会が出現する時点に近世と近代の境界線は設定され、その始期は明治維新に求められる。では、明治維新はいつからなのか。変革の要因を国内に求める立場に立てば、天保期が始期となる。遠山茂樹『明治維新』（岩波書店、一九五一年）も、井上清『日本現代史1　明治維新』（東京大学出版会、一九五一年）も、天保期を明治維新の始期としており、①もこの立場に立つ。

これに対し一九六〇年代には一国史の発展よりも、国際的契機を重視する傾向が強くなった。Aは一八五三年のペリー来航・開国からを「近代」とし、「近代」と「現代」を帝国主義の開幕をもって区分している。一九〇〇年頃の帝国主義時代の開幕、ないし一九一七年のロシア革命がその指標である。

②は「近代」「現代」のような時代区分はせず、該当巻は、「明治維新」「日本帝国主義の形成」「日本帝国主義の崩壊」「日本帝国主義の復活」の四巻となっている。これは、変革期の解明に重点をおき、世界史的な視野から日本史を把握するという基本方針にもとづく。そして、以後を「日本帝国主義」に即して時期区分し、現代を帝国主義という観点から一貫してとらえようとした。この点でAと共通しており、一九四五年八月の区切りは相対的なものとなっている。現代（戦後史）を帝国主義復活と（の対決）いう観点からとらえる立場である。

これに対しBは一八六八年の明治政権の成立で「近代」をスタートさせ、第二次世界大戦の敗戦と戦後変革を重視して、一九四五年八月で「近代」と「現代」を区切った。政治的な転換を重視する立場である。

一方、③は「近代」の最初を開国（一八五〇年代）からとし、「現代」で一九四五年八月から一九七〇年代後半までを扱った。「社会構成体論を的確にふまえ、歴史における変革の契機を追求する」、「世界史的視野に立ち、とくに東アジアにおける日本史の位置づけに努める」という立場からの時代区分と考えられる。

ところが③から約一〇年後のCは、明確な区切りを設けず、一八五〇年代からを「近代」とし、これを国民国家の成立過程としてとらえた。また、敗戦による断絶よりも連続面を重視して、敗戦をまたぐ一九四〇年代全体を「近代」に含めた。すなわち、占領期は「近代」となり、一九五〇年代以降が「現代」となった。これは、明確な区切りを設定せず、「何十年代」として、移行期をまとめて見ようとする関心によっており、また、敗戦よりも高度経済成長による転換が重視された。

その一〇年後の④では、明治維新・廃藩置県などを「近世の解体」に含め、「近代の成立」で近代国民国家の成り立ちを解明しようとした。近代を「国民国家」の成立に見る立場は、明治維新を近世の側に〝追いやった〟。他方、最終巻が扱うのは時代区分としての「現代」ではなく、「戦後日本論」である。③から二〇年が経過して、扱うべき対象時期（戦後）は長くなったにもかかわらず、分量は半減した。

③とCの間の時期には、時代状況・問題状況の〝転換〟があった。「国民国家」の克服を課題とする立場は、国民国家とともに発展してきた近代歴史学をも批判の対象とした。同時に、社会構成体論・発展段階論への批判や歴史を進化の過程とみなす考え方への懐疑が強まった。④の「刊行にあたって」には、「ソ連の解体を頂点とする社会主義ブロックの崩壊は、無階級社会の実現を目標とする目的論的な歴史観を打ちのめした」と書いている。

どう時代を区分するか——現在の位置

時代区分するという観点からみるとき、依然として③の講座が提起した観点は重要である。「一国史的観点」の打破を考えるとき、「近代」の開始を開国に求め、終期（すなわち「現代」の開始）を敗戦に求める時代区分は妥当性をもっている。さらに、「近代」「現代」のなかに各一つの転機を設定するとすれば、世界史的な視点、東アジア史的な視点からみて、「近代」については日清戦争の前後で区分することが妥当だと考える。「現代」のなかの転機としては、高度成長から低成長に転換した一九七〇年代前半にもとめる見方もありえようが、やはり世界史的な観点から見て、一九八〇年代末の冷戦構造の崩壊（と連動した九〇年代初頭の五五年体制の崩壊）は、それ以上の大きな転機と見なさざるをえない。

　しかし、時代区分が現在に立脚して過去をとらえかえす営みだとすれば、三・一一（東日本大震災）以後の事態、とりわけ原発問題を組み込んだ時代区分も、当然のことながら必要になってくる。この点で、時代区分に関する芝田進午の問題提起を想起してみる必要がある。かつて芝田は、これまでの時代区分は、「地球上における生命、生存、生活そのものの存続、したがって歴史の存続そのものを自明のこととして前提」としてきたが、核兵器の出現によって、「歴史そのものの終焉がもたらされるという可能性が生まれた」と主張した（『核時代Ⅰ　思想と展望』青木書店、一九八七年）。芝田が直接に問題にしたのは核兵器だが、それは、本質的に原発問題にも通じている。芝田は一九八一年、東京歴史科学研究会のシンポジウムで、人民が「どのようにみずからの生命を守り、また生存のためにたたかったのか」を分析することを、「核時代」における歴史学の課題として提起した。こうした提起を引き受けて、あらためて時代区分を議論してみることも必要ではなかろうか。一九四五年八月の画期性は明白である。

参考文献

朝尾直弘「時代区分論」（『岩波講座日本通史』別巻1、岩波書店、一九九五年）
大門正克「時代を区分するということ――日本近現代史の場合」（歴史学研究会編『歴史学における方法的転回』青木書店、二〇〇二年）
遠山茂樹・永原慶二「時代区分論」（『岩波講座日本歴史』別巻1、岩波書店、一九六三年）
永原慶二「時代区分論」（『講座日本史』9、東京大学出版会、一九七一年）
宮崎隆次「時期区分論としての戦後史」（『日本史研究』四〇〇、一九九五年）

Ⅰ

〔原始・古代〕

日本列島の人びとと自然――伝統的農村風景を疑う

北條　勝貴

「桃太郎」に潜む問題

読者諸賢に、昔話の「桃太郎」をご存知ない方はいまい。いうまでもなく、この国で最も人口に膾炙した物語のひとつである。とくに「爺は山へしば刈りに、婆は川へ洗濯に」という冒頭のフレーズは、誰でも読み聞かせられた記憶を持つ常套句だろう。しかし、そもそも「しば刈り」とは何なのか、具体的に説明できる人は少ないかもしれない。「桃太郎」譚の生成と展開を跡づけた滑川道夫は、この点について次のように述べている。

……「山へ柴刈りにいく」のは、いまの子どもには難解で、「芝を刈る」と思う子が多くなっている。最近の絵本は「山へたき木をとりにいきました」としている。……〔滑川　一九八一、三九頁〕

読者の常識に頼って不明瞭だが、滑川は「柴刈り」を薪採りだと解釈しているようである。しかし、図1の赤本『桃太郎昔語』〔西村孫三郎重長作画・鱗形屋刊〕をみてほしい。元禄年間〔一六八八―一七〇四〕の初刊と想定されるこの草双紙は、「桃太郎」のまとまったテクストとしては最初期のものだが、書き出しには「ぢぢハやまへくさかりに」とみえる。滑川説に従えば、この「くさ」も薪の意となろう。確かに挿画の爺は、焚きつけに使えそうな枝らしきものを背負っているが、「くさ」と呼ばれるこれを、本当に薪炭材と解してよいものだろうか。この問題は、実は、日本列島における人と自然の関係を考えるうえで、極めて大きな意味を持っているのである。

日本列島の環境利用

約一万年前、氷河期が終わって完新世に入ると、中緯度地域の日本列島は概ね温帯モンスーンの気候下に含まれ、照葉樹を中心とする樹木群生が一面に復活した。現在、欧米にも信奉者を持つ〈自然に共生的な日本〉の印象は、この緑豊かな山河を保全してきたという歴史認識に由来するが、残念ながらその評価は牧歌的にすぎる。

林野庁の発表によると、二〇一一年の列島の林野面積は、総土地面積約三七七九万haの六六・七%を占める、約二四八六万haに及ぶ。一方、植生に関するデータが正確に把握され始めた一八九八年（明治三一）に、総土地面積約三八二六万haの六五・八%、約二五二〇万haが林野であった。一見両者の間には目立った変化がないかのようだが、その内訳をみると、前者が森林約二四四七万ha・草生地約三九万haであるのに対し、後者は森林約二二五〇万ha・原野約二七〇万haで、原野＋草地の驚くほど多かったことがわかる。一八七五年（明治八）から一九五一年までは、大規模な針葉樹林を抱える千島列島も日本領に含まれていた。明治期の森林面積が、それでも現代より狭小であったことは、当時の列島全域に、いかに大規模に草地的景観が広がっていたかを示している〔小椋 一九九六・二〇一二〕。森林限界以上の高地や火山周辺など、もともと樹木が生育しえない環境を除き、かかる景観が出現する要因はただひとつ、人間が植物生育のサイクルへ定期的に介入してきたからにほかならない。しかもこのような攪乱は、近年では、〈森林文明〉などと形容される縄文時代にまで遡る可能性が報告されている。野焼きの行われた科学的根拠となる黒色土、微粒炭が、同時期の地層からも広汎に検出されているのである〔岡本 二〇一二〕。縄文時代に共生のユートピアを幻想し、西欧文明と対置するようなエコ・ナショナリズムは、もう卒業してもよい頃だろう。

図1 『桃太郎昔話』

〈伝統的〉農村景観の驚くべき実態

弥生時代に、低湿地林を消失させる組織的な稲作が始まって以降、王権や国家の確立、社会の発展に伴って、自然環境に対する開発圧は加速度的に高まってゆく。とくに安土桃山から江戸時代にかけては、城郭や都市の整備、相次ぐ戦乱で焼失した大建築物の修理が各地で進められ、現在世界遺産に登録されている白神山地など、従来未踏の奥山までが乱伐に曝された。その後の植林政策

図2 『善光寺道名所図会』

により一部は回復したものの、現在に至る列島の環境史において、最も森林が減少した時期と推測されている。

一六二〇年代前半にイエズス会宣教師ジョアン＝ロドリゲスの著した『日本教会史』も、当時の西国の自然景観について「山々には樹木がなく、はげ山ばかりである」と記述しており、樹木のない風景が顕著であったことを伝えている。しかしそれは、必ずしも木材需要の高騰にのみ起因するものではなかった。

図2『善光寺道名所図会』の一場面は、やや時代が下る江戸後期の農村の、ありふれた労働のさまを描いていて貴重だが、農夫が低木の枝を落としている画面奥の山々には、樹木自体がほとんど生えていない。落とされた枝は水田へ運ばれて土中に投入され、馬や人の足によって踏みしだかれている。これは〈刈敷（草肥）〉と呼ばれる農法で、灌木の枝葉や芝草を直接水田へ敷き込み、腐葉土化して肥料とするものである。前近代の日本では、人や家畜の糞尿を用いた堆肥は一般化せず、全国的には広くこの刈敷が行われていた。しかし、消費される柴草の量は厖大で、地域によっては、耕地一反につきその一〇倍もの草地面積を要したという。温暖湿潤な日本列島でかかる植生を維持するためには、高木が生育しないよう定期的に伐採・野焼きを繰り返すしかない。

そうして形成された環境は「草山」「柴山」などと呼ばれ、慶長・正保・元禄・天保期に編纂された国絵図・郷帳の注記から、各地に広く存在した様子を確認できる。例えば、現在でも山深い天竜川沿いの飯田脇坂藩（現長野県飯田市）では、一六四五年（正保二）の時点で、植生の判明する周辺の山々の六割以上が柴草山と化していたらしい（水本 二〇〇三）。低・薄植生の山・丘を色分けして示している絵図もあり、描画された情報の事実性は高い（国絵図研究会 二〇〇五）。同様の情況は、都市周辺の景観を記録した名所図会や歌川広重の風景画、幕末の古写真などにもみえ（小椋 一九九二・一九九六・二〇一二、萩島他 二〇〇四など）、近代に至るほぼ全国的な傾向であったと推測できる。稲作は水甕としての山林を維持してきたとの説があるが、実際は、刈敷を通じ樹木のない景観をこそ出現させていたのである。

エコ・ナショナリズムの原因としての〈集合的記憶喪失〉

ここまで来れば、冒頭に触れた昔話「桃太郎」の「しばかり」＝「くさかり」が何を意味するかは、自ずと明らかだろう。江戸初期に現行の形へ整備されつつあった「桃太郎」譚では、「しばかり」とは必ずしも薪採りのみを指すものではなく、刈敷の採草をも含意していたのである。かかる認識が消滅してしまったのは、列島の真に伝統的な農村景観である柴草山の記憶が失われ、緑溢れる里山のイメージで塗り替えられてしまったからに違いない。第二次大戦下の戦時供出により荒廃した山々には、戦後、木材輸出を見越して大量のスギが植林され、表面的には緑化が進んだ。しかし、高度経済成長と反比例して農村が過疎化、生き残った農業も、里山の資源を不要とする形へ近代化・合理化された。そうしたなかで、かつて誰もが認知していた〈樹木のない景観〉が、集合的に忘却されていったものと考えられる。また、経済大国日本の斜陽化に伴い、欧米に対抗しうる新たな文化的アイデンティティーとして、エコロジーや共生思想が注目されたことも一因だろう。

自然環境の歴史を問うことは、人間中心の歴史のいびつさ、我々自身の記憶、歴史認識の不確かさを明るみに出す。「日本人は自然と共生してきた」と誇る前に、〈共生〉がいかなる概念であるかはもちろん、自らの足許をしっかりとみつめなおす必要があろう。

参考文献

岡本透「草原とひとびとの営みの歴史」(須賀丈他『日本列島草原1万年の旅 草地と日本人』築地書館、二〇一二年)
小椋純一『絵図から読み解く人と景観の歴史』(雄山閣出版、一九九二年)
同『植生からよむ日本人のくらし』(雄山閣出版、一九九六年)
同『森と草原の歴史』(古今書院、二〇一二年)
国絵図研究会『国絵図の世界』(柏書房、二〇〇五年)
辻野亮「日本列島での人と自然のかかわりの歴史」(シリーズ日本列島の三万五千年—人と自然の環境史1『環境史とは何か』文一総合出版、二〇一一年)
滑川道夫『桃太郎像の変容』(東京書籍、一九八一年)
萩島哲・鵤心治・坂井猛『広重の浮世絵風景画と景観デザイン』(九州大学出版会、二〇〇四年)
水本邦彦『草山の語る近世』(山川出版社、二〇〇三年)

日本旧石器時代の実態——旧石器時代を考える

田中 英司

二〇〇二年に公開された映画に、『アイス・エイジ』というアニメがあった。最終氷期の最寒冷期が訪れる約二〇〇〇〇年前の世界、寒さに立ち向かうように北へと向かう孤独なマンモスの物語である。旅の途中で、母親と生き別れた人間の赤ん坊を助ける。この児は、獣皮を張り合わせたテントに暮らす、数世帯の家族の一員である。マンモス一行は、洞窟に入り込む。そこには壁画があり、槍を手にした人間達に追い立てられ、頭上から石を投げつけられるマンモスの狩猟が描かれていた。

荒唐無稽と思われるアニメにおいても、「旧石器時代」という言葉を聞いて一般の方々が連想するのは、映画『アイス・エイジ』のこうした世界であろう。

日本にもアイス・エイジとされる遺跡や遺物がたくさん見つかっている。しかしそこから浮かび上がる光景は映画とはおよそ異なる。まず「日本旧石器人」が手にしているのは磨いた石斧である。磨製石斧は鉄斧と同様、過去も現在もそして世界的にも、木材の伐採・加工を主要な用途として発展してきた。打ち欠きのみならず研磨という新技術によって鋭利な刃を付け、柄との組み合わせから得られる円運動により強い衝撃力を獲得するこの道具は、常識的には森林資源への積極的な関わりを示す新石器時代以降の先進的な道具である。それが日本各地の後期旧石器時代初頭と言われる時期、つまり我が国最古の遺跡から陸続と出土している（図1・1〜5）。ではどのような生活を営んでいたのか。

この時代を知る情報は、ほとんど石製遺存物（石器・礫）に限られる。その石器類がドーナツのように、円形に分布して出土する現象が、群馬県下触牛伏遺跡（群馬県埋蔵文化財調査事業団 一九八六）を始め、数多くの遺跡で確認されている（図1）。「環状ブロック（ユニット）」

などと呼ばれ、大規模なものでは径八〇メートルにも及ぶ。この石器分布を縄文時代の環状集落に重ね、複数世帯から成る数一〇人から一〇〇人規模の定住的なムラがあったと考える研究者が多い。現代の過疎地においてもそれだけの人員を支え維持するのは容易なことではないだろうが、では生業は何だったのだろうか。

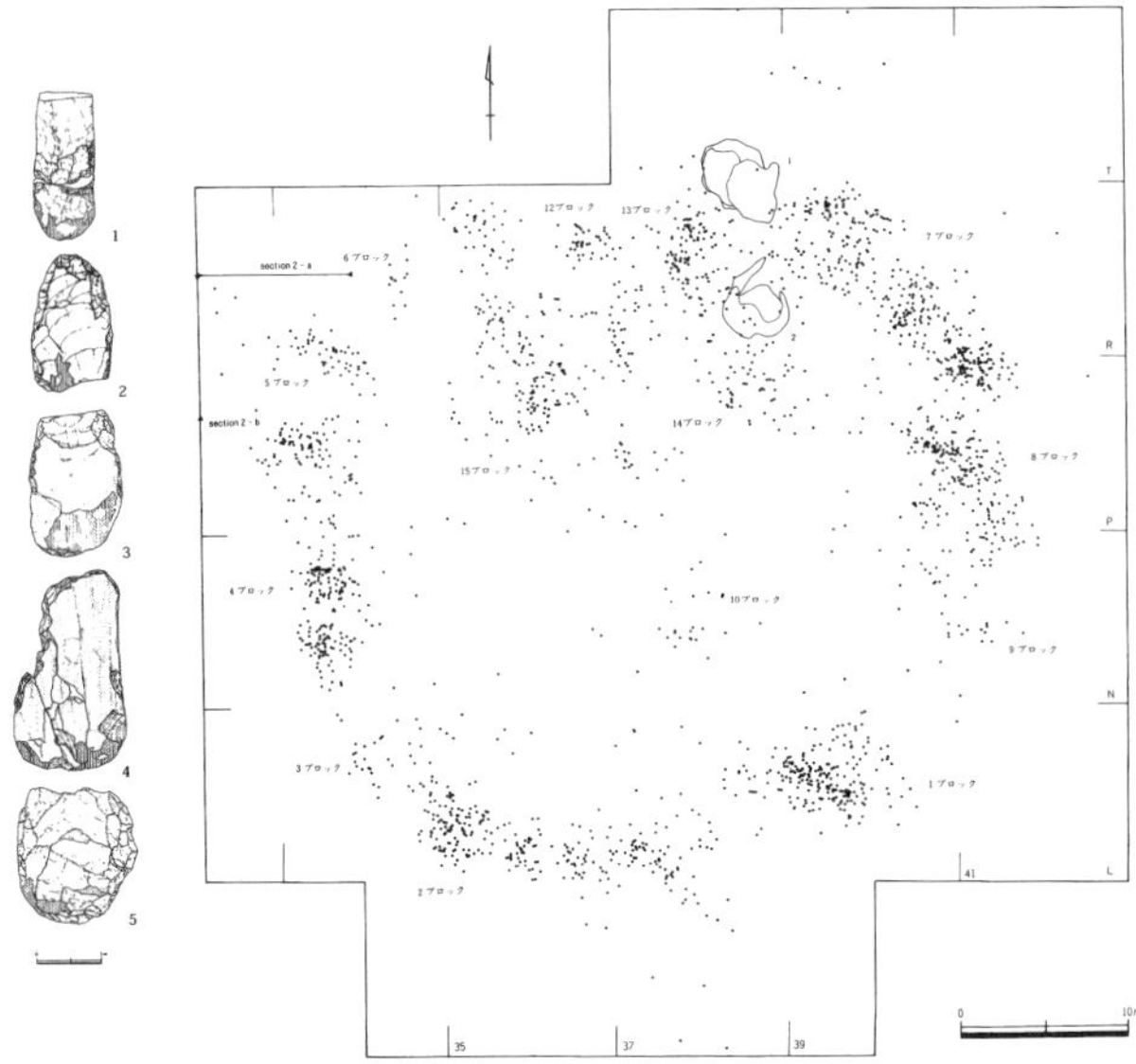

図1　下触牛伏遺跡の磨製石斧（1～5）と円形の石器分布

近年の大発見は、静岡県の愛鷹や箱根山麓を中心に次々と見つかっている「落穴」といわれる痕跡である。時期はやはり後期旧石器時代初頭、確認面での直径と深さはともに一―二メートルで、上部に向かって朝顔のように開く形状に規格を揃えて、硬いローム層を見事に掘り抜いている（図2）。確認されている最大規模の静岡県初音ケ原遺跡では六〇基の落穴が、四列の線上に尾根を横断して整然と並んでいた〔三島市教育委員会　一九九九〕。最長の列では二〇〇メートルを超えると想定され、四列の総延長では六〇〇メートルにも至る。未調査の範囲も考えれば、あるいは数キロメートルにも及ぶのではないか。これはとてつもない土木工事である。さらに落穴猟は当然ながら獲物がかかるまで待つ猟であり、捕捉のためにその周囲に定住しなければならない。環状集落の存在と有機的に結びついてくる。さらにこの落穴で何を獲っていたのか。

日本旧石器人が何を食べていたか、情報はきわめて乏しい。石器の出土するローム層では動物遺存体が残らず、

図2　初音ヶ原遺跡の落穴

それが見つかる場所からは石器が検出されないという国内事情はいまだに変わっていない。数値年代からはマンモス動物群やナウマンゾウ・オオツノシカ動物群はいたはずであるが、落穴の規模・形状と配置や立地からすると、狩猟対象はそうした大型獣ではなく、シカやイノシシ等の中・小型獣だという。それを裏付けるように神奈川県吉岡遺跡群C区B2層の礫群からは、イノシシの乳歯が見つかっている。それにしても「遊動」どころか定住的な集落を営み、大土木工事で落穴群を構築しシカやイノシシを狩猟する、まるで縄文時代のような高度な文化がなぜ東アジアの端部で、しかも後期旧石器時代初頭に成立するのか、実に不可思議と言わざるを得ない。

遺跡の年代は主に、石器とともに土壌に含まれる炭化物による炭素14年代、およびその較正年代から求められている。日本列島全体に、確認されているだけでも約一六〇〇〇件もの遺跡数（文化層数）がある（日本旧石器学会編　二〇一〇）。未確認のものも勘案すると実に膨大な数にのぼろう。これらの遺跡に対して、概ね三五〇〇〇年前から一五〇〇〇年前までの数値が与えられている。

測定された数値の上では、「日本旧石器時代」はまぎれもなくヨーロッパの後期旧石器時代に相当する。しかし文化的現象は大きく異なっている。磨製石斧や落穴、定住生活を予想させる環状集落等の日本旧石器時代の常識からすれば、ヨーロッパの旧石器時代は非常識なほどいわゆる原始的である。逆にヨーロッパ旧石器時代を常識とすれば日本旧石器時代はとてつもなく先進的、革新的、つまり非常識である。考古研究者にとって年代測定は専門外でも、考古資料は別であろう。「旧石器時代」は世界標準だと言いながら、およそ世界にも稀な現象を「旧石器時代」として、いかようにも解釈してみせる。二〇〇〇年一一月五日の前夜までがまさにそうであった。

年代的には前・中期旧石器時代相当の地層に、縄文時代の石器を埋め込んだ人物がいた。しかし「埋めた」ことが発覚するまでは「日本原人の驚くべき先進性」が、官民の専門家によってマスコミを巻き込んで、最新の研究成果として喧伝されていたのである。その結果「旧石器時代」が定着した。

今日、日本考古学協会は、小中学校の教科書に「旧石器時代」の記述のないことを不当と訴えている。研究は進んでいると、当の専門家が太鼓判を押しているのだ。しかし「教科書」とは要するに「世間」である。その世間の実感はこう言っている、「本当か?」と。

「埋めた」ことを見破れなかったことが問題の核心ではない。年代と考古資料との乖離を究められなかったことが専門家として、学界として致命的な問題なのである。世間は専門家よりも本質を見ている。ただすべき相手は文科省ではなく自分たちだろう、それがあれほどの事件を引き起こした考古学界の「常識」だろうと、そう世間は言っているのである。

参考文献

稲田孝司・佐藤宏之編『日本の考古学　旧石器時代(上・下)』(青木書店、二〇一〇年)

群馬県埋蔵文化財調査事業団『下触牛伏遺跡』(一九八六年)

田中英司「岩宿の先土器・無土器・旧石器」(『歴史評論』七月号、校倉書房、二〇〇一年)

田中英司「斧の意義」『シンポジウム石斧の系譜　打製斧形石器の出現から終焉を追う』(第一〇回岩宿フォーラム予稿集、二〇〇二年)

日本旧石器学会編『日本列島の旧石器時代遺跡』(二〇一〇年)

三島市教育委員会『初音ヶ原遺跡』(一九九九年)

弥生時代の始原——農耕文化の複合体

設楽　博己

三つの課題

弥生時代は日本列島で本格的な農耕が始まった時代である。この定義にしたがって弥生時代の始まりを考える際には、三つの課題がある。第一の課題はどの段階を本格的な農耕の始まりとみなすのか、第二の課題は縄文時代の農耕との差をどのように考えるか、第三の課題は弥生時代が始まったのは実年代でいつなのかである。

弥生早期存否説をめぐって

明治時代に、縄文土器と異なる特徴をもつ弥生土器の存在が確認された。これが弥生時代の認識の出発点であり、土器の差異が時代の区別の認識につながっていったことは注意される。大正時代から昭和の初期に弥生土器に米や金属器が伴うことが明らかにされ、採集狩猟の時代である縄文時代との差が経済や文化全体に及ぶものであることもわかり、弥生時代は独立した時代として認識されるようになった。

一九五〇年代の福岡県板付遺跡の発掘調査は、弥生時代の始まりを考えるうえで大きな成果をあげた。出土した土器は板付I式土器という壺と甕と高杯などからなる弥生土器であり、一定量の夜臼式土器が伴っていた。夜臼式土器は突帯文土器と呼ばれる縄文系の土器であり、それが加わっていたことから板付I式土器が最も古い弥生土器であると認識された。弥生時代はすでに前・中・後期の三つの時期に区分されていたが、板付I式土器は前期初頭に位置付けられたのである。

七〇年代になると、縄文時代と弥生時代の間は土器の特徴では截然と区別できないとする意見が強くなる。そこで、イギリスの考古学者V・G・チャイルドが新石器時代の定義として用いた「食糧生産の時代」との概念を適用し、採集狩猟を基礎とする縄文時代に対して食糧生産を基礎とする時代が弥生時代であり、その文化を弥生文化、用いた土器を弥生土器と呼ぼうとする考えが生まれ、広く支持されるようになった。

七〇年代の後半、板付Ⅰ式土器を伴わない突帯文土器の段階の水田跡が板付遺跡で検出され、これまでの認識に再考が促される。台地のへりにつくられた水田は、灌漑水路を伴う本格的なものであった。そこで問題となったのは、これを縄文時代の水田とみなすか、あるいは弥生前期の前にあらたに早期を設け、板付Ⅰ式土器を伴わない夜臼式土器の時代を弥生時代とみなすかであった。

この議論は現在でも続いているが、縄文時代とみなす立場では、土器によって時代を区分する古くからの立場から、夜臼式土器が縄文土器の系統の末端にあることを重視する。また、水田稲作をはじめ木製農具、大陸系磨製石器のセット、専門の武器、環濠集落や支石墓など、朝鮮半島に系譜が求められる文化要素が揃い踏みしているのは北部九州の一角にすぎず、西日本一帯という広範囲に及ぶのは弥生前期であることも根拠の一つである。

これに対して弥生時代とみなす立場では、弥生前期の文化を構成する要素の多くがこの段階に出揃っていることを重視する。また、夜臼式土器に大型壺をはじめとする各種の壺形土器が一定の割合を占めるようになり、土器も縄文時代の伝統から大きく逸脱しているとして、縄文時代とみなす説に批判を加えている。

では、弥生早期を認めた場合、その文化の分布が狭すぎるという指摘についてはどのように理解すればよいのだろうか。板付Ⅰ式土器の分布は、北部九州でも遠賀川を超えて東に広がることがない。したがって、弥生早期文化の狭さを批判の論拠にすると弥生時代であることに異論がない板付Ⅰ式土器も縄文時代に組み込まねばならず、弥生早期批判は自己矛盾に陥ってしまうだろう。

弥生農耕の特質——縄文農耕との差

およそ八〇〇〇年前の縄文早期にすでに農耕はあった。栽培されたのはアサ、エゴマといった嗜好食品的な植物やヒョウタンなどであり、前期にクリが管理栽培され、中期にはダイズが栽培されるようになった。問題は弥生時代の農耕を特徴づけるコメ・アワ・キビといった穀類がいつ出現するかである。

縄文時代の確実な穀物栽培の証拠は、晩期後半の籾痕のある土器や炭化したキビなどごくわずかに認められるにすぎない。それに加えて弥生文化の農耕が縄文文化のそれと大きく違うのは、水田稲作の有無である。灌漑稲作は、森を開いて田をつくり水路をうがつ大規模な景観の改変、ほぼ通年にわたる維持管理、組織的労働の集約を必要とする食糧生産システムである。高い生産性による人口増殖率は、採集狩猟社会や粗放な農耕の段階と格段に異なる。労働力を維持するために生産性をあげなくてはならないという、拡大再生産システムの側面も強い。

弥生時代の文化要素は農耕を基軸として互いに緊密に結びつき、全体として農耕文化複合の様相を示す。システム化していない縄文農耕との大きな差である。たとえば、土器は種籾などの貯蔵に適した壺形土器が高い比率を占め、甕形土器も米を炊くための形態と大きさに変化した。各種の石斧は堅牢な木製農具をつくるための機能を最大限に発揮するために分化しており、倉庫も高床になるように穀物貯蔵に適した形態をとる。

一方、弥生時代には狩猟や漁撈などに縄文文化の伝統も強く認められる。弥生前期以降日本列島に展開した弥生文化は、縄文文化の伝統の強弱などによって著しい地域差を示すことも重視しなくてはならない。したがって、弥生文化とは大陸の農耕文化と縄文文化を母体に弥生早期に北部九州で成立し、前期に東や南に拡散して定着した多様な農耕文化複合、と定義することができる。

弥生時代開始の実年代

弥生時代の始まりの実年代は、前期開始説の立場では前三世紀、早期開始説では前五―四世紀とするのが一般的であった。これに対して二〇〇三年に国立歴史民俗博物館（歴博）が、弥生早期の開始が紀元前九〇〇年ころ、前期の開始が前八〇〇年ころとの説を表明し、議論を巻き起こした。

歴博の用いた年代決定方法は炭素14年代測定によるが、AMS法という加速器分析装置を用いた新たな方法であった。そもそも炭素14年代は、大気中の炭素濃度が過去から現在まで一定であるという仮定のもとに得られたモデル年代であり、実年代ではない。そこで樹木の年輪に閉じ込められた炭素14濃度を測定することで過去一万年以上に及ぶ炭素14年代が実年代に変換されている。歴博年代は、この暦年較正プログラムを用いて実年代に近い数値に置き換えた結果であった。

理化学的方法以外に弥生時代の実年代を得るには、実年代が判明している中国や介在する朝鮮半島の資料との対比しかない。弥生時代の土器に副葬された鏡が前漢のものであることは大正時代に知られていたが、それにもとづき弥生時代の実年代が体系的に理解されるようになったのは、一九五〇年代の初頭である。

小林行雄は、前漢鏡を副葬した甕棺は弥生中期で、鏡は楽浪郡（前一〇八年）を通じてもたらされたと考え、中期の上限は紀元前一世紀をさかのぼらないとした。それに加えて新の王莽の時代に鋳造された貨泉（一四―四〇年）が弥生後期の遺跡から出土することに注目し、中期の下限を紀元一世紀以降と考え、中期の期間を紀元前後の一、二世紀間とした。前期は中期とほぼ同じ期間を加算して、弥生時代の始まりを紀元前二、三世紀とした。

弥生前期の始まりの実年代決定は、中期と同じ期間を前期に与えた苦肉の策であった。

この問題を再考する重要な資料は、中国遼寧地方から朝鮮半島に広く出土する遼寧式銅剣である。日本列島では弥生前期初頭の遺物と供伴する。遼寧式銅剣が実年代の決定に有効性をもっているのは、実年代が判明している中原の青銅器と供伴しているからである。それは西周から春秋初期、すなわち紀元前八世紀にさかのぼるのであり、歴博が示した弥生前期の実年代と調和的である。

しかし、朝鮮半島の遼寧式銅剣は型式的に遼寧地方のものよりも新しく、したがって日本列島の資料も直接遼寧地方のものと比較できないといった批判や、弥生前期の時期幅が長くなると土器一型式の継続期間も間のびしたものとしなくてはならず、問題だという批判もある。さらに炭素14較正年代は確率分布密度によって示されるが、確率の低い部分も無視できず、可能性のある幅の中で年代を理解しなくてはならないという批判もある。弥生時代紀元前一〇世紀開始説はさまざまな問題を抱えており、現在議論が進行中である。

参考文献

佐原真「農業の開始と階級社会の形成」『岩波講座日本歴史1』（岩波書店、一九七五年）
設楽博己「AMS炭素年代測定による弥生時代の開始年代をめぐって」『揺らぐ考古学の常識―前・中期旧石器捏造問題と弥生開始年代　歴史研究の最前線1』（吉川弘文館、二〇〇四年）
寺沢薫「弥生時代史論――研究の現状と展望」『弥生時代上　講座日本の考古学5』（青木書店、二〇一一年）

聖徳太子という虚像――創作された理由

大山 誠一

従来の聖徳太子像

聖徳太子（五七四―六二二?）を知らない人はいないだろう。推古天皇の摂政となり、憲法十七条や冠位十二階の制定、遣隋使の派遣、さらに法隆寺の建立など仏教の興隆にも尽くしたとされ、その理想は中大兄皇子や中臣鎌足らに継承され、大化の改新によって実現されたという。しかし、そういう聖人としての聖徳太子は実在の人物ではない。その人物像の成立を論じてみる。

聖徳太子は実在しない

もともと、聖徳太子は多くの伝説に包まれていて、その実像はあいまいであった。そこで、明治の碩学久米邦武は、数多い聖徳太子関係史料のうち『日本書紀』（以下、『書紀』）と法隆寺系史料を基本とすべきとした。実在性の根拠としては、『書紀』にある憲法十七条、法隆寺の薬師像・釈迦像・天寿国繡帳の銘文と三経義疏などに限るとした。逆にいうと、これらが後世に捏造されたものであるなら聖徳太子の実在は否定されることになる。

このうち憲法十七条については、戦前、津田左右吉は『書紀』の史料批判を進める中で、国司のように推古朝には存在しない用語が使われている。また、多数の中国古典を引用した憲法の文章は奈良時代のものと指摘し、その作成は『書紀』の編者が「名を太子にかりて、かかる訓戒を作らしめ、官僚をして帰向するところを知らしめようとしたのであろう」とした。加えて、『隋書』倭国伝から知られる当時の日本人の思想状況からも大きくかけ離れており、津田の理解は妥当であろう。

法隆寺の史料についても、戦前、福山敏男は、薬師像銘の天皇・東宮の語は七世紀末葉以後のもの。釈迦像銘の法興年号など存在せず、法皇・知識・仏師などの語は七世紀末以後の用語であり、両者とも後世のものとした。

天寿国繡帳については、最近、銘文で使用された暦法が儀鳳暦と証明されたが、これは文武朝（六九七即位）以後の使用で、飛鳥時代には存在しない。さらに三経義疏であるが、推古朝段階の日本人の作というのは論外として、かつて、敦煌学の権威の藤枝晃は「勝鬘経義疏」を六世紀後半の中国北朝製としたが、文章に中国語として不自然さがあるという批判があった。ところが、近年、百済弥勒寺から出土した六三九年の「金製舎利奉安記」の文章と「維摩経義疏」との類似性が注目されるようになり、その結果、百済製あるいは白村江以後の亡命百済人の関与を指摘する見方が有力となっている。

この他に論点は多々あるが、すべての聖徳太子関係史料が後世に作られたもので、聖徳太子の実在性を証明するものは皆無であるという結論は動かないであろう。

『隋書』と考古学の語る飛鳥時代

では、本当の飛鳥時代はどのような時代だったのか。史料としては『書紀』『隋書』、それに考古学の遺跡がある。『書紀』の編纂は七二〇年と新しく信憑性に乏しい。これに対し『隋書』は日隋両国を往復した使者の報告をもとにしており、成立も六三六年で同時代に近く史料性は格段に高い。この時代、『書紀』は推古天皇と聖徳太子の時代とするが、『隋書』の記す倭王には妻があり、後宮には女六七百人とある。倭王と隋使裴世清との饗宴の模様も記されている。とすれば、『隋書』により、倭王を男性とするしかない。その倭王であるが、飛鳥へ行けば一目瞭然、当時の主要な遺跡はすべて蘇我氏のものである。奈良県最大の見瀬丸山古墳の被葬者は通説では蘇我稲目。その南の欽明陵は稲目の娘堅塩媛との合葬。二つの巨大古墳の東方にある飛鳥寺・嶋宮・石舞台古墳はいずれも蘇我馬子のものである。近くには蝦夷・入鹿の邸宅と墓も作られた。こう考えると、飛鳥の支配者が蘇我氏であったことは明白であろう。この時代に大和盆地を南北に貫く下ツ道、東西には横大路が開通しているが、その中心は飛鳥である。すべて、蘇我馬子の権力を象徴している。これに対し、用明、推古、聖徳太子など『書紀』の主人公たちの墓は遠く河内磯長で飛鳥ではない。とすれば、『隋書』の倭王は蘇我馬子と考えるしかあるまい。飛鳥時代は蘇我王権の時代だったのである。

乙巳の変と大化の改新

その後、蘇我王権はどうなったのか。当然、大化改新との関係が問われる。改新の内容として確認しうるのは、中央では巨大な前期難波宮の造営がある。これにより王権の確立と中央官制の整備を想定してよい。また、地方では、百二十ほどの国造の国を半分程度にし、その下に評（のちの郡）を置き、さらに戸口調査により五十戸制を実現し（国―評―五十戸）、統一的税制と徴兵制を実施している。壮大な中央集権国家が実現したのである。

問題は、このような大規模な改革の主体である。従来は、中大兄と中臣鎌足らが、乙巳の変で蘇我入鹿らを滅ぼしたのち直ちに実現したと理解されてきたが、このような整然かつ壮大な国家機構を確立するには、強力な政権による長期的な政策の遂行が必要だったはずである。仮に、改革が二〇年以上必要とすれば、乙巳の変に先行する強力な政権は蘇我馬子と後継者の蝦夷・入鹿ということになろう。とすれば、中大兄らは、蘇我王権の改革の最終段階で、唐の高句麗攻撃から始まる東アジアの激動に乗じて権力を奪ったに過ぎなかったことになる。

息長王家の政治

元来、中大兄が属す息長王家は六世紀後半に成立した傍系の王家で、乙巳の変で王位を奪っても政治の実質は依然として左右大臣となった蘇我氏ら有力豪族とその配下の東漢氏ら渡来人たちのものであった。

一方、息長王家の歴史書であるはずの『書紀』が記す乙巳の変後の政治は無惨の一言であった。最初に即位した孝徳は無力で、斉明は狂心《たぶれごころ》の渠《みぞ》を批判され、中大兄（天智）は古人大兄・蘇我石川麻呂・有間皇子らを次々と粛清するのみで政治の実績はなく、ついに六六三年の白村江の敗北により権威を失墜している。その結果、六七一年正月の新官制において有力豪族の合議体である太政官が成立し、天皇は国政から排除されることになった。

天智が没した翌年の六七二年に壬申の乱が起こるが、これは王位継承の争いではなかった。その頃、朝鮮半島では、すでに滅んだ百済と高句麗の旧領をめぐって唐と新羅が交戦状態に入っていた。その時、天智の子の大友皇子は唐に荷担して出兵を企てたのに対し、白村江のトラウマをもつ諸豪族が反発したのが乱の真相である。天武（大海人）は単に旗印として利用されたに過ぎない。

藤原不比等の構想＝天皇制

乱に勝利しても、権威に欠ける天武の政治は停滞していた。そのような時、中臣鎌足の子の不比等が中央政界に登場し、まだ幼い草壁皇子を擁し新たな政治秩序を構想することになった。その内容は次の三点で、(1)政治の実権は太政官。(2)太政官を支配するのは天皇の外戚。もちろん、それが藤原氏である。(3)歴史書により天皇を神格化し、藤原氏の支配を正当化するというもので、これが天皇制である。そのため、六八一年の二月に(a)律令編纂と(b)草壁の立太子。三月に(c)歴史書の編纂が命じられたが、これら(a)(b)(c)は先の(1)(2)(3)に対応したものであった。こうして、藤原不比等が実力者として君臨し、以後草壁皇子の直系が外戚の不比等の指示により即位する政治が始まる。実は、草壁は即位直前に早世し、以後女帝と幼帝が繰り返されるが、実権は不比等にあった。

　ここで、もっとも重要なのは歴史書の『書紀』の編纂であった。基本は、それまで権力者であった「大王」を無力だが神格化された「天皇」に変質させる作業であった。中心は天孫降臨神話で、そこで高天原やアマテラスが創作され、天皇はその子孫とされた。地上に下りたあとも神格化されねばならず、そのためにこそ皇室の先祖に聖徳太子のような聖人が必要とされたのである。

法隆寺系史料の成立

　七二〇年、『書紀』編纂後まもなく藤原不比等が亡くなると、その子の武智麻呂・光明子と天武の孫の長屋王との対立が深まり、七二九年、長屋王一家は惨殺される（長屋王の変）。これにより、藤原氏の権力が確立するが、まもなく大地震、全国的な疫病流行の中で武智麻呂以下の不比等の四子も没する。残された光明皇后は仏教に救いを求め、国分寺・大仏の建立を企図する一方、行信の仲介で法隆寺に接近し聖徳太子に対する信仰を深める。七三六（天平八）年二月二二日に大規模な法華経講読が行われ、以後、この日を聖徳太子の薨日とする釈迦像銘などの法隆寺系史料の創作が始まる。天平一一年には夢殿が創建され、さらに同一九年には行信により『三経義疏』出現が演出される。法隆寺系史料の成立であった。

参考文献

大山誠一『〈聖徳太子〉の誕生』（吉川弘文館、一九九九年）
大山誠一編『聖徳太子の真実』（平凡社、二〇〇三年）
大山誠一『天孫降臨の夢――藤原不比等のプロジェクト』（NHK出版、二〇〇九年）
大山誠一『日本書紀の謎と聖徳太子』（平凡社、二〇一一年）

遣唐使の政治性——遣唐使の派遣目的は文化交流だけではなかった

金子修一

遣唐使のイメージ

李成市は、現代日本における古代対外関係の理解が、明治時代の国民国家としての日本誕生以降に形成されたことを指摘している（「古代史にみる国民国家の物語」『世界』一九九五年八月号）。その一例として取り上げられているのが、遣唐使の問題である。

李によれば、歴史教育の場で語られる遣唐使は、六三〇年から八九四年に至る超長期的な国家事業とも評価され、これによって日本は高度な中国文明の移植に成功するのであって、律令国家のもとで栄えた唐風文化は遣唐使によるものであった、と言われている。そして唐の文化を我がものとすると国風文化が生み出され、遣唐使の必要性も低下して廃された、と理解されている。こうした遣唐使を重視する立場は、日本と中国との間のルートを先験的に主要な文化交流のルートと定め、日本と新羅、日本と渤海との交流ルートはそれを補完する付随的なものとして軽視する、と指摘する。さらに、そのような解釈の生まれる背景として留意されるのは、近代において奈良時代が見出されたことである、という。すなわち、栗田元次は『奈良時代の特性』（日本放送出版協会、一九四〇年）において、大化改新以後の奈良時代が「現代」と最もよく似た時代であることを強調し、類似点として外来法の継受、外交の進展、異種族の服属、海外への出戦、外来文化の摂取などを挙げている。この栗田の例から、「現代」と酷似する奈良時代の発見は明治日本の歴史過程なくしてはあり得なかったのであり、遣唐使は「日本文化」「日本民族」「国際的地位」が国民的関心事となり始める時代につむぎ出された物語であった、と李は指摘するのである。

遣唐使はどこまで文化使節か

以上、李成市の見解に依拠して、文化使節としての遣唐使のイメージが明治以降に強められたことを述べた。奈良国立博物館では毎年秋に正倉院宝物展が開かれており、奈良朝の聖武天皇を中心とする東西交流に関する文物の数々をそこで実見すれば、文化使節としての遣唐使の役割が強く印象づけられるのも当然である。じっさい、大宝律令の完成した七〇一年に任命され、翌年発遣された第八次遣唐使以降、入唐大使藤原清河を迎える第一三次遣唐使や来日した唐使を送る第一七次遣唐使、及び最後の遣唐使となる第一九次を除けば、遣唐使は十数年から二十数年の間隔で発遣されている（「遣唐使の派遣間隔」表参照）。東野治之は「維蠲書状《ゆいけん》」等から、九世紀前半には日唐間に二〇年一貢の約が存したことを推定し、以上のように八世紀における正規の遣唐使の派遣期間は平均して二〇年に一回であった、と指摘する（「遣唐使の朝貢年期」、同『遣唐使と正倉院』所収、岩波書店、一九九二年、初発表一九九〇年）。また、一回に派遣される船の数も、例外の第一三次（一隻）・第一七次（二隻）を除けばすべて四隻であり、そこには少なからぬ留学生や留学僧も乗っていた。そこで八世紀以降の遣唐使については、文化の受容を主目的に派遣されていたと概括しうる。

しかしながら、第一次から第七次までの遣唐使の派遣は、だいぶ様相を異にしている。第七次遣唐使が派遣されるまでの東アジアは、朝鮮半島において百済と高句麗が滅亡し、新羅によって朝鮮半島が統一される激動の時代であった。日本（当時は倭国）も百済・高句麗・新羅の興亡に関係し、遣唐使も当然その影響を受けていた。唐と新羅との連合軍によって、百済がいったん滅亡するのが六六〇年、百済復興を図る遺臣の要請を受けて派遣された倭の水軍が、唐軍に大敗した白村江の戦いが六六三年であり、これによって百済は最終的に滅亡した。次いで、唐と新羅とによって高句麗の滅亡するのが六六八年である。その後、高句麗の遺臣によって唐の占領軍に対する反乱が起こるが、今度は新羅がその反乱軍を援助し、唐と新羅との関係も一時険悪となる。しかし、唐軍は結局朝鮮半島から引き揚げ、六七六年以降は唐と統一新羅との間に冊封関係が結ばれて唐末まで続く。六九八年ごろには唐と新羅との間に渤海が成立し、倭国も国号を日本と改めて第八次遣唐使を派遣するに至る。

こうして八世紀に入ると、新羅と日本・渤海の間にある程度の緊張は見られるものの、唐とこれらの国際関係は安定した形で推移する。このあいだ第七次遣唐使から第八次遣唐使まで、唐との関係の断絶していた三〇年間は倭国と新羅との交渉が最も密接な期間だったのであり、倭国は新羅と交渉を重ねながら律令体制を築いていく。

七世紀代の遣唐使

第二次から第七次までの遣唐使が東アジアの激動期に派遣されていたことは、各遣唐使の動きからも読み取ることができる。朝鮮三国の国内強化を図る動きは六四〇年代から顕著になりつつあった。第七次までの初期の遣唐使は、初め朝鮮半島西岸沿いに北上し、途中から黄海を横切って山東半島に上陸するルート（北路）を取っている。だが、第二次遣唐使の二隻は二手に分かれ、一隻は当時未知のルートであった南路を取って途中で遭難している。第三次遣唐使は、その第二次遣唐使の帰還も待たずに翌年に出発している。『日本書紀』にはこれらの遣唐使の派遣理由について何も書かれていないが、差し迫った事情のあったことは後掲の中国史料によって推測できる。第四次遣唐使もその僅か五年後の六五九年の派遣であり、使節の一人伊吉連博徳の帰国報告が『日本書紀』に引用されている。それによれば、「国家（唐のこと）来年、必ず海東の政有らん。汝等倭の客、東に帰ることを得ざれ」という唐の高宗の勅旨によって、彼等は年末に長安で幽閉されてしまう。「海東の政」とは六六〇年の唐と新羅とによる百済討滅作戦であり、情報の漏洩を恐れた唐朝によって第四次遣唐使は拘禁されたのである。

第五次以降は百済滅亡後の遣唐使である。第五次・第六次の遣唐使は、旧百済領に進駐してきた唐の百済鎮将に向けて派遣された使節であり、白村江の戦いの後、倭国と唐との間の緊張していたことがうかがわれる。

中国の史料に見える初期遣唐使

第七次遣唐使については、北宋中期（一〇六〇年）に成立した『新唐書』日本伝に、「咸亨元年（六七〇）遣使して高麗（高句麗の略称）を平げるを賀す」と記されている。つまり唐朝では、第七次遣唐使は唐による高句麗平定を祝う使節として把握されていたのである。白村江の敗戦まで倭国は百済・高句麗とともに、唐・新羅連携の動きに対抗していた。第七次遣唐使の役割が右のようなものであったとすれば、それは唐に対しての倭国の方針転換を示したものとなろう。その後三〇年間、倭国は唐との交渉を絶つが、そのことを唐が咎めた様子は見られない。第七次遣唐使の河内鯨《かわちのくじら》は、困難な役割を果たしたものと思われる。

　さかのぼって、第三次遣唐使に対して唐の高宗は六五四年一二月に次のように言っていた。「王国は新羅と接近す。新羅は素より高麗・百済の侵す所と為る。若し危急有らば王宜しく兵を遣して之れを救うべし。」（王溥『唐会要』巻九九・倭国条）。つまり、新羅は従来から高句麗の侵略にあっており、いざとなれば倭国は新羅を救援すべきである、と高宗は言うのである。唐の新羅寄りの姿勢は既にこの時には明らかであった。『唐会要』は北宋建国翌年の九六一年の成立であるが、唐代の史料を基に編纂されており、その史料価値を疑う必要はない。第三次遣唐使は、こうした緊迫した東アジア情勢の中で派遣されていたのである。

　初期の遣唐使にも留学生や留学僧は乗船していた。しかしながら、その役割や目的を唐文化の移入と見るだけでは正しくないのである。

遣唐使の派遣間隔（第九次以降は前の遣唐使との間隔を記入、〈　〉は唐都を目指さない特例）

第一次　六三〇年発	（第一一次　七四六年任命・停止）
第二次　六五三年発	第一二次　七五二年発（第一〇次から一九年）
第三次　六五四年発	〈第一三次　七五九年発〉
第四次　六五九年発	（第一四次　七六一年任命・停止）
〈第五次　六六五年発〉	（第一五次　七六二年再任・停止）
〈第六次　六六七年発〉	第一六次　七七七年発（第一二次から二五年）
第七次　六六九年着唐	〈第一七次　七七九年発〉
第八次　七〇二年発	第一八次　八〇四年発（第一六次から二七年）
第九次　七一七年発（一五年）	第一九次　八三八年発
第一〇次　七三三年発（一六年）	（第二〇次　八九四年任命・停止）

大化改新の意義——律令制国家成立と別の文脈で考える

遠山美都男

乙巳の変と大化改新は別物

皇極四年（六四五）六月一二日、権力の頂点にあった蘇我入鹿が飛鳥板蓋宮で暗殺され、翌日その父蝦夷も討たれ、大臣位を独占的に世襲してきた蘇我氏の本家が滅亡した。この政変を乙巳の変という。政変を断行したのは中大兄皇子（後の天智天皇）と中臣（藤原）鎌足とされているが、これについては見直しが迫られている。

乙巳の変を機に発足したのが軽皇子（孝徳天皇）を中心とする政権で、新政権は拠点を飛鳥から難波に遷し、数年後には壮麗な難波長柄豊碕宮を造営する。この地において行なわれた改革が後に大化改新とよばれるものである。乙巳の変によって宮廷最大の豪族たる蘇我氏本家が退場したことはたしかに大事件であった。だが、それに続く大化改新の意義をめぐっては、その存否もふくめてかねてから議論が重ねられてきた。

古典的な大化改新像とは

大化改新とは『日本書紀』大化二年（六四六）正月甲子朔条に見える「改新之詔」から窺い知られる一大改革のことである。それは以下の四箇条より成る。

第一条…民衆支配のために置かれた部と屯倉を廃止して、豪族には今後食封などの給与をあたえる。

第二条…都と畿内を定め、国司・郡司、関塞・斥候・防人、駅馬・伝馬などの制度を創置する。

第三条…戸籍・計帳、班田収受法を制定する。

第四条…旧い税制を廃し田調などの新税制を施行する。

第一条は従来の土地・民衆に対する個別支配を廃し、土地・民衆を国家の一元的支配下に置こうという方針（いわゆる公地・公民制）を示したものといわれ、改革の主眼とされてきた。また、第二条と第三条は、後に八世紀初頭の大宝律令の全面施行によって完成する律令制国家の基幹となるシステムの創設を述べているので、「改新之詔」が本当に乙巳の変の翌年に新政権によって発布されたとすれば、それはまさに律令制にもとづく中央集権国家建設の起点に位置すると考えられた。

しかし、戦後になって古代史研究を縛っていたあらゆるタブーが解かれ、『日本書紀』に対する史料批判が急速に進んだ結果、「改新之詔」に後世の律令による加筆・潤色は否定しがたいことが明らかにされた。「改新之詔」が孝徳の時代に出されたことは問題ないとしても、『日本書紀』に見えるそれは発布当時のままではないという視角（改新肯定論）が開かれたのである。

改新否定（虚構）論の登場

これがさらに徹底化されると、「改新之詔」の存否そのものが根底から問われることになる。とくに第一条が問題視され、そこに述べられている公地・公民制への転換が実際に行なわれたのは、とくに公民制に限っていえば、天智三年（六六四）の甲子の宣によるものとされた。ここに律令制国家の起点となる改革が行なわれたのは七世紀後半の天智やそれ以降の天武天皇の時代だったのではないかと考えられるようになった。

とすれば、『日本書紀』がそのような改革・転換を七世紀半ばの孝徳の時代にかけて描いているのは明らかに歴史の捏造であって、大化改新自体が『日本書紀』が創り出した壮大な虚構にすぎないという問題提起がなされるにいたった。この改新否定（虚構）論は、『日本書紀』の内在的な批判（『日本書紀』を貫く、あるいは『日本書紀』に内蔵されている歴史観・歴史認識をあぶり出して事実に迫ろうとする）に立脚している点に意義がある。

たしかに律令制国家の形成という点でいえば、天智や天武の時代は、天武一〇年（六八一）に実際に律令の編纂が開始されたこともあって、まさにその本格的な建設の時代であった。だが、肝腎なのは天智・天武の時代に公地・公民制への原理的な転換があったことを証明できるかであった。これに関しては、甲子の宣が公民制への転換だったとする推論は実証レヴェルで成功しているとはいいがたい。

最新の大化改新像

近年では七世紀の木簡史料の増加によって、『日本書紀』の叙述だけにたよらずに七世紀における律令制国家の形成過程が考察できるようになった。その結果、孝徳の時代に民衆支配（公民制）・支配機構（官僚制）という二点において律令制国家につながる改革が始まったと考えられるようになったのである（吉川真司説）。

公民制についていえば、各地の遺跡から出土する「五十戸」木簡が着目される。これにより、孝徳の時代に部に編成されていない一般村落に対する五十戸を単位とした編成がすでに行なわれていたとして、「改新之詔」第三条に見られる戸籍などの施行はまったくの虚偽ではないと見なされたのである。そして、孝徳の時代の達成を受けて、天智の時代には近江令が編纂・施行され、本格的な律令制国家の建設が始まったとされた。かつて改新否定論では、天智の時代がプレ律令制の時代と考えられてきたが、こんどは遡って孝徳の時代がプレ律令制段階に相当すると理解されることになった。

だが、五十戸単位の民衆の把握と編成が直ちに律令制にもとづく戸籍の作成、さらにそれに関連する計帳や班田収授法の施行などに直結したといえるだろうか。もちろん、五十戸単位で民衆が把握されれば、当然その成果が一定の公文書に記録されたに違いない。だが、それが律令制下で班田収授の実施のために六年に一度作成された戸籍と同質のものだったかどうかは不明である。五十戸という民衆支配の基礎単位や、戸籍と思しき公文書がみとめられるからといって、すでに早く律令制的な民衆支配が指向されていたとはいいがたい。

以上のように、これまで大化改新の意義は律令制国家の成立という視点のみで議論されてきた。たとえば、「改新之詔」を全面的に肯定する立場からすれば、大化改新はたしかに歴史の画期となる重大な出来事ということになる。しかし、「改新之詔」がいわば偽造されたものだったとすれば、その意義は大きく後退せざるをえない。代わって、後世の天智・天武や持統天皇の時代の改革にスポットライトがあてられることになる。そして近年は、やはり孝徳の時代に律令制にもとづく民衆支配の起点がみとめられるということで、再び大化改新は重要な出来事だったという評価が高まりつつあるといえよう。

律令制は唯一無二の国家プラン？

たしかに、孝徳の時代に部や屯倉の廃止が政治日程に上ったことは間違いない。部や屯倉は民衆支配のためのシステムだったが、それは天皇やその一族に対し物資や労力を恒常的かつ確実に提供するという目的で形成されたと考えられる。民衆を支配下においていた豪族たちは、部や屯倉の制度のなかで一定の地位と役割をあたえられ、それらを世襲していた。ウジやカバネはその地位と役割を象徴的にあらわすものであった。孝徳の時代、改革の進行に伴ってウジ・カバネの消滅を憂慮する声が豪族たちからあがったことが伝えられている（大化二年、品部廃止の詔）。この点からいって、部や屯倉の制度下での豪族の地位や役割、それに付随した特権が改廃という状況に直面していたことは確実と考えられる。部の廃止とは豪族の地位や特権の否定から着手されたのである。

問題は、部や屯倉を廃止した後、いったいどのような国家プランが構想されていたのかということである。歴史の結果だけから見れば、新たな国家建設の設計図としては独自の律令編纂による支配システムの構築が唯一無二のものだったかのように思われる。だが、それはあくまで歴史の結果から遡って導き出された推測にすぎない。たとえば同時代の朝鮮半島の新羅に見られるように、七世紀において律令を本家の中国とは別個に編纂するだけが国家建設の選択肢だったわけではない（新羅はあえて自前の律令を編纂せずに中国のそれを導入した）。

「其の大唐国は、法式備り定れる珍の国なり。常に達ふべし」という、中国から帰国した医（薬師）恵日の提言（『日本書紀』推古三一年七月条）は、歴史の結果をふまえて読めば、律令制の摂取・導入を新国家建設の支柱とすべきことを述べた先覚の主張のように理解される。しかし、この提言が直ちに採用され立案化されたとは限らないであろう。

最近では大化改新により廃止された部や屯倉の制度まで律令制にもとづくシステムと見なし、六世紀に設置された部・屯倉をプレ律令制ととらえる見解もあるが、これも疑問といわざるをえない。六世紀から七世紀にかけての歴史をすべて律令制国家の形成に収束させる単眼的な歴史の見方が問い直されねばならないのである。

参考文献

石上英一『律令国家と社会構造』（名著刊行会、一九九六年）
大隅清陽「これからの律令制研究」（『九州史学』一五四、二〇一〇年）
吉川真司『飛鳥の都』（岩波書店、二〇一一年）

律令制の概念——律令制をアジアのなかで考える

大隅 清陽

「律令」は歴史用語か？

七世紀半ばの大化の改新以後、日本（倭）は中国唐の律令法の継受を始めたとされ、八世紀初めには、独自の大宝律令が施行される。以後、その枠組みが維持されていた一〇世紀頃までの古代国家を「律令国家」、その国制を「律令制」と規定することは、日本史の「常識」といってよいだろう。その常識の基となった近代的な律令研究は、一九世紀の末に、主として法制史の分野から始まったが、それは、明治維新以来の王政復古のイデオロギーを背景に、当時公布されたばかりの大日本帝国憲法を古代の律令になぞらえ、それを研究することによって、日本の「国体」の淵源を探るという意図を持っていた。

一方、中国や韓国における「律令」という語は、「法律」や「法令」と異ならない普通名詞で、「律令国家」も「法治国家」と同義となってしまうため、特定の歴史段階をさす術語として用いられることはほとんどない。これに対し、戦後日本の歴史学界においては、中国史の西嶋定生が東アジア世界論を提唱し、歴史的文化圏としての「東アジア」を特徴づける四つの指標として、漢字文化、儒教、漢訳仏教と並んで律令制をあげたことによって、「律令制」「律令国家」という概念が、日本史のみならず、東洋史の研究者によっても共有されるようになり、一九七〇年代以降には、朝鮮三国、日本、ヴェトナム、チベットといった中国の周辺諸国を「律令国家群」として捉えることも行われるようになっていった。

西嶋の問題提起をうけた吉田孝は、「七世紀の東アジアにおいて、なぜ日本のみが律令を体系的に継受できたのか」という問題を設定し、母法である中国律令が、社会規範である礼制とは別個のものであると同時に、基本的に行政法規のみから成り、王権のあり方を直接には規定していなかったことに加えて、朝鮮諸国とは異なり、倭が唐から冊封されていなかった点が有利な条件として働いたことをその理由とした。石母田正による「東夷の小帝国」論と並んで、こうした見解もまた、現在の日本史学界の「常識」となっているとしてよいだろう。

「七世紀の東アジアにおいて、なぜ日本のみが律令を体系的に継受できたのか」という問いは、明治以来の法制史研究の系譜を引くものでもあるが、実はそれは、「(独自の)律令を作った日本は(朝鮮諸国より)優れている」という認識を暗黙の前提としているのではないだろうか。日本人が当たり前のように用いている「律令」「律令制」という術語は、近代以降に形成された「一国史」的な歴史認識の枠組みと、不可分なものなのである。

古代国家の形成と「律令」編纂

昭和戦前期から今日にいたる古代史研究のスタイルを確立したのは、東大教授として活躍した坂本太郎(一九〇一―八七年)の律令制度史研究であり、その基本的な枠組みは、一九三八年刊行の『大化改新の研究』で示されている。そこで坂本は、『日本書紀』に見える大化改新詔が、近江令により修飾されている可能性を指摘した津田左右吉の学説に対し、改新詔は当時のままであると反論したうえで、改新以後の七世紀後半の日本史を、近江令、飛鳥浄御原律令を経て大宝律令へといたる律令制度の形成過程として初めて体系的に叙述していた。

第二次世界大戦後、津田の業績の再評価が進むなか、大宝令施行以前の木簡が、「郡」を全て「評」と記載していることなどから、改新詔は大宝令により修飾されていることが明らかとなった。また青木和夫は、いわゆる律令を、単なる法規を意味し、詔・勅などに由来する単行法の集合である「広義の律令」と、戸令、田令などの篇目に分類され体系性を持つ「狭義の律令」に区分したうえで、いわゆる近江令は前者にあたり、体系的な編纂法としての令は浄御原令に始まるとする近江令否定論を提唱した。

ここまでは、高等学校の教科書などからもご存じの方が多いだろうが、一九九九年に中国から北宋の天聖令(一〇二九年編纂)の写本が発見されたことにより、研究状況は大きく変わりつつある。天聖令は唐の開元二五年令(七三七年編纂)の相当数の条文をそのまま記していたことから、これまで不可能であった、唐の令そのものと、日本の養老令を直接比較することが可能になり、日本令の新たな性格が明らかとなってきたのである。

この研究動向をうけた筆者は、近年、次のような仮説を提唱している。浄御原令は、それ以前から個別に発布されてきた詔などの単行法の集成にすぎず、またその内容には、それ以前から百済・新羅など朝鮮諸国から継受していたものも多く含まれ、唐令が参考とされる場合でも、個別の条文を部分的、選択的に継受するにとどまっていた。これに対し、大宝令の編纂においては、唐令を篇目ごとにその第一条から順番に検討し、それに対応する日本令の条文を一条ずつ確定してゆくような逐条的・体系的な継受が初めて行われた、というものである。

坂本太郎以来の古代史研究は、律令制の成立を、体系的な編纂法としての「狭義の律令」の成立と同一視し、その段階的な発展の過程として理解してきた。しかし、筆者の主張のように、「狭義の律令」が、その最終段階とされてきた大宝律令で初めて成立したのだとすると、いわゆる「律令制」の成立過程についても、かなりの見直しが必要となってくるのである。

新羅の「律令制」をどう見るか

浄御原令や大宝律令が編纂された天武・持統・文武朝は、実は遣唐使の途絶期間にあたっている。したがって、律令制を整備するうえで必要な法典テキストや法解釈上の知識を得るためには、新羅の存在が、一般に考えられる以上に大きかったはずである。当該期の新羅の法制は、形式的には唐の律令を奉じつつ、実際は王が発布する単行法や、それらを編纂した格式に基づいていたと考えられるが、これは、青木和夫の定義する「広義の律令」に相当する。しかし、青木の近江令否定論に加え、前述の筆者の見解をふまえれば、大宝令施行以前の日本の律令制もまた、「広義の律令」にとどまるものであった。

天武・持統朝の国制が、同時代の新羅と共通性を持つことは従来から指摘されてきたが、近年、李成市は、新羅の文武王・神文王代（六六一―九二年）における集権政策（韓国古代史では一般に、この時代を「律令制」ではなく、「統一」「集権」等の語で規定する）を、唐律令制を体系的に継受したものとして高く評価し、さらに、同時期の日本が唐律令制を継受するにあたって、この新羅の試みは、ほぼ唯一の参照系であったとしている。

しかし、以降の時代を含め、新羅の国制は、その全てを唐に準拠したものではなく、それ以前から朝鮮諸国が継受していた中国南北朝の国制の要素も色濃く残すものであった。七世紀までの日本の国制が、朝鮮諸国や南北朝のそれと共通性を持つことは以前から指摘されているが、これをふまえれば、大宝令の編纂とは、それまでの国制のこうした性格を一新し、唐令の体系に準拠して記述し直すという、全く新しい試みであったことになる。

「狭義の律令」の編纂をナショナル・アイデンティティに結びつけてきた日本人は、新羅が独自の律令を「作れなかった」と考えやすい。しかし新羅の側から見れば、律令をあえて編纂しないことによって、唐と交渉する以前からの固有の国制を温存し、唐とは異なる独自性を確保できたと見ることもできるのではないだろうか。「狭義の律令」を編纂するかしないかは、各国の主体的な判断の結果なのであり、それを、後世の視点から見た優劣として評価するのは必ずしも適切ではない。

しかしその一方、律令という編纂法にまとめられた、南北朝から隋唐にかけての中国国制が、周辺諸国によって、さまざまな形で導入されたことはまぎれもない事実である。この現象を、「広義の律令」としての「律令制」の継受と呼ぶことが許されるなら、それを可能とした条件や、その歴史的意義自体は、依然として重要な研究課題である。七世紀末、何らかの事情により、唐にならった独自律令（＝「狭義の律令」）の編纂へと方針を転換し、その結果として、中国では失われた令の写本を現在に伝えることになった日本の事例は、その課題に迫る一つの鍵となりうるし、それはまた、同時期の新羅国制の歴史的位相を映し出す鏡ともなる。「律令制」という概念を、一国史の枠組みを超えた、より普遍的なものへと捉え直す作業は、ある意味で、まだ始まったばかりなのである。

参考文献

青木和夫『日本律令国家論攷』（岩波書店、一九九二年）
大隅清陽「大宝律令の歴史的位相」（大津透編『日唐律令比較研究の新段階』山川出版社、二〇〇八年）
大隅清陽「これからの律令制研究―その課題と展望」（『九州史学』一五四号、二〇一〇年）
吉田孝『律令国家と古代の社会』（岩波書店、一九八三年）
李成市「新羅文武・神文王代の集権政策と骨品制」（『日本史研究』五〇〇号、二〇〇四年）

道鏡が目指したもの

——実証が難しい権力欲

関根　淳

筆跡からみた人柄

道鏡の筆跡は太くて字画のあいだが広く、のびやかでハネが強い（天平宝字六年〔七六二〕六月七日付東大寺一切経司所宛「法師道鏡牒」／図版参照）。そこからうかがえる性格は豪胆で自由奔放、意志が強い、といったところである。宇佐八幡宮の神託によって皇位をうかがった稀代の怪僧とされる道鏡はいったい何を求め、目指していたのか。称徳天皇（孝謙太上天皇）の権威を背景に、はたして彼は専横的な仏教政治をおこない、本当に皇位を狙ったのであろうか。この項では道鏡の実像に迫ってみたい。

道鏡の学問と地位

道鏡は河内国（現大阪府）の地方豪族・弓削氏の出身である（『続日本紀』宝亀三年〔七七二〕四月丁巳条。以下、同書が典拠の場合はその条文名のみ記す）。奈良前期の高僧・義淵の最晩年の薫陶を受け、行基や道慈・玄昉・良弁などの弟弟子にあたる（『公卿補任』天平宝字八年条）。当時最先端であった梵文（サンスクリット語。古代インドの文語）を学んで好成績を修め、護国経や後に展開する密教経典を特に意識して研究している（『大日本古文書』五巻など）。これによれば道鏡は最高峰の学閥でその見識を鍛え、最新の仏教学を吸収した優秀な学僧であったといえる。彼が宮廷内の寺院である内道場に「禅師」（医療を担当する僧侶）として入ることが許されたのはこのような高い学識が評価されたからであり、最初から孝謙との個人的な結びつきがあったわけではない。

その後、道鏡は孝謙の信頼を勝ちとって権勢を獲得する。藤原仲麻呂の乱の直後に、出家した天皇には出家した大臣がいるべきである、という孝謙太上天皇の詔によって大臣禅師となり（天平宝字八年〔七六四〕九月甲寅条）、その後、太政大臣禅師から法王へと進む〈天平神護元年〔七六五〕閏一〇月庚寅条・同二年〔七六六〕一〇月壬寅条〉。道鏡を考える上での最初の問題は、これらの地位をどのように評価するかである。これについては二通りの考え方がある。一つは実際に権限をもつ官職とみて太政官政治に専権をふるったという見方、もう一つはあくまで仏教界での特殊な地位にとどまるという見方である。一般的な印象からすれば意外だが、研究者の間では後者の理解の方が主流である。

道鏡の法王就任のきっかけは平城宮に接する隅寺〈海竜王寺〉の毘沙門像から仏舎利〈釈迦の骨〉が出現したことである〈ただし後に偽造であることが判明〉。この仏舎利の出現をうけた称徳は、道鏡が道理のままに仏道を進め、正しく人々を教導したのでこのような効験があらわれた、とした。このように法王という地位が仏教上の功績を理由に設けられていることには注意すべきである。これ以前の大臣禅師・太政大臣禅師もあわせ、道鏡が称徳から与えられた地位はすべて仏教の興隆を理由・目的としており、それ以外の具体的な職権に対する言及はない。

法王の月料〈毎月支給される米塩〉が天皇に准じること〈天平神護二年〔七六六〕一〇月乙巳条〉、法王が天皇と同様に大臣以下の賀拝を受けていること〈神護景雲三年〔七六九〕正月壬申条〉などから、法王を天皇になぞらえる考えがある。しかし、道鏡の法王就任は称徳の仏教思想を前提とするものであり、その地位の授与主体である天皇・称徳が存在する以上、天皇位と法王位とは同質視するべきではない。先の月料や賀拝の問題は、法王の地位が仏教界のそれとして突出していたことを示すに過ぎない。道鏡の一連の地位は令制上の官職とは一線を画する仏教界での特殊な地位とみなすのがやはり妥当であろう。

称徳朝の政治

道鏡が法王に任命されたその日、藤原永手が左大臣、吉備真備が右大臣に任命されている。この後の太政官符は両者がほぼ交互に宣しており、これが後の太政官政治の基本となる。ここに道鏡の弟である弓削浄人が中納言〈のち大納言〉として登場するが目立った活躍はみられない。一方、称徳天皇は老年の諸王に位階を授与し〈神護景雲元年〔七六七〕正月己巳条〉、藤原永手と吉備真備の邸に行幸して昇叙するなど〈同三年〔七六九〕二月壬寅条・同癸亥条〉、皇親・貴族層への配慮を手厚くおこなっている。また、道鏡の具体的な権力組織として法王宮職が指摘されているが、これは中宮職や東宮坊を上回る規模ではなく（同元年〔七六七〕三月己巳条）、その権限は太政官と比較するべくもない。

　そういった道鏡の意図が現実の政治にどれほど反映されたか。実は、称徳朝の仏教政策は西大寺・西隆寺などの造営事業や諸大寺への行幸が目立つものの、その他には見るべきものがほとんどない。当該期には東大寺の寺域拡大にともなう開発工事と造塔事業もおこなわれており、これらの事業は称徳天皇の意思で展開していたと考えるべきである。また、寺院を優遇し、貴族勢力を抑制したとされる著名な加墾禁止令（天平神護元年〔七六五〕三月丙申条）も、仏教界（僧侶）と政界（貴族）の対立を前提にしなければそのような理解は成り立たない。道鏡がそこまで挑戦的に貴族層に対峙する勢力を形成した事実は認められないし、ましてやこれが道鏡の発案であるという確証はないのである。

　むしろ、道鏡オリジナルの政策としては自らの印を押した「度縁」（僧侶の認定証）の発行が注目される（宝亀二年〔七七一〕正月壬戌条）。それまで度縁は僧侶の身分を管理する治部省が発行していたが、道鏡はこれを自らの管轄下においた。これは藤原仲麻呂の乱に対応する山林での反社会的な修行の禁圧策（同元年〔七七〇〕十月丙辰条）と連動しており、従来は単純な反乱分子の抑圧、私的権力の形成策とみなされてきた。しかし、先に述べた道鏡の学識とその地位の意味を吟味すると、称徳・道鏡が仏教界の再編を意図して始めた新規の統制策と考える方が適切である。そしてこの時期に、天平勝宝年間（七四九―五七）に成立した南都六宗の教学研究がいっそう進展していく。この教学発展の背景として先に述べた称徳・道鏡の教導的な仏教統制策を想定してもよいのではないか。

道鏡と天皇制

　その後、道鏡を引き立てた称徳天皇が五三歳という天寿をまっとうする。道鏡はその山陵の傍に一庵をむすんでそこに留まったが（宝亀元年〔七七〇〕八月丙午条）、数日もしないうちに皇位を狙う「奸謀」が発覚したとして下野国薬師寺に左遷され（同庚戌条）、二年後に称徳の後を追うように同地で生涯を終える。

　道鏡が「権《はかりごと》を擅《ほしいまま》にし」、「政《まつりごと》の巨細に決を取らずといふこと莫《な》し」（宝亀元年（七七〇）八月丙午条・同三年（七七二）四月丁巳条）という専横を極め、ついには皇位を狙ったというのは『続日本紀』の説く歴史叙述である。宇佐八幡宮神託事件において、同書は皇位継承の論理を「我が国家、開闢《かいびゃく》以来君臣定まりぬ。（中略）天日嗣《あまつひつぎ》は必ず皇緒《こうちょ》を立てよ。」と示した（神護景雲三年（七六九）九月己丑条）。皇位を継承する者は皇族でなくてはならない、という絶対的な血統の論理である。天皇制を現在まで支えるこの論理は、後には「必ず皇緒を続けよ。」とさらに強化される（『日本後紀』延暦一八年（七九九）二月乙未条、傍線引用者）。非皇族である道鏡の皇位簒奪計画は、血統による天皇制の確立のためには歴史的に必要不可欠な政変となった。

道鏡の実像とは

宇佐八幡宮神託事件を起点にすると、道鏡は『続日本紀』の説く天皇制の論理のなかで評価するしかない。また、孝謙（称徳）との男女の関係については実証が不可能である。この二点に注意を払うとこれまでの「常識」とは異なった道鏡像が浮かび上がってくる。『続日本紀』の記述どおり道鏡に権力欲や皇位への執着があったのであれば、はたして彼は称徳の死後その山陵に留まるといった行動を選択するであろうか。筆者にはそうは思えず、また冒頭の筆跡はそのような道鏡像からはほど遠い。

参考文献

北山茂夫『女帝と道鏡』（講談社学術文庫、二〇〇八年。初出一九六九年）
栄原永遠男編『平城京の落日』〈古代の人物3〉（清文堂、二〇〇五年）
谷本啓「道鏡の大臣禅師・太政大臣禅師・法王」（『ヒストリア』二一〇号、二〇〇八年）
横田健一『道鏡』（吉川弘文館、一九五九年）
吉田靖男「道鏡の学問について」（阿部猛編『日本社会における王権と封建』東京堂出版、一九九七年）

性差を越えた女帝論
——王権論から考える意義

荒木　敏夫

二〇〇一年一二月に東宮家に愛子内親王が誕生した。また、二〇〇四年から皇室典範に関する有識者会議も設置され、それらが「女性天皇の可能性」を一気にたかめたが、同時に「(男系男子の)皇統断絶の危機」が声高に呼ばれもした。いやが上にも国民が女帝・女性天皇について関心をもたざるを得ない事情があった。

こうした事情を背景に、女帝関連の論文・著書が、一九九九年頃から二〇〇六年頃をピークにして数多く出されている。かつて、日本には八人一〇代の女帝が存在したという馴染みの薄かった事実が、国民的常識にまでなっていった。

本項は、先記したピーク期の女帝研究の動向と残した課題を明らかにするものである。以下、「女性天皇」の語ではなく、「女帝」の語で統一して使用する。

女帝研究とその現状

〈八人一〇代の女帝とその研究史〉　日本の女帝は、推古天皇・皇極天皇・＊斉明天皇・持統天皇・元明天皇・元正天皇・孝謙天皇・＊称徳天皇等の六人八代の古代の女帝に加えて、明正天皇（在位一六二九—四三）と後桜町天皇（在位一七六二—七〇）の近世の二代を加えた八人一〇代が日本の女帝の総てである（＊は、再度即位した重祚の例）。

これらの女帝についての研究は、古代の女帝が対象である。近世の女帝は、紙数の制限から省略する。

戦前の喜田貞吉（「中天皇考」・「中天皇に就いて」『喜田貞吉著作集』第三巻、平凡社、一九八一年）や戦後間もない時期の折口信夫（「女帝考」『折口信夫全集』第二〇巻、中央公論社、一九九六年）らの研究を踏まえ、女帝研究の意義を明瞭にしたのは、井上光貞（「古代の女帝」『日本古代国家の研究』岩波書店、一九六五年）である。その後、上田正昭（『日本の女帝——古代日本の光と影』講談社、一九八三年）や小林敏男（『古代女帝の時代』校倉書房、一九八七年）らによって井上の見解の継承と批判すべき点が出され、補正されねばならない点がさらに出されてくる。

〈研究状況〉先記した研究のピークの期間にまとめられた女帝論の総てを紹介するゆとりはないので、今後の女帝研究の課題につながる問題点のいくつかを取り上げることにしたい。

この間の研究で明瞭になった点として、第一に、古代の女帝の果たした役割を評価する傾向が顕著になったことであり、かつ評価の力点が多様になったことをあげることができる。かつての「女帝は単なる中継ぎ」とする消極的評価は少なくなった。

その中で、女帝の果たした役割を評価しつつも、八代の女帝はいずれも不婚ないし即位後不婚を貫いていることを女帝の特質とみて、その限りで女帝の本質は「中継ぎ」とみる見解も出されている（佐藤長門「古代女帝論」『日本古代王権の構造と展開』吉川弘文館、二〇〇八年）。

第二に、第一の傾向が出てきたことから、王位継承論の活発化した状況を踏まえて、女帝として即位できる条件が多様な論点から議論されるようになったことである。

皇太子制が、飛鳥浄御原令で法制化されるが、それ以前と以後の王位継承は大きく相違する。王位を継承する資格・条件と女帝即位がどのように連関するのか。例えば、「女性にも王位継承資格があった」とする見解は、成立する余地があるか。ここでいう「女性」は、どのような女性ならば可能であるのか、それは王族女性だけか、非王族女性も含むのか、が問われねばならない。また、終身在位と譲位の制度は、女帝即位とどう関わるのか、等々の例示に事欠かない（これらを含む論点の整理については、荒木敏夫「女帝と王位継承」・「古代の王位継承と「聖徳太子」」『日本古代王権の研究』吉川弘文館、二〇〇六年を参照してもらいたい）。

残された課題

〈性差と女帝研究〉女帝研究は、「女性であるにもかかわらず何故即位できたのか」といった疑問や、「女性であるから（このような特殊な条件でも）即位できた」といった指摘に止まっている限り、女性というセクシャリティを前提にした女帝論となってしまう。

現状の女帝研究の隘路を突破するためにも、王権論から論じる女帝論は、一度、性差のフィルターをかけないで、日本の女帝を大王として、また、天皇として検討することにある。男女のセクシャリティを軸に据えた検討は、こうした検討を経た後に行われるべきであろう（荒木敏夫『可能性としての女帝――女帝と王権・国家』青木書店、一九九九年）。

研究が多く蓄積される中で、こうした手順が必ずしも踏まれたわけではないが、男女の性差の問題が以前に増してクローズアップされている。

それは、六人八代の即位した女帝は、推古・皇極・斉明・持統・元明らの、結婚をしているが即位後、不婚を貫いた場合と元正・孝謙・称徳らの即位前の内親王であったある時期から不婚を強いられた場合の二通りがある（近世の明正・後桜町は、後者）。この女帝「不婚」の問題は、男帝と異なる女帝の特質を示す性差の表出であるが、それは、佐藤長門の理解とは異なり、女帝も含む古代の女性への「負荷」として考えるべきものであろう。

女帝が女性の天皇であることから、性差を越えた女帝論をという論点に違和感があり、性差にこだわった女帝論がこの間にどれほど公表されたであろうか。残念ながら少ない。女帝「不婚」の問題は、性差にこだわった数少ない成果なのである。

性差を越えた女帝論は、性差を論じない、ということではない。王権論から課題を解析する序列の問題であることを理解しておく必要があろう。

〈女帝の国際比較史〉　女帝の即位は日本古代だけの特殊な事件ではない。隣国の新羅では、善徳王（在位六三二―六四七）・真徳王（在位六四七―六五四）の二人の女帝が相次いで即位し、また、古代東アジアの最後の女帝となる真聖王（在位八八七―八九七）も即位している。中国では、唐代の「則天武后」が、高宗の皇后となり、実子中宗を皇帝の地位から退け、則天大聖皇帝（在位六九〇―七〇五）として、中国史上でただ一例の女帝即位の例となっている。

日本古代の女帝とこれらの事実に留意するならば、七世紀の東アジアは女帝の時代として特徴づけも可能であり、古代の日本はその特徴が八世紀にまで及んでいたことになる。歴史が相異し、また、その数にも違いはあるが、共通して女帝を生んでいる「偶然」を、それぞれの国の王権の歴史的展開の中で検討し、王権の共通性と差異性を探る試みは緒についたばかりである。これは、女帝の歴史的意義を比較史から鮮明にする方法であり、本格的な取り組みが求められている。

比較の対象は、テーマの設定や課題の如何によって、地域を東アジアに限定する必要はない。『旧唐書』(南蛮伝)によれば、「賓就《ひんしゅう》」と称された「女王」が統治する東南アジアの女王国である「東女国」は、七世紀初頭から八世紀末葉までの間に湯滂氏《とうぼうし》―斂臂《れんひ》―俄琰兒《がえんじ》―趙曳夫《ちょうえいふ》の四代の女王が即位している。また、『旧唐書』(南蛮伝)・『新唐書』(南蛮伝下)・『資治通鑑』(永徽四年二月条)等の史料にみえる東南アジアの林邑国(現在のヴェトナム)の女王擁立等なども本格的な比較検討の対象に入れて考察されるべきであろう。

女帝の可能性は消滅したのか

六人八代で古代の女帝は終焉を迎えたが、鳥羽院政期にあたる一一五五年(久寿二)、一七歳で夭逝した近衛天皇に代わって、緊急時の一案として、「不婚の内親王」暲子《しょうし》(後の八条院)を女帝に擁立する案が浮上している。その子細は、拙著『可能性としての女帝』で論じて以後、未だ、その意義の究明に努めた研究はない。これからに期待したい。

また、鎌倉時代の文学作品である『とりかへばや物語』は「不婚の内親王」の東宮(皇太子)が構想され、『我が身にたどる姫君』には、その統治が賞賛される「女帝」も登場しているように、中世前期は、実際には実現しなかったが、なお、女帝即位が全く有り得ないものと考えられていたわけではなかった。

その後、近世で明正・後桜町の両女帝が即位する。その意味と意義の追究は日本における女帝の歴史を通時代的に探ることに通じ、近世史だけの問題ではない。それは、また、日本の歴史の特質に迫る難しい問題であるが、魅力溢れた研究課題でもあるのである。

参考文献

荒木敏夫『日本の女性天皇』(小学館文庫、二〇〇六年)
遠山美都男『古代日本の女帝とキサキ』(角川書店、二〇〇五年)
成清弘和『女帝の古代史』(講談社現代新書、講談社、二〇〇五年)
仁藤敦史『女帝の世紀――皇位継承と政争』(角川書店、二〇〇六年)
義江明子「古代女帝論」『古代王権論』(岩波書店、二〇一一年)

悪女——創造され変容する悪女たち

服藤　早苗

語られる悪女たち

インターネットで「悪女」を検索すると、出てくる、出てくる。「日本の三大悪女」は、北条政子・日野富子はダントツで、三位は淀殿や春日の局が挙がっている。「日本史上の悪女」と一般的に認識されているのは、誰か。

宝島文庫『悪女たちの日本史——99の謎』が参考になる。著者は「歴史の真相」研究会とあり、参考文献には研究書はほとんどないが、出版部数は多いから一般読者の「悪女」認識には役立つと思われる。

副題に「時代を揺るがした毒婦の真実」とあり、「古代の悪女」は卑弥呼から藤原道綱母まで、順不同に一九人が並んでいる。以下、中世は日野富子から平時子まで一四人、戦国は淀殿からおあんまで一七人、江戸は春日局から白子屋お熊まで一六人、近現代が安倍定から山崎富栄まで三三人、合計九九人の悪女が取り上げられている。悪女のゆえんをキャッチフレーズ的に見出しに掲げ、主に二ページで説明されている。たとえば、「卑弥呼は死の際に奴隷を道連れにした⁉」「愛人・山崎富栄が太宰治を殺した⁉」などの見出しである。古代では、王が卑弥呼・推古・持統・孝謙・皇極（記載順）の五人、皇后は伝説も含め六人、歌人・作家が六人、他に藤原薬子とイザナミである。三分の二が政治分野である。中世・戦国では政治分野が八割をしめる。いっぽう、近現代ではほとんどが、高橋お伝や林真須美などいわゆる歴史にのこる特別な「犯罪者」である。どうも副題の毒婦＝悪女は江戸後期から近現代にはあてはまるが、それ以前は、政治を動かす女性たちが主のようである。帯には、「誘」「淫」「妖」「毒」「欲」とあるが、「古代悪女」たちはどれにあたるのだろうか。

辞書を繙くと、「悪女」は、①「容貌の醜い女。醜女」、

②「心の悪い女。性質のよくない女。毒婦」、③「悪意を秘めた魅力的な女性。男を手玉に取る女」（小学館『日本国語大辞典』）、とある。なぜ③だけ「魅力的な女性」で他は「女」なのか。それはさておき、前近代の政治に関わった女性たちに「悪女」のレッテルを貼るのは、辞書的な説明では当てはまらない。政治的トップにいた女王や女帝たちが、なぜ「悪女」なのだろうか。

悪女の登場

一〇世紀頃までの記紀や六国史、説話、文書、記録類などの史料には、索引で見る限り悪女は出てこない。

初見は、永観二年（九八四）に鍼博士丹波康頼により「円融帝」に献上された『医心方』である。巻二十八房内には、「悪女第二十三」が出てくる。槙佐知子全訳精解『医心方』から現代語訳を引用してみる。

『玉房秘訣』に云う。

悪女の相

ぼさぼさに伸び乱れた髪、赤ら顔、才槌頭《さいづちあたま》、目立つのど仏、麦歯《ばくし》、雄々しい声、高い鼻、濁って明瞭でない目、口や頤《あご》の細い毛、節くれ立った骨、黄ばんだ髪、肉付き悪い体、太く強い陰毛、逆さに生えた多量の陰毛、このような女性と性交すると、男は皆身体をこわしてしまう、と。

中国の書物『玉房秘訣』から説明を加えている。他にも「又云」で続くが、「女上位になりたがる女」「嫉妬ぶかい女」「不感症の女」「気力のない女」などが加わっている。この悪女に対応するのは、「好女第二十二」である。

『玉房秘訣』に云う。

沖和子がいうには、すなおでつつしみ深いのは、婦人が生まれながらに身に付けている美点である。そもそも情の濃さと繊細さをほどよくそなえていて、欠点を補いちょうど良いのは、無駄に心や目を楽しませるだけでなく、そのような女性がもっとも男性の寿命をふやし、長生きさせるのである、と。

「又云」では、「年齢が若く、まだ乳房が発達せず、肉付きが良く」、「顔も身体も滑らかで潤いがあり」……と続く。「入相女人（交接の理想的女性）」には、より詳細に丁寧に「好女」の描写が続く。

ここでの悪女と好女は、男性の長寿にとって必要な養生のための女性の選別法であることが明白であろう。つまり、「悪女」とは男性が健康で長生きするために都合悪い女性であり、男性視点からの分別である。もっとも、強い陰毛は別として、蓬髪・赤ら顔・かぎ鼻等の容貌の醜い女性と性交すると、なぜ男性が身体をこわすのか、現代を生きる筆者にはピンとこないが、ようするに気分良く性交をすることが養生になるのであろう。

『医心方』は、天皇に撰進された医学書であり、貴族層も中国伝来の医学書を読んでいたことが指摘されているから、貴族男性にとっての悪女だったのであろう。

この「悪女」は、一一世紀中期に、藤原明衡が著した『新猿楽記』の「十二公」と「十三娘」にも対応している。一二番目の娘は、多くの貴族男性の「仮借人《けしようびと》」をもつ教養高い美女、一三番目の娘は、「酒粕や糠のような粗末な娘で」「心もねじけていて主人にはとても仕えられない」「頭髪は乱れ、額は狭く、歯並みは出っ歯で、あごが長く」、骨高の頬、鷲鼻、せむしで鳩胸、蛙腹、扁平な大足、鮫肌等々の醜さ、織紡裁縫や家政も無能、淫乱、妻を離別する七出が備わっている……と設定されている。尊経閣文庫蔵の『新猿楽記』では、「十三娘」の頭書に、「悪女」と記されており、少なくとも中世前期には、「悪女」との認識だったとされている。

平安朝の皇親や貴族、有力都市民男性たちにとって、悪女とは、醜く、無教養で、家政能力もなく、淫乱な女性だったのであり、政治力をもったり、男を誘惑する「毒婦」とは対局の女性だったのである。

平安後期成立の『今昔物語集』には、「悪人」は出てくるが「悪女」は出てこない。「弓箭ヲ以テ朝暮ノ翫《もてあそび》トシテ」動物や人を殺す武士や盗賊が、出家して仏門に入ると、「悪人也ト云ヘドモ」（一四―一〇）と描写される。「悪女」はさほど流布していない文言ではあった。

悪女への道筋

しかしながら、悪女とは表現されないものの、悪女と同様なレッテルを貼られる女性が日本史上初めて登場する。古代最後の女帝称徳（孝謙）天皇であり道鏡との関係が語られる。最初は、九世紀初頭に成立した仏教説話『日本霊異記』下巻三八話に、当時広まったとされる童謡が出てくる。称徳天皇の側近だった道鏡にたいし、人々が、「坊さんたちを女のように裳をつけているからといってあなどるな。裳の中の腰帯にこもを持つ槌がさがっている。それが立つときは恐ろしいおかただ」と歌った。又、「我が黒見（女性器ヵ）のそばで、私の股に寝なさい。還俗するまで」とも歌った。その後、「僧道鏡法師、皇后（女帝の事）と枕を同じにして交通《とつ》ぐ。天下の政を相摂りて天下を治む。その歌へるは、これ道鏡法師の皇后と枕を同じくして交通ぎ天下の政を摂る表《しるし》と答となり」。この説話では、称徳天皇と道鏡との性関係と政治への批判が語られるだけである。

ところが、一一世紀に編纂された『日本紀略』宝亀元年八月条百川伝には「道鏡が病気の天皇の歓心を買うため「雑物」を進めたが抜けなくなった。尼が来て木に油を塗ったもので挟めば抜けますと提言したが、百川が怪しんで追い出し、天皇は亡くなった」と説明している。

さらに、鎌倉時代の『古事談』には、「天皇は道鏡の陰なお不足におぼしめされ、薯芋をもって陰形を作り、これを用いる間に折れて籠もった。腫れ塞がり大事に及ぶ時、小手尼が見て手に油を塗り取ろうとしたが、百川が「霊狐だ」と云って尼の肩を切ったので治らず亡くなった」とある。冒頭を飾る強烈な説話になっている。

八世紀の同時代史料には出家していた称徳天皇と道鏡との性関係の史料はない。本書の別項目にもあるように道鏡は性的な誘惑のもと称徳天皇に近づいたわけではない。九世紀初頭の『霊異記』では二人の性関係と道鏡の政治権力がはじめて批判され、『紀略』百川伝では道鏡が天皇の歓心を買うために雑物を差し出したことになっている。ところが、『古事談』では、天皇自身が道鏡の巨根に飽き足らなくなった結果、陰形を挿入したことに大きく変容する。称徳天皇批判の歴史的道筋は、血統継続に不可欠な母性尊重の浸透と表裏の関係で、独身女性による王権掌握への批判がはじまった結果だとされている。家父長制的家継承に不可欠な母性尊重と政治からの女性排除は、歴史的には同時並行的に進んでいく。その結果、政治権力に接近する女性が悪女になっていくのである。

近現代には政治への女性参加が当然になってくると、悪女は男性を誘惑する蠱惑的な女性へのレッテルに変容する。ますます「悪女」は増殖するかもしれない。

参考文献

田中貴子『〈悪女〉論』（紀伊国屋書店、一九九二年）

服藤早苗『平安朝の女と男』（中公新書、一九九五年）

「歴史の真相」研究会『悪女たちの日本史――99の謎』（宝島社、二〇〇九年）

II
〔中　世〕

開発領主の出自——地元に住んでいたのか

鎌倉 佐保

中世社会形成の主体としての開発領主

開発領主といってまず思い浮かぶのは、源頼朝の挙兵に呼応して結集し、鎌倉幕府成立の主体となった東国の武士たちの姿であろう。平安時代後期から末期、東国では名字の地を名乗って一族を展開させ成長していった武士たちが登場し、平氏政権打倒に挙兵した源頼朝に従って御家人となり鎌倉幕府を成立させていった。鎌倉時代末期の裁判手引書『沙汰未練書』には、「御家人とは往昔以来開発領主として武家御下文を賜わる人の事なり」「本領とは開発領主として代々武家御下文を賜わる所領田畠の事なり」とあり、鎌倉時代には、御家人は本来開発領主であり、開発領主として本領をもった根本領主であると認識されていた。研究のうえでも、開発領主は、まさに鎌倉幕府の御家人を典型とする中世領主の原型とされ、中世社会形成の主体として捉えられてきたのである。

そうした開発領主の成長の過程は、概ね次のように説明されてきた。

一一世紀頃から「大名田堵」「富豪の輩」と呼ばれた在地の上層民が、未開墾地の開発や荒廃田の再開発を国司に申請し、隷属民や周辺農民を動員しながら開発・再開発を推進し、屋敷を中核とする開発所領と周辺農民に対する根本領主権を獲得していった。彼らは開発地を含む郡や郷の郡司・郷司等の公権を得てその所職を世襲・相伝し、さらに私的支配を推し進めるために、事実上私領化した郡や郷を中央の有力者や大寺社に寄進して寄進地系荘園を形成し、自らは下司の地位を得ていった。そしてさらに国司や荘園領主に対抗して所領支配権を強化・拡大するために、新たな政治体制を求めていった、と。

すなわち開発領主とは、地方に発生し、地元に住み、自らの実力をもって開発を請け負い、中世領主として成長し、鎌倉幕府成立を担った存在と捉えられてきたのである。現行の教科書でもこの理解にもとづいた記述がなされている。

だが実際に一一―一二世紀、地方で開発を推進していたのは、必ずしも地元の豪族だけではなかった。都で朝廷に仕えながら地方に留住していた中下級貴族や、寺僧・神官なども、積極的に開発を担い、多くの開発私領を形成していたのである。しかし、研究上、彼らは「加地子」という中間的得分を取得するだけの寄生的領主として、開発領主とは厳然と区別されて捉えられた。地方に発生し成長した開発領主こそが中世社会形成の主体であり、その領主的発展こそが中世封建制社会成立の根本的動因であるとして、中世社会成立史が描かれてきたのである。

こうした理解においては、開発領主は、地元に住んでいなければならなかった。むしろ地元に住んでいる者を想定して、開発領主という研究概念がつくりあげられてきた、といったほうがよいかもしれない。

史料用語としての「開発領主」

しかし、史料上の「開発領主」という言葉は、開発領主が登場するといわれる一一世紀段階にはあらわれず、一三世紀以降特に一三世紀後半、荘園の実質的支配権（荘務権）や根本領主権（本主権）をめぐる相論が多くなるなかで用いられるようになってくる。肥後国鹿子木荘の場合を例としよう。「鹿子木荘事書」という史料によれば、鹿子木荘の本領主は「開発領主」沙弥寿妙で、寿妙の孫高方が大宰大弐藤原実政に寄進して領家と仰ぎ、高方は預所職となり、その後領家から本家（高陽院内親王）へ寄進がされたという鹿子木荘の成立過程が記されている。寄進地系荘園形成の典型として教科書にも取りあげられている事例である。しかしこの史料が作成されたのは鎌倉時代末期であり、作成者は「開発領主」沙弥寿妙に由来する預所職を継承した東寺供僧であった。当時、東寺供僧と領家との間では、荘務権をめぐる相論が起きており、東寺供僧は、自らのもつ預所職が「開発領主」に由来し、領家よりも強い権限をもつことを主張するために、この史料を作成したのである。「開発領主」こそが根本領主権をもつ存在であるというのは、一三世紀後半に荘園の重層的な支配体系が変質し、現地の実質的支配権の帰属が争われるなかで主張された言説であった。

冒頭で挙げた『沙汰未練書』も、一四世紀初頭に成立した書であり、そこに示された認識は鎌倉時代末期のものとみなければならない。御家人には確かに平安時代末期に開発により私領を形成するところから成長した領主もいたが、一方でもともとの開発領主ではなく政治的契機や内乱のなかで本領を得た者も少なくない。鎌倉時代後・末期の史料に登場する「開発領主」は、一一—一二世紀の開発領主（史料上では「領主」「私領主」としてあらわれる）の姿をそのまま示すものではないのである。

また開発領主の成長過程についても、実際に一一世紀以来連綿と開発を通じて成長していった中世領主が存在したかどうか、検証が必要である。残念ながらそうした成長を遂げていった開発領主は、史料上確認できない。これまで論じられてきた開発領主から中世領主への成長の過程は、史料上あらわれる各段階の領主の姿を論理的に繋いで構築された、まさに論理上の姿であったと言わざるを得ないのである。

〈開発領主〉の実像

では実際に一一世紀に開発を推進していった「領主」「私領主」（便宜的に〈開発領主〉と表記する）の姿はどういうものだったのか。一一世紀に、国司に開発を申請し、未開墾地や荒廃田の開発を推進していった存在は、田堵・富豪層のほか、郡司・郷司等の在地有司、寺僧・神官、中下級貴族など、実に多様であった。国司は、開発者に一定の私的得分の取得を認めても開発後には所当官物を徴収できる公田の増加を期待し、積極的に開発を奨励した。なかでも中下級貴族層は、国司から優位な開発条件を得て、私財を投下し、大規模に開発・再開発を請け負い、私領を形成していった。先に見た鹿子木荘の「開発領主」沙弥寿妙も、在地の勢力ではなく、受領を歴任するクラスの中央官人中原氏の一族であったことが明らかとなっている。中下級貴族の私領主には、形のうえでは「加地子」を取得するのみの領主も存在したが、決して寄生的な領主であったわけではなく、実際には開発を主導し、寄進地系荘園形成のもととなった私領を形成していった領主も少なくなかった。一一世紀の開発の主体は、こうした都に本来的な活動の場をもち、中央政治権力との人脈をもつ中下級貴族層であったといってよい。〈開発領主〉は必ずしも地元に住んでいたわけではなかったのである。

このように中下級貴族層を中心として一一世紀に開発された私領は、一二世紀の院政期になると院権力を核とする政治権力の再編成のなかで、院・女院周辺に寄進され、院・女院を本家とする新たな荘園へと形を変えていった。

さらに一二世紀になると、地方の武士や有力在庁官人による開発所領形成も目立ってくる。だが、彼らも必ずしも地元から成長してきた存在ではない。上野国新田荘の前提となった私領を形成した源義重は、本来京都で活動する京武者で、下向の後も京都との繋がりを強く保っていた。武蔵武士として著名な熊谷直実は、父直貞の時武蔵に流され、国内の有力在庁官人久下氏との婚姻関係を通じて一二世紀後半に熊谷郷を所領としていったのである。

のちに鎌倉幕府御家人となる東国の武士たちも、早くて一一世紀後半、遅くは一二世紀末頃に来住し名字の地を形成したものが多い。そうして開発・経営を進めていった武士を典型的な〈開発領主〉とみなすこともできよう。だが、彼らは決して未開墾地の開発農場主として成長してきたのではない。彼らは都鄙を往来する活動形態をもち、流通拠点や交通の要衝をおさえながら本拠を形成した。また院や上級貴族、武家棟梁との主従関係をもって活動するなかで、主従関係によって所領を預けられたり、あるいは国司との間で開発請負の契約を結び所領を確保したりして、開発・経営を展開していったのである。所領の獲得には、政治権力との関係、人脈が必要であり、それは一二世紀の地方武士たちにとっても同じであった。

〈開発領主〉とは、地方で都と無関係なところで発生し成長した在地勢力なのではなく、中央や国司など政治権力との関係をもちながら、所領を獲得し開発を展開し、成長していった存在であったのである。

参考文献

鎌倉佐保『日本荘園制成立史論』（塙書房、二〇〇九年）
戸田芳実『日本領主制成立史の研究』（岩波書店、一九六九年）
永原慶二『日本封建制成立過程の研究』（岩波書店、一九六一年）

武士の性格——中世武士像は多様である

野口　実

戦後歴史学における中世成立期の武士の位置づけ

中世武士の成立を論ずる場合、今日の学界では在地領主制論（領主制論）に立つのか職能論に基づくのか、色分けされることが一般である。しかし、結論を先に言ってしまうと、そもそもこの両者は二者択一すべきものではない。

領主制論は、武士を在地領主（地方の農村に在住して所領の開発と経営を進める領主）と見て、その台頭の過程を通して日本中世の歴史を理解しようとする学説である。皇国史観《こうこくしかん》の呪縛を脱した戦後歴史学は、史的唯物論《してきゆいぶつろん》に基づく歴史理解によって構築されたが、その一環をなすものである。その出発点となったのは石母田正『中世的世界の形成』（伊藤書店、一九四六年）、『古代末期政治史序説』（未来社、一九五六年）の二著である。

領主制論では、武士は地方から成立した新興階級であり、都市に巣食う古代貴族を倒して新時代を開きゆくものとして評価されることが一般であった。したがって武士を通して日本中世の成立過程を考えると、平将門《たいらのまさかど》の乱から鎌倉幕府の成立というスパンで捉えられることとなり、古代貴族支配に抵抗する東国武士による闘争の積み重ねが新時代を切り拓いていくという図式が描かれることとなった。

この理解は、戦前の軍国主義教育に基づく、勇猛で健全な東国武士に対する腐敗堕落した都市貴族という歴史イメージや、その前提ともなった『平家物語』史観（平家を武士の姿を放棄した貴族の爪牙《そうが》、源頼朝を東国武士の統合者として描く）にも整合するために、ひろく国民一般に浸透したのである。

しかし、領主制論は社会科学の理論に基づくものであり、そのために武士の研究といっても社会経済史に重きが置かれ、史料には在地構造の分析に資する古文書に依拠するところが多く、政治史に関わる記録（『小右記《しょうゆうき》』のような貴族の日記）・典籍《てんせき》（『吾妻鏡《あずまかがみ》』などの編纂物）などはあまり用いられることがなかった。また、戦前の歴史研究ではさかんだった個人の伝記や事件に関する史実を追究することも行われなくなった。

「武士とは何か」への回帰

一九六〇年頃、石母田の領主制論に対して在地領主（武士）は荘園領主（貴族・寺社）と同様に封建領主階級に属する存在であり、両者は対立しながらも相互補完的に農民支配を行っていたとする新しい理解が戸田芳実らによって示された。いわゆる「新領主制論」である。そのため、石母田領主制論は、その後、「古典的領主制論」ともよばれた。

一九七〇年頃から武士論は軍制史の枠組みで捉えられるようになるが、それは「新領主制論」が在地領主を支配階級に位置づけたことに起因するであろう。軍制の研究は国制史に触れるものであり、武士論の研究は従来の社会経済史中心から、政治史へと方法論的に大きな転換を見せることとなる。

この時期の業績としては井上満郎『平安時代軍事制度の研究』（吉川弘文館、一九八〇年）に代表される中央軍制に関する研究もあるが、活況を呈したのは国衙軍制論であった。石井進『中世武士団』（小学館版日本の歴史12、一九七四年）・同『鎌倉武士の実像』（平凡社、一九八七年）や戸田芳実『初期中世社会史の研究』（東京大学出版会、一九九一年）、下向井龍彦『武士の成長と院政』（講談社版日本の歴史07、二〇〇一年）にその成果が収められている。このような研究を指針として、地方における個別武士団の研究も大いに進展した（野口実『坂東武士団の成立と発展』弘生書林、一九八二年、など）。

ところで、一九七〇年代の頃から、変革よりも歴史の静態的な側面が関心の対象とされるようになった。いわゆる「社会史」ブームの到来である。こうした中で、中世武士論にも本質的な疑問が投げかけられることとなる。すなわち、これまでの中世武士研究では在地領主と「武士」の果たしてきた役割との区別がされてきていなかったことへの批判、ひいては「武士」とは何なのかという本質的な問いかけである。この問題に果敢に挑んだのが、伊勢平氏に関する実証的な研究で大きな成果をあげていた髙橋昌明であった。

戸田の研究を継承した髙橋は、武士を武士たらしめるのは王権と考え、その担うところは王家と国家の護りであり、「弓馬《きゅうば》の芸」を職能とする家系の出身者として、武力的存在一般からは区別される存在と捉える。したがって、武士は最上の武器・武具が生産・供給され、最高の武芸が錬磨される京都において成立するのであり、それが地方に下向することで武士の在地領主化が進行したと説く。そして、治承・寿永内乱によって頼朝の下に組織された荒削りな武装勢力がその御家人となり、武芸故実の習練を経たことによって、ようやく武士≒在地領主の図式が実現するとした。職能論的武士論（職能論）の登場である。

武士が武芸を職能とするのは当たり前で、領主制論が中世の武士を捉えるために作られた規定にすぎないのに対して、職能論は全時代の「武士」に適用できる（福田豊彦「武士＝在地領主論と武士＝芸能人の関係」『日本歴史』六〇一、一九九八年）。

「職能論」への反発

当たり前のことを指摘した「職能論」であったが、戦後日本史学における中世武士論は土地制度を中心とする在地領主の研究に還元されてきたから、その受容は簡単には果たされず、違和感どころか反感をもって迎えられた側面も見られる。

領主制論は新興階級である武士の拠る地方・辺境と古代貴族の牙城たる京都の対立の図式の上に構築されていたから、職能論の広まりは権門体制論《けんもんたいせいろん》（中世国家を公家・武家・寺社の三権門が相互補完した一元化されたものとして捉える）の隆盛に直結することとなった。そのために、領主制論に慣れ親しんだ立場からは、これに対抗する意味で、中世国家を公武二元的に捉える東国国家（王権）論が強く提示されるようになった。

しかし、近年の実証的な研究によれば、東国武士は将門の乱当時より常に中央の権力や生産・流通に規定される存在であり、一二世紀後半の段階に至っては、一族間で在地・在京する分業体制をとっていたことが明らかである。彼らは地方では在地領主としての側面をもつ一方、京都では内裏《だいり》大番役《おおばんやく》など国家守護の任にあたり、最新の武具・武器を入手し、最高の武技を学習していた。したがって、武士は基本的には都でも地方でも同質な存在として捉えられるべきなのである。地方武士の内裏（京都）大番役勤仕《ごんし》について、領主制論では地方武士が朝廷から課せられた苦役のように理解されたのだが、実はこれは滝口として内裏に出仕することと同様に、王権守護に直接関わって正当な「武士」としての身分が公的に認知される重要な機会なのであった（野口実「閑院内裏と「武家」」『古代文化』第五九巻第三号、二〇〇七年）。治承・寿永の内乱で各地の武士が列島規模の移動を行い、その後、地頭に補された東国武士の西遷・北遷が可能だったのも、在京活動によって構築された広域的なネットワークの存在を前提に考える必要がある。もはや領主制論の枠組みのみでは中世の武士を語ることはできないのである。

参考文献

上横手雅敬『日本中世政治史研究』（塙書房、一九七〇年）
川合康『日本中世の歴史3　源平の内乱と公武政権』（吉川弘文館、二〇〇九年）
杉橋隆夫「中世武士の成立をめぐる近業に寄せて」（『立命館文学』五四二、一九九五年）
関幸彦『武士団研究の歩みI〔戦前編〕史学史的展開』（新人物往来社、一九八八年）
同『武士団研究の歩みII〔戦後編〕学説史の展開』（同）
髙橋昌明『武士の成立　武士像の創出』（東京大学出版会、一九九九年）
戸田芳実ほか『シンポジウム日本歴史5　中世社会の形成』（学生社、一九七二年）
野口実「「鎌倉武士」の成立と武士論研究の課題」（東北中世史研究会『会報』第一二号、二〇〇〇年）
同「「東国武士」の実像」（髙橋修編『実像の中世武士団　北関東のもののふたち』高志書院、二〇一〇年）
同「東国武士研究と軍記物語」（千明守編『平家物語の多角的研究』ひつじ書房、二〇一一年）
福田豊彦編『中世を考える　いくさ』（吉川弘文館、一九九三年）
元木泰雄『武士の成立』（吉川弘文館、一九九四年）
同『院政期政治史研究』（思文閣出版、一九九六年）
同「武士論研究の現状と課題」（『日本史研究』四二一号、一九九七年）
安田元久『日本初期封建制の基礎研究』（山川出版社、一九七六年）
『歴史評論』六七四号（〔特集　中世在地領主論の現在〕二〇〇六年）

「寄進地系荘園」論
——立荘をとらえなおす

野口　華世

「鹿子木荘事書」は一〇世紀を語る史料か

荘園の成立を語る史料として教科書に取り上げられているのは、肥後国、現在の熊本県にあった荘園「鹿子木荘」についての史料「鹿子木荘事書《かのこぎのしょうことがき》」である。「鹿子木荘事書」（以下「事書」）は現在もほとんどの教科書に掲載されており、そこでは一〇世紀を語るための典拠史料として使われている。

しかし、「事書」そのものは一〇世紀の史料ではない。また、それは一〇世紀の様子を描いているものでもない。しかも、このこと自体はすでに四〇年前には明らかにされていたことであり、研究者の間では常識に属することであった。

それならば、なぜいまも「事書」は一〇世紀を語るものとして、教科書に載っているのだろうか。この点を考えるために、まずは史料を見てみたい。「事書」には次のような内容が書かれている。

> 鹿子木荘は開発領主寿妙の子孫の高方のとき、実政卿に年貢四〇〇石を収めるという条件でこれを領家と仰ぎ、自らは預所職となった（第一寄進）。その後、実政卿の末流に力がなくなったため、さらに二〇〇石を収めるという条件で高陽院内親王に寄進する（第二寄進）。高陽院内親王没後、最終的には仁和寺御室に継承され、これを本家とした。

「事書」を最初に発掘し、荘園の成立を示す史料だとして紹介したのは、一〇〇年以上も前の法制史家中田薫であった。中田は「事書」をそのまま読み解き、二回の寄進のすえ荘園は成立したと説いた。その後、一九六〇年代になって永原慶二がこの史料を再検討する。永原は、中田の主張する開発領主の権利の強さは批判したが、開発領主を起点とする二重の寄進の連鎖、つまり荘園の成立過程についてはその論を追認した。

ところで、「事書」にはそもそも年紀が記されていない。中田も永原も史料そのものの成立年代は鎌倉幕府成立ころと推定し、その時点で荘園の成立についてはは遡って記したものと判断していた。

しかし、その後「事書」自体の成立年代を大きく見直したのが石井進であった。石井はこの史料が東寺に伝来したということに着目し、厳しい史料批判を行った。そもそも「事書」は「東寺百合文書」という文書群のなかに含まれる史料であり、その文書群のなかには「事書」以外の鹿子木荘関連文書も多く残されていた。石井はこれら関連文書の検討を通じて、東寺は鎌倉後期に鹿子木荘の開発領主の子孫からその権利を受け継いでおり、公家法廷においてその権益回復のため領家と争っていたという事実を発見した。そして東寺に残る「事書」と関連史料群は、このとき法廷に提出された証拠文書であり、したがって「事書」という史料の成立はこの訴訟が行われていた一三世紀末であることを明らかにしたのである。

かつて中田は荘園成立期における開発領主の権利の強さを主張していたが、鎌倉末期に開発領主の権利を受け継いだ東寺が、その権益を確保するべく作成した証拠文書である「事書」のなかで、その権利を強く主張するのはむしろ当然のことといえよう。

いまだ根強い「寄進地系荘園」論

先に述べてきたことから、少なくとも「事書」は荘園の成立を語るには全く不適切な史料であることがわかる。それではなぜ現行の教科書の多くはいまだに「事書」を一〇世紀ころの史料として、荘園の成立を語っているのだろうか。

教科書のなかで、「荘園の成立」とともに述べられるのが「武士の成立」である。山川出版社の『日本史B』でも「荘園と武士」という節を立てて、荘園の発達と武士の成長を説明する。この節に「事書」も配置されている。多くの資料集、図表類も荘園と武士の成立を同列に述べる。そもそも両者の成立が同時に述べられるのはなぜなのだろうか。これは長らく荘園の成立が、在地領主制論とともに語られてきたからである。すなわち、開発領主＝在地領主の寄進により荘園はつくられ、在地領主は徐々に成長して、ついには鎌倉幕府という武家政権を樹立し中世社会形成の担い手となった、と説明されてきたためなのである。

しかし、このように説明する限り、荘園と武士は切り離せない関係となり、この両者の発達や成長を同列に述べざるをえなくなる。このような教科書の記述はまさに、寄進に関して中田説を肯定し「寄進地系荘園」論を補強した在地領主制論の永原説そのものなのである。先に述べたように石井の「事書」についての史料批判は実にあざやかであった。しかし、石井はそれ以上には何も述べなかった。つまり、史料は否定されたがそれに基づく新たな理論が構築されなかった。したがって教科書は「寄進地系荘園」論をとらざるをえず、現在も在地領主制論をベースに、荘園と武士の成立をリンクしたものとして説明するのである。そしてまた、この理論をいちばんわかりやすく説明してくれる史料は「事書」である。それゆえにいまだに荘園の成立を語る史料として「事書」は教科書に登場するのである。

新しい理論の登場

このようななか近年荘園と武士を関連づけない新たな研究が現れた。「立荘」論である。一九九〇年代半ばころから登場した「立荘」論は、それまでの「寄進地系荘園」論を根本的にとらえなおそうとするもので、従来荘園は草深い田舎の開発領主＝武士（在地領主）が私領を寄進して成立した、と考えられていたのに対し、荘園成立の契機としては、「寄進」よりも「立荘」を重視する。「立荘」とは、院・女院・摂関家が文書を発給することによって荘園を天皇家領・摂関家領として認定する手続きのことで、これによって中世荘園は成立したと捉えるのである。戦後歴史学のなかで開発領主＝武士（在地領主）の寄進を重視し、在地領主制論と結びつけて語られてきた「寄進地系荘園」論が、一二世紀を目前に見なおされたのであった。

「立荘」論が「立荘」を重視する大きな理由は、「立荘」の前後で荘園の構造が劇的に変わるからである。寄進の段階では小規模の免田であった開発領主の私領は「立荘」を経ることによって、免田部分を基幹としながらもその周辺に存在した公領や未開墾地なども広く囲い込んだまま何百町規模の広大な領域型荘園として成立する。その規模はときに郡規模にも及ぶことがあり、「立荘論」はこの領域型荘園の成立が中世荘園の成立だとするのである。鹿子木荘についても、高陽院内親王という鳥羽院の娘への寄進を契機に天皇家領としての「立荘」をとげ、開発領主の小さな私領から、大規模な領域型荘園への構造変換があったと想定できる。

また、従来の「寄進地系荘園」論で、開発領主＝武士（在地領主）と捉えられてきたことにも異論が唱えられた。開発領主は中央政府とつながって地方に私領を形成しうる、本来は京都にいる中下級貴族であり、開発領主が武士（在地領主）であることはほとんどなかったことが明らかにされたのである。鹿子木荘においても、第一寄進を行った開発領主も武士ではなく受領クラスの中央官人中原氏であった。つまり、開発領主自体が在地ではなく在京勢力で、中下級貴族だったことが明らかにされ、在地の領主層が中央の有力者に寄進するという構図そのものが成り立たなくなったのである。

荘園の成立をとらえなおすために

先行研究において「寄進地系荘園」論は在地領主制論と対をなして語られてきた。それゆえに現行教科書は、古代の部分に荘園と武士の成立・発展の説明が並ぶ。しかし、「寄進」の主体は在地領主ではなく在京勢力である。また、成立前後における荘園の構造転換、すなわち小さな免田から大規模な領域型荘園への変換を加味するならば、荘園成立の契機は「立荘」であろう。したがって、「立荘」論は「寄進」も在地領主も重視せず、これまで深く関連づけられてきた「寄進地系荘園」論と在地領主制論を同時に批判する理論なのである。

このように寄進地系荘園の見なおしは確実に進んでいる。ただし、「立荘」論はいまのところ中世荘園制の成立は説明できていても、その発展および衰退については説明できているとはいえない。このあたりに課題は残るものの、「鹿子木荘事書」を用いて「寄進」一辺倒に荘園と武士の成立・発展を並べて語ることは、すでにできなくなっているのである。

参考文献

石井進『中世史を考える』（校倉書房、一九九一年）
川端新『荘園制成立史の研究』（思文閣出版、二〇〇〇年）
高橋一樹『中世荘園制と鎌倉幕府』（塙書房、二〇〇四年）
中田薫『法制史論集』第二巻（岩波書店、一九三八年）
永原慶二『日本封建制成立過程の研究』（岩波書店、一九六一年）
野口華世「女院領研究からみる「立荘」論」（『歴史評論』六九一号、二〇〇七年）

平家の政権
——平清盛はなぜ政権を掌握できたのか

髙橋 昌明

伊勢平氏の台頭

それまで下級貴族とそれ以下の身分の間を上下していた伊勢平氏を、陽の当たる場に登場させたのは、清盛の「祖父」正盛《まさもり》である。彼は白河院の愛人（祇園女御《ぎおんにょうご》）や近習と結んで院に近づき、出雲国の目代（国守の現地代官）を殺し官物を奪取した源義親《よしちか》（義家《よしいえ》の子）を追討して平氏の武名を高めた。また海賊追捕や寺院大衆《だいしゅ》（いわゆる僧兵）の強訴《ごうそ》阻止に功をあげた。一方、富裕な受領《ずりょう》として院が進める造寺造塔事業を財力の面で支え、院司《いんし》としての地位を築いてゆく。

その子忠盛《ただもり》も白河法皇の寵をえ、検非違使や国守を歴任、院判官代《ほうがんだい》を経て、山陽道・南海道の海賊追討使となる。法皇が没すると、ひきつづき鳥羽上皇の近習として奉仕。鳥羽院第一の寵臣藤原家成《いえなり》との連携を深めた。

忠盛は院の別当になり、王家の直領である肥前国神崎荘を預かる立場を利用して日宋貿易に関与。山陽・南海の海賊を追捕。南都の衆徒（大衆に同じ）の入京を阻止。主に西国の受領を歴任、正四位上に叙せられた。さらに久安四年（一一四八）、鳥羽院の年預《ねんよ》の別当（執事の輔佐役）となり、仁平元年（一一五一）刑部卿に補せられた。公卿昇任の一歩手前まで達したが、ついに届かなかった。清盛は「父」が政界で無視しがたい存在となったのをうけ、さらに発展させた。

この時期武士が存在意義を増したのは、荘園の激増や王家内部の対立、権門寺院間の競合と朝廷への強訴、権門寺院と国衙との抗争などが、武力紛争に発展し、社会の緊張を著しく高めていたからである。院はそれらを鎮めるため手足になる武力を求め、なかでも忠盛は、貴族社会における洗練と貢献度で、大いに院の眼鏡にかなった。

前記諸抗争のうち、王家内部の対立に摂関家の分裂がからんで発生したのが保元の乱である。そして乱後、後白河上皇の院政下で実権を握った信西《しんぜい》を排除するため、二条天皇の親政推進派と信西を憎む院近臣らが野合して起こしたクーデタが平治の乱である。二度の内乱を勝ち抜いた清盛の平氏は、中央の武力を独占するようになった。乱に勝利した功と武力を背景にもつ凄みは、官位の急速な上昇をもたらし、平家を中央の政局を左右する政治勢力へと導いた。

政権への足どり

中央の政局を左右する存在になったとはいえ、通俗の説明のように、乱後いきなり平家の単独政権が成立したわけではない。後白河院は、二条・六条・高倉・安徳・後鳥羽の五代の天皇の治世、三十余年の間政治に積極的にかかわり続けた。

初め清盛は親政をめざす二条天皇の側に立ち、後白河の政治活動を封じこめるのに貢献した。彼は摂関家とも連携、娘盛子を忠通の子近衛（藤原）基実《もとざね》に嫁がせる。ところが永万元年（一一六五）二条天皇が亡くなり、翌年協力して二条親政を支えてきた基実が早世した。すると清盛は一転、後白河院との政治同盟の道を選んだ。両者を結びつけたのは後白河最愛の后、平滋子（のちの建《けん》春門院《しゅんもんいん》）と彼女が生んだ憲仁《のりひと》親王の存在である。滋子は清盛の妻時子の異母妹だったから、清盛も後白河も憲仁を即位させることで利害が一致した。そして盛子は後家として義理の子基通《もとみち》を後見する立場になり、摂関家領を相続した。普通摂関家領の押領といわれている事態である。

清盛の昇進はいよいよ加速し、仁安元年（一一六六）に内大臣、翌年二月には太政大臣《だいじょうだいじん》に進む。当時太政大臣は、摂関家以外の高位の貴族が最後に就く名誉職的な官になっており、辞任後に前太政大臣と称して政界に隠然たる力をふるうことのほうがむしろ重視された。だから清盛は、就任後三カ月でさっさとこれを辞した。

清盛は翌仁安三年二月重病にかかり死を覚悟して出家（法名浄海《じょうかい》）。後ろ盾を失うのを恐れた後白河は、二条がいまわの際に即位させた六条天皇を退け、憲仁を即位させた。高倉天皇である。その後奇跡的に回復した清盛は、翌春まで出家姿で政界を牛耳り、その後摂津福原（現神戸市兵庫区平野）に引き籠もる。以来一一年間福原に常住し、めったなことでは上洛せず、そこからの遠隔操作で政局を左右し続けた。承安元年（一一七一）には、渋る後白河に迫って娘徳子（のちの建礼門院《けんれいもんいん》）を高倉天皇に入内《じゅだい》させることに成功する。

六波羅幕府

『平家物語』は平家一門が朝廷の高位高官に就いたことを強調する。確かに平家は京都東山の六波羅に陣取った嫡子重盛《しげもり》らが、全国の平家御家人を率いて内裏《だいり》を警固するなど、国家の軍事警察部門を掌握している。しかし、それを除くと、朝廷の政治領域における平家の存在感はいわれるほど大きくない。

というのは一門の公卿は、国政を審議する各種の公卿会議に参加する資格も識見も認められていなかったからである。彼らには行政執行の中軸をなす重要ポスト経験者が皆無で、上流貴族に必須のおもだった儀式の執行役を務める能力を有する者もほとんどいなかった。並び大名の域をでないといって過言ではない。だから平家の国政への要求は、高倉天皇や姻戚関係によって結ばれた親平家の有力貴族たちによって代弁されていた。これを平家が政治を動かすための表ルートとすると、裏ルートは後白河の有力近臣や滋子を通して院に働きかける方式だった。

こうした政治のコントロール方式を補足するものとして、清盛の福原居住がある。従来は彼の福原在住の動機を、大輪田泊《おおわだのとまり》（のちの兵庫津《ひょうごつ》）を拠点に、中国（南宋）との交流・貿易の陣頭指揮をとろうとしたから、と説明してきた。しかし、たまにしか来航しない宋船のために、最高実力者が現地で常時待機する必要はない。

彼の意図は以下のところにあったのだろう。すなわち、京都で後白河と角突き合わせていれば、臣下（目下の同盟者）としての対応や譲歩を余儀なくされる。しかし都の近傍に立ち退くことによって院とのかかわりは確実に減少する。空間的な距離は、相手に政治的・心理的な距離をおく効果がある。この福原居住による王権との絶妙の距離は、具体的な歴史のそれぞれの局面で、平家に政治的な自立（律）性を保証するだろう。

彼は、福原から指示を送る、あるいは京都からの働きかけを待つだけでなく、必要とあれば速やかに上洛した。在京の清盛子弟たちは、遠所にある清盛の指示を理由に、事実上院の要求をこばみ、あるいは時間稼ぎをし、最後は清盛の上洛による政治決着にゆだねる、といった対応をとっていたのである。

清盛の福原居住は、京都不在のマイナスを差し引いても、平家の威信や自立を保持するのに、有効な方法だった。筆者はこの福原と六波羅の二拠点で構成された平家の権力を六波羅幕府と呼んでいる。鎌倉幕府に先行する史上初の武家政権である。

平氏系新王朝の誕生

一一七〇年代に入って、高倉天皇に嫁した徳子に皇子が生まれない状態がつづいた。清盛の反発を考えると、自らの皇子を含めた他の候補を東宮《とうぐう》（皇太子）にたてるわけにもいかない。皇位継承予定者不在の異常が後白河のいらだちを誘い、平家と院の暗闘が表面化した。治承元年（一一七七）六月の鹿ヶ谷《ししがたに》事件である。この事件で後白河を押さえこんだ清盛は、翌年一一月ようやく誕生をみた孫（言仁《ときひと》、のちの安徳天皇）をただちに東宮に立てた。ついで巻き返しに出た院勢力を、治承三年一一月の軍事クーデタで粉砕。反対派貴族を大量に処分、院政を停止、軍事独裁政治を開始した。以降は高倉上皇と安徳天皇を推し立てた平氏系新王朝を確立するための努力が続く。福原遷都はその必須の一環であった。

なお、清盛の母は白河法皇身辺の女性で、法皇の子を身ごもったまま忠盛に下賜されたらしい。その子が清盛で、つまり彼は法皇のいわゆるご落胤《らくいん》と目されるのである。それに関係して、清盛の母を祇園女御もしくは彼女の妹とする伝承があるが、前者は事実でないし、後者は根拠薄弱である。

もっとも清盛の政界での躍進の原因をもっぱら落胤に求めるのは、短絡に過ぎる。その原動力はあくまで軍事力を中心とする政治力によるのであって、落胤は、上流貴族たちが清盛の破格の官位上昇を認めるにあたり、例外を受容する口実、または納得材料にしたという効果があった、とするにとどめるべきである。

参考文献

高橋昌明『平清盛　福原の夢』（講談社選書メチエ、二〇〇七年）
同『［増補改訂］・清盛以前——伊勢平氏の興隆』（平凡社ライブラリー、二〇一一年）
同『平家と六波羅幕府』（東京大学出版会、二〇一三年）

源平合戦観の克服——結果として源頼朝が勝ち残った

高橋　典幸

戦後の中世史研究をリードした在地領主制論は、この内乱に古代から中世への転換という新たな意味を見出すことになった。すなわち、源頼朝に率いられた各地の武士（在地領主）たちが、貴族社会を中心とする古代勢力を打ち倒し、中世社会を切り拓いていく戦いだったとされたのである。このように内乱に源平の覇権争いにとどまらない歴史的意義が認められた結果、中世史研究では、源平の興亡を想起させる「源平合戦」よりも、「治承・寿永内乱」という呼び方の方が好まれるようになった（以下、本項でも治承・寿永内乱と呼ぶことにする）。

在地領主制論は源平興亡史観を克服した点で一定の成果をあげたと言えるが、平氏を古代勢力の棹尾をかざる存在とみなし、古代から中世への時代の転換の中でその滅亡は必然だったとする点では『平家物語』とモチーフを共有しており、結果として「源平合戦」観を再生産す

源平合戦から治承・寿永内乱へ

一一八〇年（治承四年）八月の源頼朝の挙兵により幕を開けた内乱は、「源平合戦」と呼ばれる。平治の乱の敗戦以来、伊豆で二〇年にもわたって流人生活を強いられていた頼朝が、全盛を極めていた平氏に対して反旗を翻すと、各地で源氏が蜂起し戦乱は全国に広がり、ついに一一八五年（文治元年）三月、壇ノ浦の合戦で平氏は滅亡に追い込まれ、頼朝による鎌倉幕府が政治の実権を握ることになった。以上のような経過を考えれば、この内乱は源氏と平氏との覇権争いだったのであり、「源平合戦」と称されるゆえんでもある。軍記物語『平家物語』は奢れる平氏が滅亡する様子を描いた文学作品として古くから読み継がれてきたが、そこでも内乱を源氏と平氏の興亡とする見方がつらぬかれており、右のような「源平合戦」観に大きな影響を与え続けてきた。

ることにもなったことが指摘されている。

その後の研究の進展により、古代から中世への転換は一意に治承・寿永内乱に求められるものではないことが明らかにされ、また武士や在地領主の実態・位置づけについても再検討の必要性が指摘されたことにより、現在では在地領主制論による「治承・寿永内乱」論にも見直しが迫られている。

内乱と源氏

「治承・寿永内乱」論の成果として、内乱そのものに関心が向けられたことは見逃せない。在地領主制論の限界が指摘された後も、治承・寿永内乱の実態に注目した研究が進められている。

内乱の過程で源頼朝は一貫して平氏打倒を謳っていることから、治承・寿永内乱に源氏対平氏という一面もあったことはいちおう認められよう。ただし、その場合でも、平氏はともかく、源氏という一つのまとまった政治勢力の存在を前提にすることはできない。たしかに源頼朝や木曾義仲、甲斐源氏など源氏諸氏が平氏打倒に次々と立ち上がったのではあるが、戦況に応じて同盟関係を結ぶことはあっても、彼らは同じ目標に向かって相互に連携をとりながら行動していたわけではない。むしろ内乱推進の主導権をめぐって競合していたのが実態であった。

そのもっとも顕著な例が源頼朝と木曾義仲の関係である。内乱当初は北関東の支配をめぐって両者の間で妥協が図られたこともあるが、最終的に義仲は頼朝によって攻め滅ぼされたのであった（それが、頼朝による平氏追討に先行して行なわれたことにも注意が必要である）。また甲斐源氏についても、当初は頼朝と同盟関係を結ぶ一方で義仲とも軍事行動を共にしており、富士川合戦の実態も甲斐源氏が平氏軍を迎え撃った戦いであったことが明らかにされるなど、独自の政治勢力であったが、内乱の過程で一族の有力者が粛清されるなどして頼朝のもとに屈服を強いられ、ついにその御家人に列することになったのであった。

「源平合戦」というと、源頼朝が源氏一門を統率して平氏追討戦を進めたようにみられがちだが、けっして源氏一門が政治的にまとまっていたわけでも、最初から頼朝に一門の棟梁の地位が約束されていたわけでもない。むしろ「源平合戦」は、分立する源氏諸氏の間における主導権争いでもあったのであり、結果として勝ち残ったのが源頼朝と彼が率いた鎌倉幕府だったのである。

内乱と武士

治承・寿永内乱が全国的規模で展開したことを考えると、そもそも源氏対平氏もしくは源氏一門内の主導権争いのみでその理由を説明することは難しい。実際に内乱を戦った武士たち、中でも必ずしも源氏や平氏と主従関係を結んでいなかった各地の武士たちがなぜ内乱に参加していったのか、その動きに目を向ける必要がある。そうした点で近年注目されているのが、彼らは所領経営などをめぐって相互に競合・対立・連携する関係にあったということである。武士たちは地域社会で日常的に直面する利害関係にもとづいて行動していたのであり、そうした地域的な紛争状況と結びつくことによって内乱は全国に深化・拡大していったと考えられている。治承・寿永内乱から生み出され、のちに鎌倉幕府の制度として確立される地頭職・地頭制の中にもその点をうかがうことができる。

地頭職は通常、将軍（鎌倉殿）の命令にもとづいて戦闘に参加した武士たちに、彼らがあげた戦功に対する恩賞として給与される。しかし治承・寿永内乱期には、必ずしも右のような形の地頭職ばかりではなく、武士たちが独自の軍事活動（たとえば隣接する競合勢力に対する攻撃など）により獲得・占領した所領が、のちに頼朝から地頭職として追認されている事例があることが明らかにされている。すなわち地頭職・地頭制は、地域社会における武士たち独自の利害関係にもとづいた活動の成果を取り込んで成り立っていたのである。治承・寿永内乱も、源氏対平氏、もしくは源氏一門間の対立という構図が地域社会に持ち込まれ、そこで展開されていた武士たちの対立・競合状況と結びつくことによって全国的な内乱として深化・拡大していったのである。

なお、とくに東国の武士たちが源頼朝や義仲らに率いられて京都・西国へと遠征に赴いていった理由を、朝廷を平氏から救出しその再建事業に参加しようとする武士たちの心性に求める見解が提示されている。この見解そのものの当否については議論のあるところであるが、内乱推進の要因を武士たちの主体性に求める点ではこれまでの議論の流れを汲むものと言えよう。

再び「源平合戦」について

以上、戦後の治承・寿永内乱研究は時々により力点の違いはあるものの、総じて「源平合戦」観を克服する方向で進められてきたと言えよう。

ただし、あらためて当時の史料を検討しなおしてみると、かなり早い段階から貴族社会を中心に内乱を「源平之乱」（『玉葉』元暦二年八月一日条等）などとする見方があったことに気がつく。そうした点からすると、内乱前に源頼政が平清盛の推挙によって従三位に叙されたことが注目される。推挙の理由について清盛は「源平両氏はともに我が国の堅めであるにもかかわらず、平氏の繁栄に比べ、保元・平治の乱で賊軍に属した源氏は多くが罪を受けてしまっている。その中でひとり忠節を尽くしている源頼政は相応の処遇を受けるべきである」と述べているのである（『玉葉』治承二年一二月二四日条）。頼政の従三位昇叙や清盛の推挙そのものについては驚きの目が向けられたが、貴族社会においては武家として源氏と平氏を対にしてとらえる見方があったことがうかがえる。

先にも述べたように、内乱中また内乱前においても源氏という一定のまとまりをもった具体的な政治勢力の存在は認めがたいのであるが、こうした見方が内乱と結びつくことにより「源平合戦」観が生み出され、『平家物語』のモチーフを準備することになったと考えられる。こうした見方は、源平両氏から追討使などが起用されるようになった摂関期以来の朝廷の軍事制度に起源をもつものであるが、治承・寿永内乱の戦局の展開や朝廷・貴族社会と内乱の関わり、さらにはその後に成立した鎌倉幕府との関係について検討を深める必要があろう。

参考文献

上杉和彦『源平の争乱』（吉川弘文館、二〇〇七年）
川合康『源平合戦の虚像を剝ぐ』（講談社選書メチエ、一九九六年）
川合康『鎌倉幕府成立史の研究』（校倉書房、二〇〇四年）
河内祥輔『頼朝の時代』（平凡社、一九九〇年）
下村周太郎「治承・寿永の戦争と「源平合戦」」（海老澤衷先生還暦記念論文集『懸樋抄』海老澤忠先生の還暦を祝う会、二〇〇八年）

偽文書——偽文書は無価値か

近藤 成一

「偽文書は無価値か」という副題もふくめて、表題は編者から示されたものであるが、「無価値か」という問いは、「いやそうではない。価値がある」という答えを当然に期待しているものであろう。

偽文書こそが真実を語る?

もう二〇年以上も前のことになるけれども、さる高名な近代史家から、「偽文書こそが歴史の真実を語るものである」という話を聞いたことがある。これはもちろん逆説であろう。古文書を史料として歴史の研究を行おうとするとき、そもそも偽造された文書であることが判明した場合にはそれを歴史研究の材料から排除するのがふつうの態度である。しかしそうやって偽文書を排除して厳密に選別した「真正」な文書がはたして歴史の真実を語るものであろうかという問題を、前記の近代史家は提起したのではないかと思う。

たとえば文書にはそれを作成した年月日が記されているのがふつうであるけれども、その年月日にその文書が必ず作成されたとは言えない。遡った日付を記されることもあれば、少し先の日付を記されることもある。そういうことは、我々も日常的にしばしばやっていることである。文書に記された日付というのは、実際にその文書が作成された日付ではなく、その文書が作成されたことにしたいタテマエとしての日付である。

文書は社会生活上のある機能を果たさせるために作られるのであるから、文書が存在すれば、その文書の体現する機能は実現したと理解するのがふつうである。しかし厳密に言えば、それはタテマエであって、本当に実現したかどうかはわからない。実現すべきものと考えられたというにとどまる。文書が語るのはそういうタテマエである。タテマエだから真実ではないということにはならないけれども、文書の語るタテマエの背後に別の真実がありうるし、その真実がかえって偽文書に示されているということもありうる。しかし偽文書のなかに真実を見出すのはそう簡単なことではない。偽文書のみからその中に真実があることを主張されても、それを論証することなどできないし、偽文書の中に真実があることが論証される場合というのは、たいていは偽文書以外から明らかにされた真実が偽文書の中でも確認されたというだけで、偽文書のみから明らかになる真実が客観的に論証されるということは考えにくい。

偽文書の読み方

偽文書の読み方については、本書に先行する『歴史をよむ』（二〇〇四年）において本郷和人が「偽文書」の項目を担当しているし、同じ年にはなんと『偽文書学入門』と題する書物が出版されている。後者に寄稿された及川亘「偽文書と中世史研究」は、古文書学における偽文書の扱われ方を論じた上で、中世における偽文書の諸相を概観していて、この問題に関する要領を得ている。本項の少ない紙幅では紹介しきれないので、ぜひ参照していただくことを読者にお願いしたい。また本郷の論考は偽文書論を全面展開したというより、本郷の偽文書に対する見方を示したというものであるが、そこに本郷の方法が示されているという点で興味深い。偽文書について語るということは、自分の方法について語るということになるのかもしれない。残りの紙幅をそういう方向で使うことにしよう。

偽文書からの復権

偽文書の史料的価値を論じるのであれば、偽文書そのものについて論じるのが正道であるけれども、偽文書に関して史料的価値が認められる場合の多くは、従来偽文書として扱われてきたものの中から真正な文書が発見され、その文書によって新たな真実が明らかにされるような場合である。網野善彦の非農業民研究（『日本中世の非農業民と天皇』岩波書店、一九八四年）はその代表的なものであろう。

源頼朝文書といえば、偽文書が多いと思われているものの代表格であるが、林譲はその中の二通の復権を果たしている。そのうちの一通、鶴岡八幡宮に伝来した寿永二年二月二七日の日付を持つ源頼朝寄進状（相模国高田郷・田嶋郷を寄進したものと武蔵国波羅郡内㔟尻郷を寄進したものの二通が鶴岡八幡宮に、それとは別に武蔵国師岡保内大山郷を寄進した一通が中野忠太郎氏旧蔵手鑑「隠心帖」のうちに伝来するが、林は瑶尻郷を寄進した一通について論じる）は、史料批判の初歩を説明する好例として、これが偽文書であることを論じられてきた。というのは、頼朝は挙兵以来、彼の打倒目標である平氏に擁立された安徳天皇による養和・寿永改元を認めずに、治承年号を使い続けたと考えられてきたからである。林が復権を果たしたもう一通の文書、三島大社に伝来した治承七年三月一七日付けの頼朝の袖判の下文の存在が、その説を裏付けている。つまり治承七年と寿永二年は西暦一一八三年に相当して同年であるが、治承七年三月一七日の日付を用いる頼朝がそれ以前に寿永二年二月二七日という日付を用いることはありえないのである。「もしかりに、養和・寿永の年号をつけた頼朝の文書があれば、それだけでも偽文書といえる十分な根拠になる」（中央公論社版『日本の歴史』7鎌倉幕府、一九六五年）という石井進の断定は、この時代に興味を持つ多くの人々の記憶に強い印象を与えてきた。

林は寿永二年二月二七日付の頼朝の文書が「偽文書などではな」いというのだから、石井を真っ向から批判したことになるのだが、林はそのために方法上の準備を周到にして論を展開しているので、かなりの説得力を有する。すなわち花押と筆跡（頼朝のではなく右筆のものだが）の特徴を分析するための方法論を提示し、それにもとづいて花押の時期的変遷と筆跡の分類を行い、その中に従来偽文書として扱われてきたものを位置づけるのである。どうしてその文書を真正のものと判断するかの根拠が示されており、他者がそれを検証することも可能である。

具体的な分析過程については林の論考をぜひ参照していただきたいが、結論として林は、寿永二年二月二七日の日付を持つ頼朝文書は頼朝自身が花押を加えた真正のものであること、しかしそれが作成されたのは建久三年（一一九二）頃であること、したがって「建久二、三年頃の頼朝の政治姿勢を雄弁に物語る貴重な史料」であることを述べる。

偽造と真正の間

林は「偽文書などではな」いと言うけれども、それは頼朝以外の他人が頼朝を騙って偽造した文書ではなく、頼朝自身が作成した文書だという意味である。寿永二年二月二七日という日付は、この文書が作成された時点を示すものではなく、作成の時点から一〇年近く遡って記されたものである。寿永二年の時点でも同一内容の文書が作成されていて、それが事故で失われたために復元されたと解釈できないこともないけれども、寿永二年すなわち治承七年当時の頼朝の日付の書き方とは異なるから、原文書に忠実な復元とは言えない。

頼朝自身により頼朝文書として作成されたのであるから、「偽造」という言葉を使うのは適当ではないけれども、逆に真正な文書として扱うのであれば、この文書の語る真正な内容が何であるかが問題である。この文書が寿永二年に作成されたという最も単純な解釈は真正ではない。この文書の語る真正な内容として想定しうるのは、建久三年頃の頼朝が一〇年近く前の日付で鶴岡八幡宮に所領を寄進していたことにしようとしたということである。

そういう想定を可能にしたのは、文書に据えられた頼朝の花押の形状が建久三年頃のものであるという、文書の本文以外から判明する情報である。及川がいくつか例をあげているように、偽文書は、それが作成された状況が判明すれば、史料として利用しうる。寿永二年の日付を持つ頼朝文書を偽文書と極めつけるのは適当でないが、史料として利用する仕方は偽文書の場合に近い。

真正な文書からは得られない情報が偽文書から得られるという場合は、実はそう多くはないと思われる。逆に、偽文書を史料として活かす方法というのがあるのであれば、それは偽文書以外にも有効なのではないかと考えている。

参考文献

及川亘「偽文書と中世史研究」(久野俊彦・時枝務編『偽文書学入門』柏書房、二〇〇四年)

林譲「源頼朝の花押について――その形体変化と治承・寿永年号の使用をめぐって」(『東京大学史料編纂所研究紀要』六、一九九六年)

本郷和人「偽文書――文書捏造のルール」(歴史科学協議会編『歴史をよむ』東京大学出版会、二〇〇四年)

肖像画——頼朝像・義満像は本人なのか

黒田　智

肖像は「らしさ」が大事

あなたは、曾祖父の顔を覚えているだろうか。

たとえば、ここに一枚の肖像画があったとしよう。つくったときは、制作者やこの絵をみる人たちにとってこれがだれの肖像であるかは自明であったはずだ。けれども、この肖像画の像主の名前を知っている人の数は、日増しに少なくなってゆく。数十年、数百年たって、もしだれひとり覚えている者がいなくなったら、捨てられるか、あるいは別の人物の肖像となって生きのびるしかない。それは、名もない民衆だけではない。内閣総理大臣でも、一世を風靡したアイドルでも同じことである。肖像は、像主名の忘却を宿命づけられているのである。

肖像とは、現実の特定の個人をかたどることを意図した絵画や彫刻である。しかし、肖像と像主のむすびつきは思いのほか弱い。肖像は、像主名を名づけられることで、かろうじて肖像であることを保証されているにすぎない。肖像を肖像たらしめているのは、肖像に書かれた讃や裏書や箱書、物語や伝承などの言説が残っている場合か、肖像を使用した儀礼的行為が定期的に継続されている場合にかぎられる。足利尊氏とされてきた宮内庁所蔵「騎馬武者像」や武田信玄とされてきた高野山成慶院所蔵長谷川信春筆の武将像など、教科書でもおなじみの肖像画があいついで像主名を変更されたのは、こうした肖像のもつ宿命に起因しているのである。

そこにあるのは、「らしさ」だけである。肖像を享受する共同体のなかで、時代時代に応じた「らしさ」がもとめられ、「らしさ」はある解をえて安定する。アニメ「一休さん」の小坊主顔は、現代日本人にとって一休らしさを体現しているのであって、一休宗純が生きていた室町時代の人びとに認知されることはない。とはいえ、この「らしさ」とは、知らぬ間にその人物のイメージを強固につくり上げ、後世に根深い影を落としている。

足利義満像

京都の北西、高雄山のふもと梅ヶ畑の地に、神護寺という真言宗寺院がある。この寺院に「足利義満像」と伝えられてきた肖像画がある。

どっぷりと太った直衣姿の俗人の顔には、八の字型の眉と眉間のしわ、三重瞼の目、頰下の法令が刻み込まれている。揉上と頰鬚はつながって長く伸び、口髭や顎鬚、左右の喉元からも黒く豊かな髭が生えている。

この独特の髭をもつ人物は、ごく最近にいたるまで足利義満とされてきた。たとえば、寛政一二年（一八〇〇）の松平定信『集古十種』では、神護寺や等持院に残る肖像画・彫刻を、足利義満として紹介している。そのほか、江戸時代につくられた多くの足利義満像はいずれも、この独特の鬚をもつ人物であった。

しかしながら、この肖像画の上部には讃がある。讃文には、「応永廿一年（一四一四）」に「征夷大将軍」の職にあった「寿像（生きているうちに描かれた肖像）」と記されている。この年、すでに三代将軍足利義満は死去しており、将軍の地位にあったのは息子の四代義持であった。神護寺の「足利義満像」のほんとうの像主が足利義持であることは、疑う余地のない事実なのである。

伝源頼朝像

ところが、同じ神護寺に伝えられた三幅の巨大な絹本の肖像画（神護寺三像）となると、話は一筋縄ではいかない。この三点の画幅の表にも裏にも、像主名の根拠となるドキュメントがないからである。

鎌倉末期ころに編纂された『神護寺略記』によれば、仙洞院なる堂舎に後白河法皇、平重盛、源頼朝、藤原光能、藤原業房らの肖像画が安置されていたという。この記事を根拠に、三つの肖像画が源頼朝、平重盛、藤原光能（桜町成範）であるとする説が、江戸時代以来、流布されてきた。

一九九五年、美術史家の米倉迪夫は、神護寺三像のうち源頼朝像とされてきた肖像画（図1）が、室町幕府初代将軍足利尊氏の弟直義のものであるとする説を発表した。京都東山文庫に所蔵される康永四年（一三四五）四月二三日「足利直義願文」には、足利直義が自分と兄尊氏の肖像画を神護寺に奉納したことが記されていたから

図1　伝源頼朝像

である。この古文書を根拠に、三つの肖像画を足利直義、尊氏、義詮とする新説が提示されたのである。

いったい神護寺三像は、『神護寺略記』と「足利直義願文」のどちらの肖像をさすのだろうか。現存するのは三点の肖像画なのに、「足利直義願文」は二人、『神護寺略記』は五人以上の肖像画の存在をほのめかしている。なにしろ名無しの肖像画なのだから、その可能性は五分五分といわざるをえない。

それでも米倉説が発表されて以降、主として足利直義説をとる研究者たちによってさまざまな検証が続けられてきた。飾り太刀や装束をめぐる有職故実からのアプローチ、文献史学から政治史的背景を読み解く試み、大英博物館や甲斐善光寺の源頼朝像の再検討など……。二〇年をへて、神護寺の肖像画を「源頼朝像」として掲載する歴史教科書はなくなり、もはや頼朝説を裏付ける史料的根拠はなくなったかのように思える。しかし、ひとたび源頼朝らしい肖像として焼きつけられたイメージは、容易に払拭されるものではない。「らしさ」の呪縛がとけるまで、もうしばらく時が必要なのかもしれない。

神護寺再興の歴史

なぜ像主名は、変更されたのだろうか。

南北朝内乱以来、神護寺では北朝を支持する衆徒と南朝を支持する寺僧との対立が先鋭化しつつあった。応永二年（一三九五）の錯乱から、宝珠院炎上や交衆追放をへて、文明・天文年間の相次ぐ戦禍によって壊滅的な焼失を余儀なくされていった。長い荒廃からようやく復興をとげるのは、天正年間（一六世紀末）の晋海なる勧進僧の登場を待たなくてはならない。

法身院僧正晋海は、代々碩学を輩出し、天皇の侍講をつとめる清原氏に生まれた。曾祖父は室町期随一の学者清原宣賢、大叔父は吉田兼右にあたる。晋海没後、神護寺を管掌したのは晋海の甥の性院であった。また承応二年（一六五三）『高雄山神護寺縁起』の作者伏原賢忠は、晋海の兄国賢の孫にあたる。神護寺の復興は、ひとえにこの清原氏の尽力によるものであった。

寛永一五年（一六三八）の『神護寺霊宝目録』は、「頼朝御影」とともに、「鹿薗院《（足利義満）》御影」がはじめて明記された史料である。像主名の変更は、このときなされたと考えられる。それは、晋海以来の勧進活動が成果を上げて、清原氏による再興事業が一応の完成をみたことと無関係ではないだろう。「足利直義像」や「足利義持像」（図2）の像主をより知名度の高い頼朝や義満へ変更することで、神護寺の再興を有利に進めようとしたのではあるまいか。

こののち神護寺では毎年の虫払いや開帳・勧化がもよおされ、大量の模写が出回り、「源頼朝像」と「足利義満像」は全国的な知名度を獲得してゆく。こうして、ふたつの肖像画は、「らしさ」という分厚いマントをまとい、そのイメージを決定的なものとしていったのである。

図2　足利義持像

参考文献

赤松俊秀「足利氏の肖像に就いて」（『美術研究』一五二号、一九四九年）
米倉迪夫『源頼朝像』（平凡社、一九九五年）
黒田智「とり違えられた肖像」（『鹿島美術研究』年報第二四号別冊、二〇〇七年）
黒田日出男『国宝神護寺三像とは何か』（角川選書、二〇一二年）

都市鎌倉——中世都市とはなにか

秋山　哲雄

古代・近世の都市と中世の都市

古代の都市は、藤原京や平城京、平安京に代表されるような都城である。都城の第一の特徴は、碁盤の目条の街区をもち、東西南北に道が走るような、四角四面の直線的な都市整備である。

都城には政権を構成する皇族や貴族が居住していた。政権に必要な儀礼は都城に住む皇族や貴族やその従者によって担われていたので、政権は彼らが集住することで成立していたことになる。都城の第二の特徴は、このように政権の基盤となる人々が集住するという居住形態である。

一方で近世は、都城だけが突出していた古代と違って、各地に城下町が営まれていた。城下町では、古代の都城のように四角四面な形状は見られず、大名の住む城を中心にした都市整備がおこなわれている。これが、近世城下町の第一の特徴だといえよう。

城下町には武士・職人・商人らが地域を決められて集住しており、階層や生業の名称を冠した地名も残っている。このように階層や生業ごとに住み分ける居住形態が、城下町の第二の特徴である。

古代・近世の都市では、前記のような都市整備と都市民の居住形態という二つの点に特徴が見られた。以下では、これらと中世都市の代表格である鎌倉とを比較し、鎌倉の特徴を示した上で、中世都市とはなにかを示すことを試みる。

鎌倉の都市整備

前述のように、古代都城には四角四面の都市整備がおこなわれていた。鎌倉についてもかつては、若宮大路と鶴岡八幡宮を京都の朱雀大路と内裏に見立てて、鎌倉にも都城のような都市整備がおこなわれたとする説があった。しかし、今ではそれに否定的な考えが有力である。若宮大路をのぞけば、鎌倉の道は直線的ではなく地形に沿ったものが多い。京都の内裏と鎌倉の鶴岡八幡宮とを同一視する考え方も肯定しがたい。したがって、鎌倉で古代都城のような都市整備がおこなわれたとは考えられない。

また、近世城下町のような大名の居所を中心とした都市整備も見いだしがたい。源頼朝が鎌倉に御所を置いた頃は、御所の周囲に御家人が宿所を構えていたが、次第に御家人たちは鎌倉と本貫地などとを往来するようになる。御家人が将軍御所に出仕するために宿所を構えることはあったが、それは控え室のような存在であって、そこから都市的な発展が進んだわけではなかった。

将軍の存在感が薄れ、北条氏が山内や六浦・極楽寺などの鎌倉郊外に別業を造営したこともあって、将軍御所はますます都市鎌倉の開発の中心から遠ざかる。こうした状況は、近世城下町とは明らかに異なっていた。

鎌倉には北条氏をはじめとする幕閣が定住しており、彼らの邸宅や別業が各地に営まれた。鎌倉に定住しない御家人の拠点も、規模はともかく鎌倉に置かれている。寺院も多く建立された。これらがそれぞれ核となって一定の求心力をもつのが鎌倉という都市の特徴である。城のような特定の場所が都市の核となるのではなく、鎌倉は内部の複数地域が核となるような、多核的な都市だったのである。

また、軍事的側面を強調して鎌倉を城塞的都市だと評価するのは妥当ではない。三浦氏の侵攻に対する備えという伝承のある名越の大切岸も、石切場であった可能性が高い。幕府を守るための堀だといわれていた若宮大路の側溝も、排水のための溝だと考えるべきである。武士による政権だからといって、軍事的な都市だとは限らないのである。

鎌倉都市民の流動性と混在性

近年の研究では、鎌倉に集住して幕府の中枢に関わり、支配者層として特権を享受していた武士たちを、特権的支配層と呼んでいる。北条氏一族をはじめとした幕閣や奉行人たちがこれに当たる。しかし数としては、この特権的支配層に含まれない一般の御家人の方が圧倒的に多い。

一般の御家人の中には、鎌倉に邸宅をもちながらも、あまり鎌倉にやってこない者も多かった。関東の有力御家人である宇都宮氏は、鎌倉の邸宅には給人を住まわせているし、千葉氏も鎌倉に代官をおいていた。給人や代官は、鎌倉における御家人の窓口となっており、彼らを介して御家人は幕府とやりとりをしていた。有力御家人であっても鎌倉には常住せず、拠点を置くだけだったのである。

それでも、御家人としては鎌倉における幕府儀礼に参加しなければならないこともある。そのため彼らは、一族の中で鎌倉での儀礼を担当する者を決めるなどしていた。江戸時代の参勤交代のように領地と幕府のある都市とを往復するのではなく、主に本貫地にいる一族と、主に鎌倉にいる一族、あるいは京都にいる一族というように、複数の拠点を維持するために、御家人が一族内で分業していたのである。こうした状況は、貴族やその従者たちが集住していた古代都城とは異なっている。

鎌倉の都市民は、御家人の屋敷の周囲にある土地を借りて住んでいた。宇都宮氏の制定した法令集である「宇都宮式条」や発掘調査などの成果によると、規模の大きな御家人は敷地の一部を他の御家人や自分の被官、あるいは一般都市民に貸し出し、彼らから一定の賃料を得ていた。近年発見された「浄光明寺敷地絵図」などによって、寺社の屋敷地の一部も、御家人や一般都市民に貸し出されていたことが分かっている。このように諸階層が一定の地域内に混在して住んでいる状況は、近世城下町のような住み分けと異なっている。

また、御家人やその被官、あるいは一般都市民がこのようないわば賃貸住宅に住んでいたとすれば、彼らの定住性は低かったはずである。鎌倉の人口やその構成は流動的であったといえよう。

以上のように、古代都城や近世城下町のような都市整備がおこなわれていなかった鎌倉は、複数の核をもつ多核的な構造の都市であった。

政権の基盤である御家人は鎌倉に集住せず、都市民の生業や階層による住み分けもない。都市民は一定地域に混在していて定住性は低く、人口やその構成は流動的であった。これらの点で、都市鎌倉は古代都城とも近世城下町とも異なっている。

都市鎌倉の求心力

いずれの時代にも都市は大きな求心力をもっていた。

ここでは対象を鎌倉に絞って、中世都市鎌倉に備わっていた、裁許がもつ求心力、経済的な求心力、宗教的な求心力の三つを見ていく。

鎌倉には幕府の裁許を求める多くの人々が集まった。『蒙古襲来絵巻』に描かれた竹崎季長のように、恩賞に不満を抱いた御家人たちだけでなく、京都周辺に住む人々も、訴訟のために鎌倉にやってきている。『山王霊験記絵巻』では、訴訟のために鎌倉までやってきた女性が金を借りる様子が描かれているし、『十六夜《いざよい》日記』の作者も、事実かはともかく鎌倉の月影谷で幕府の裁許を待っていたという。

多くの物資もまた、鎌倉に集められた。鎌倉には「町屋」とよばれる商業地域があり、ここでは西国から送られてくる年貢をはじめ、全国から物資が集められ、換金されていたようである。鎌倉に集められた物資は海岸部の倉庫に納められた。発掘調査によれば、鎌倉の海岸部には倉庫と想定される建物の跡が多く検出されている。海岸線から現在のＪＲ鎌倉駅近くまで倉庫が建ち並んでいたことになる。

鎌倉には、多くの宗教者も集まった。信仰を広げようとする宗教者は、新たな信者獲得のために鎌倉を目指す。日蓮や一遍は幕府に拒絶されながらも鎌倉に近づいている。臨済宗は特に北条氏の帰依をうけ、南宋から亡命した臨済僧は鎌倉の寺院に受け入れられた。律宗の叡尊や忍性といった僧も、特権的支配層である極楽寺流北条氏の支持を得て鎌倉で活動している。京都と違って鎌倉には大きな伝統的宗教勢力が育っていなかったから、彼らのような宗教者にとって鎌倉は、未開拓の魅力的な都市に映ったはずである。

中世都市の定義を明らかにすることは容易ではないが、中世都市の代表格である鎌倉にみられる前記のような特徴は、中世都市を構成する要件と考えることができる。

参考文献

秋山哲雄『都市鎌倉の中世史』（吉川弘文館、二〇一〇年）

秋山哲雄「都市鎌倉研究の現在」（『歴史評論』七五二、二〇一二年）

『石井進著作集』第九巻「中世都市を語る」（岩波書店、二〇〇五年）

河野眞知郎『中世都市鎌倉』（講談社、一九九五年）

元寇の神風——神々への軍勢催促

海津 一朗

日本の独立は軍事政権のおかげ？

二〇〇四年の検定で、扶桑社の中学校歴史教科書が「もし元寇が一〇〇年早かったらどうなったか？」という設問をして、教科書調査官から「非歴史的で意図不明」とクレームをつけられ修正させられた。この教科書の教師用指導書では、この単元で、日本の独立をまもるためには軍隊が不可欠だということを教えるのだというから、意図は明白だった。鎌倉幕府という軍事政権がなければ、日本はモンゴル軍に蹂躙されたはずだと教えたかったのである。このような議論は、憲法改正して自衛隊を軍隊にしようという第一次安部晋三内閣当時（二〇〇五―二〇〇六）にもっとも高揚していた「美しい国・日本」路線を支えたプロパガンダといえよう。

元寇は、日本史上もっとも重要な事件であると考える。羽柴秀吉の「唐入」（文禄・慶長戦役）と並び、前近代において唯一の本格的な対外戦争であるだけでなく、ユーラシアの国際関係を学ぶことのできる機会である。近年の研究は、アジアの元寇について次々と新事実を発見しており、その全貌を問い直すことは世界史研究の重要課題になっている。日本だけが軍事政権だったから元を撃退できた、という教訓は、歴史的な意味を持たない噴飯物の自家撞着といわねばならないであろう（「元寇」は江戸時代後期の造語であり当時は異国合戦・襲来などと呼ばれた）。

元寇「神風」は吹いたか

元寇は北はアイヌ・カラフトから南は琉球まで、一三・一四世紀の日本列島弧のほぼ全域を襲撃したモンゴル帝国諸勢力の軍事侵攻であった。なかでも、一二七四・一二八一年（日本の元号で文永・弘安の役）二次にわたる九州湾岸への軍事侵攻は、フビライ指令の大遠征軍派兵として他の地域軍団侵攻とは区別されている（通常元寇というとこの二回を限定して指している)。一二六八年通好を求めるフビライ国書が高麗から、一二七一年援軍を求める牒状が三別抄から来るが、幕府・朝廷はこれに答えず、三別抄本拠の済州島が陥落(一二七三年)した翌年一二七四年に元は日本征討を実行した。文永の襲来では元・高麗の連合軍三万数千が対馬・壱岐を制圧して博多湾岸に一〇月二〇日(西暦一一月二六日)上陸。屈強な馬・火器を駆使した集団歩兵戦術により恩賞めあての鎌倉武士は苦戦を強いられ、博多の町は炎上した。通説では台風によって海上の元軍が一夜にして撤退したといわれていたが、荒川俊秀氏が季節はずれの台風を疑問視して論争となった。最近、服部英雄氏が京都への情報伝達日時を逆算して検討し、戦闘は数日間行われており、寒冷前線通過による嵐の到来をみて元軍が撤退したという新説を出した(論証には、この嵐を「神風」と呼んでいる文書も使用されている)。決戦を決意した幕府は、一二七五年九月に全国の一宮・国分寺以下の大寺社に始めて異国降伏祈禱を指令し、翌年三月を期して高麗征伐軍を組織し、博多に長大な要害城・石築地を築くよう命じた。全国規模の神戦を幕府が主導したのである。こうして、禅律僧の大物達が調伏祈禱や勧進活動を行う中で、一二八一年五月高麗の東路軍四万(モンゴル・高麗・華北人)・南宋の江南軍一〇万(南宋人)の大軍が襲来した。要害城によって上陸を阻まれた元の連合軍は、海上戦争が長期化したが七月末に伊万里湾の鷹島を占領。閏七月一日(西暦八月一六日)に前夜からの台風が直撃して、元の連合軍は壊滅。湾岸では鎌倉武士による敗残兵の殺戮が行われた(華北人・南宋人は捕虜として全国の寺社に配置されて日本の知識・技術を飛躍的に向上させた)。

以上が、文永・弘安の元寇についての最新の事実関係である。

アジア太平洋戦争の神風

前節の短い事実確認でわかるように、三別抄をめぐる国際関係が元寇を遅らせていたこと、降伏兵・属国兵を中心とする元軍の指揮の不統一、鎌倉武士に動員された海民・石工らの努力で上陸を阻んで海上長期戦に持ち込んだこと、もちろん鎌倉武士の奮戦などなど、元軍が大嵐に直撃されてしまう悲劇にはそれなりの必然的契機が用意されていた。なお、モンゴル史の杉山明氏によると、弘安の派兵軍自体が、厄介払いの不要の軍団であり、帰国を期待されていない棄民（つまり日本に殖民する以外期待されていない人々）だったという極端な理解もある。

問題は、このような偶然の僥倖を、「神風」・神国思想という形で後世まで受け入れていくことになる日本人の思考である。「わが国だけが天皇の統治する神聖な神の国だから征服を免れた。ほかの諸国はダメな国だ」、太平洋戦争にいたる近代の侵略戦争の過程で、教育を通じて、歌舞・物語を通じて独善的な神国思想が植えつけられていった。神風が吹かないなら、自らが神風になろう——「神風特別攻撃」の名を冠した国家による国民への自爆テロ強制は、このような思想の末期的な姿であった。元寇という事件は、常に生きた教材になっていたのである。そこでは、高麗が日本の楯になって元の侵攻を阻んでいたことも、日本が三別抄を見捨てた情けない国であることも、台風による元の撤退などアジア各地で実際に見られたこと（日本だけが近代まで神国思想などと信じた野蛮国だということ）も、すべて教訓とはならなかったのだ。なぜ、他のアジア諸国と異なり、日本だけがこんな未熟な国際認識を定着させたのか。これは「日本だけがなぜモンゴル帝国支配から独立を守れたか」という児戯に等しい問いとは次元の異なる難問である。

元寇の教育を誤るなら、今日に至るも独裁者に忠誠を誓う自爆テロを生みかねない「我が国の風土」に注意すべきだろう。手懸りとして、中世の神風はどのようにできたか、それは「世界にひとつの神の国」という近代の神国思想とどのくらい違うのか、ということを考えたい。

中世の「神風」

闘った鎌倉武士・幕府vs神頼みの寺社・朝廷という図式がそもそもの誤解である。文永の襲来撃退で対決路線を決めた幕府がまっさきに行ったのが全国の一宮・国分寺以下の一斉祈禱である。それ以前も朝廷が一部寺社に祈禱を命じたことはあるが、国土全域の神々を戦闘に赴かせたのはこの祈禱が最初である。中世では、地上での兵士の戦と同時に、天上での神々の戦いがあると観念されていた。しかも、この戦は兵士に対する神々の加勢（多くは異類異形に化身して参戦）という形で、兵士も「見る」ことができた。超然とした絶対者が加護するという近代の神国思想の神風イメージとは異なる。敵兵にも神が付いていて、神通力の弱い神は倒されてしまう。神を戦場で奮い立たせるものこそ祈禱であり、幕府の異国降伏命令は神々への軍勢催促であった。こうして、元寇を境にして、幕府は本所一円地住人といわれる非御家人武士と、朝廷方の寺社勢力と、ふたつながらに軍事動員する権能を獲得したのである。日本の政治史上、この変革は決定的に重要であった。

わかりやすく言うと、恩賞を幕府がくれるということである。朝廷との関係が深かった大寺社は、降伏祈禱の恩賞を幕府に求めた。幕府は、武士に対する恩賞よりも、寺社への恩賞を優先した。幕府にとっても、神戦の方が重要だったのである。元寇のさなか、恩賞奉行で戦争指導の責任者だった安達泰盛は何をしていたか。空海のもたらした霊宝を求めて室生寺で発掘調査を行ったり、高野山に参詣道（のち世界遺産になる町石道）を勧進していた。空海という中華に優越する過去の絶対権威の力を手に入れることこそが、モンゴル帝国への勝利の道と考えていたのである。

大湯屋騒動

泰盛は空海が生きているという高野山金剛峯寺をことのほか崇拝し、経典開版などさまざまな事業を展開した。鎌倉の将軍護持僧を高野山に派遣して地主神の天野社で異国降伏祈禱を行わせた。のみならず、実際に戦場の最前線（金印で有名になる志賀島）に空海守護神の浪切不動を持ち出して神戦を指令した。その現場は今も志賀島に保存されている。

このような幕府の神頼みに対して、高野山は「天野神社を紀伊一宮にせよ」「山内の怨敵・大伝法院を追い出せ」などなど傲慢ともいえる要求を戦後の幕府に突きつけた。幕府はこれを大筋認めたため、弘安以後の紀伊国では動乱ともいうべき大変革が進行していった。自治のシンボルである大湯屋を作ったという難癖で、大伝法院（のち根来寺）が高野山撤退を余儀なくされたのが一二八八年のことだった。

このような神戦への信仰は、上は戦争指導者から、禅律僧たちの宣伝活動を通じて民衆世界にまで広がっていくのであるが、その点については紙数の都合上、別稿を参照いただきたい。

参考文献

村井章介ほか編『倭寇と「日本国王」』（日本の対外関係4、吉川弘文館、二〇一〇年）
海津一朗『神風と悪党の世紀』（講談社現代新書、一九九五年）

中世の貨幣——市場の自律的力が貨幣を維持した

川戸　貴史

中世の流通構造——求心的構造と地域経済

中世の基本的な土地制度として定着した荘園制は、社会のあらゆる構造を規定する要因になったが、それは流通構造も同様であった。むしろ商品経済の発展途上にあった中世においては、年貢となる物資の移動が流通の主要な位置を占めていた。

年貢を受領する荘園領主の大半が京都・奈良を中心とする畿内に居住していたことは、中世の流通構造において決定的な影響を与えた。すなわち各地で生産された年貢は必ず畿内へと運ばれるのであり、それに応じた流通路の整備が進んだのである。しかし一旦畿内に集積した年貢は領主や都市民のみでは消費しきれず、商人への販売によって商品化し、それが再び各地へ拡散していった。このような流通構造は求心的流通構造と呼ばれている。

一方、一三世紀に遠隔地荘園で銭の代納（代銭納）が進むと、遠隔地では生産物を現地で売却して銭に替えたため、売却された生産物がすぐさま商品として流通した。しかしこれらの商品も大消費地である畿内へ集中したため、求心的流通構造そのものは変化しなかった。

一六世紀に入り戦国大名などの地域権力が登場すると、その領国内部で城下町や拠点となる港町などが発達し、それらの場を中核として物資が集散するようになった。遠隔地間での流通は存在したものの、特定の地域単位の内部で完結する流通も発展したのであり、そのような地域の空間的範囲を指して地域経済圏と呼ぶ。いわば一六世紀は地域権力の形成とともに地域経済が発達した時代であり、このようにして形成された各地域の中心的流通拠点は、多くは近世にかけて都市として発展した。

渡来銭の時代

貨幣とは取引において生じる債権・債務関係を決済す

るために用いられるモノである。人類史上では様々なモノが貨幣として用いられたが、中世日本においては主に中国で鋳造された銭貨（渡来銭）が貨幣として普及した。

古代日本では銭貨を自鋳して発行していたが、一〇世紀前半にはその流通が途絶し、絹布・米が貨幣として用いられた。一二世紀半ばになると、日宋貿易の発達とともに日本に渡来銭が大量に流入し、普及が始まった。朝廷では当初渡来銭の使用を忌避し、禁止する動きも出たが、結果的に市場の側で普及が進み、一三世紀前半には鎌倉幕府とともに渡来銭の使用を黙認するに至った。一二三〇年前後には金朝の滅亡、一二七〇年代には南宋の滅亡によって日本へ渡来銭が大量に流入したとされ、それに合わせるかのように、遠隔地荘園から畿内への貢納は本来の貢納物（主に米・絹）から代銭納に切り替わっていった。一四世紀前半には、あらゆるモノの価格が銭建てで表記され、渡来銭が単一の貨幣として定着し、この状況は一五世紀後半まで安定的に維持されていた。

貨幣と国家

ある特定のモノを貨幣であると定義し、それを強制する力を「貨幣高権」と呼ぶが、近現代社会ではそれを国家が独占的に保持すると常識的に理解されている。ところが前近代社会にもそれが無前提に通用するであろうか。中世日本の貨幣は、その疑問を浮き彫りにするのである。

すでに述べた通り中世貨幣の普及においては、国家権力による「貨幣高権」の作用した形跡が存在しない。また同じ渡来銭を用いるとはいえ、日本では中国とは異なる秩序で貨幣が流通していた。例えば中国で普及した二文や十文の価値を持つ銭は日本ではほとんど普及せず、あるいは用いる場合にも他の銭と同様に一文の価値で使用していた。このように銭種を問わずすべて一枚を一文として用いる秩序は日本独特のものであり、必ずしも中国の貨幣流通秩序に包摂されていたわけではなかった。

以上のように中世日本の貨幣は国家権力の介入によらず市場側の受容によって貨幣として普及したことに特徴があり、いわば市場による自律的な力が貨幣の秩序維持に寄与したと理解されている。

一五世紀には日明貿易の成立によって明銭の流入が始まった。この貿易は冊封体制下のものであったため、形式上貿易の主体は国家権力（ここでは室町幕府）に一元化されていた。そのため明銭の輸入も幕府が独占的に行ったと理解され、そこから幕府は「貨幣発行権」を得たとする理解が長らく通説であった。しかしこの理解には問題がある。そもそも一六世紀段階でさえ明銭の流通量はすでに普及していた宋銭に遠く及ばず（流通量全体での明銭の比率は二割程度であったとされている）、輸入量自体も当時における日本の経済規模からすればさほど大きなものではなかった。また、実態を明らかにすることは難しいものの、密貿易などのほかに、琉球経由での流入も指摘されており、様々なルートによって明銭が流入していたと考えられる。つまり、果たして幕府が「貨幣発行権」を「独占」したかについては、外交の建前上はともかくも、実態をそのように評価することは難しい。

重要であるのは、中世日本の貨幣流通秩序に対して、少なくとも一五世紀までは国家権力による干与を積極的に見いだすことがほとんど不可能だということである。すなわち「貨幣高権」がどこにあるかという議論は無意味になるが、あえて設定すると、高い自律性を維持させた市場にこそ「高権」があったことになるだろう。秩序維持のための法的根拠を一切持たないまま社会全体で渡来銭に対する貨幣としての信用を共有する、いわば「共同幻想」の秩序が中世貨幣を支えていたのである。

「地域国家」と貨幣経済

貨幣における市場の高い自律性があったとはいえ、中世が自由市場だったわけではない。中世の商品経済は荘園領主の需要が大きく影響しており、結果としてそれらの領主（本所）が特定の品目を扱う商人を保護し、独占的取扱を保証する主体となった。そのようにして形成した商人集団は、「座」と呼ばれた。しかし一五世紀後半になり荘園領主の権力が衰え、地域権力を主体とする支配領域である領国が形成されると、変化が訪れた。特定の荘園領主と結託していた既存の商人が相次いで没落し、新たな支配層たる地域権力と関係を築いた新たな商人（新儀商人）が勃興していった。地域経済圏の発達に応じて、彼らは各地の城下町や港町などを拠点としつつ、楽市楽座など既存権益の排除政策に乗じて規模を拡大した。

一方で同時期の畿内においては、京都を中心とした、地域内で排他的かつ濃密な流通構造（首都市場圏）に再編成されたと理解されてきた。これは地域経済圏が領国単位で排他的に形成されたとする理解による。しかし近年の指摘によると、地域を超えた流通が消滅したわけではなく、必ずしも地域単位で流通が排他的になったわけではない。戦国時代は「地域国家」の時代とも評されるが、京都の政治的・経済的地位が衰えつつも維持され続けており、それを支える列島全体の流通ネットワークもまた規模を縮めつつも残存していた。

地域経済圏の形成とともに各地では貨幣需要が増大したものの、すでに中国では銭の鋳造を事実上停止しており、慢性的な供給不足に陥っていた。それに伴い各地では、地域内需要を満たすべく貨幣の補塡が始まったとみられる。しかしそれらはいわば「地域通貨」であり、秩序を異にする他地域（主に中核都市である京都）へ流出すると貨幣として認知されず、「悪銭」として排除の対象となった。一五世紀末期から「悪銭」をめぐるトラブルが頻発し、幕府や大名などの権力は撰銭令を発布して統制に乗り出した。これに対して、従前より普及していた渡来銭は地域を超えて通用しており、そのような銭は「精銭」と呼ばれていた。このような二種類の異なる性格を持つ貨幣が同時に流通した秩序を指して、秩序の「階層化」と呼んでいる。階層化は一七世紀初頭まで続いたとみられ、寛永通宝の普及する一七世紀後半に渡来銭そのものとともに消滅した。

ただし「地域通貨」の登場によっても銭不足自体は解消されず、一六世紀後半には金・銀・米が貨幣として使用されるようになった。この現象は近世に制度化され、金・銀・銭の三種を基本貨幣として秩序に組み込んだ三貨制度が成立した。三貨制度はしばしば江戸幕府による独自政策として主張されることもあるが、むしろ一六世紀後半からの経緯に沿って整備されたものとして理解すべきであろう。

参考文献

大田由紀夫「一二―一五世紀初頭東アジアにおける銅銭の流布」（『社会経済史学』六一―二、一九九五年）
川戸貴史『戦国期の貨幣と経済』（吉川弘文館、二〇〇八年）
鈴木敦子『日本中世社会の流通構造』（校倉書房、二〇〇〇年）
中島圭一「日本の中世貨幣と国家」（歴史学研究会編『越境する貨幣』青木書店、一九九九年）
橋本雄『中華幻想』（勉誠出版、二〇一一年）
早島大祐『首都の経済と室町幕府』（吉川弘文館、二〇〇六年）
松延康隆「銭と貨幣の観念」（『列島の文化史』六、一九八九年）
脇田晴子『日本中世商業発達史の研究』（御茶の水書房、一九六九年）

木綿——日本列島の人びとはいつから着るようになったのか

木村　茂光

二種の木綿

現在私たちが「木綿」といっているのは、植物としての棉の実の繊維を利用して紡織した綿糸・綿布の総称であるが、このような木綿が日本に普及するようになったのは戦国時代のことで、それ以前の「木綿」は蚕《かいこ》の繭《まゆ》から取った「真綿《まわた》」（絹綿）を意味していた。繭は蛹《さなぎ》をいれたまま長く保存できなかったので、繭を裂いて蛹を取りだし、それを広げて真綿として保存し利用したのである。一〇世紀前期に編纂された国家的な儀式書である『延喜式《えんぎしき》』に記載された貢納物としての木綿や荘園の年貢・公事として見える「木綿」はすべて繭を材料にした「真綿」のことである。

木綿種の輸入

いま、棉の実からとった木綿が普及するのは戦国時代だと記したが、実は木綿の栽培に関する最初の記録は平安時代初期にまで遡る。『類聚国史《るいじゅうこくし》』延暦一八年（七九九）七月条に「蛮船」が三河国に漂着して木綿の種を伝えた、というのがそれである。その記事には、朝廷が翌年、早速その種子を紀伊・淡路・大宰府管内諸国に配り、「陽地の沃壌」＝日当たりの良い肥えた土地を選んで植えさせたことなどが、その栽培法も含めて詳細に記述されている。農作物の栽培法に関する詳しい記述は当該期の記録としては異例であり、支配層の関心の高さを示している。しかし、残念ながらこの時の木綿の栽培は失敗したようで、一四世紀初頭編纂の和歌集『夫《ふ》木《ぼく》和歌抄』には

敷島のやまと（大和）にはあらぬから（唐）人のうゑ（植）てし綿の種は
絶《たえ》にき

という和歌が収められている。

古代・中世の衣服の原材料

では、古代・中世の衣服の原材料はなんであったのであろうか。もちろんそれを代表するのは繭から採った絹であるが、それを利用できたのは上級の貴族や僧侶たちであって、絹を原材料とした衣服が庶民にまで出回っていたことは到底想定できない。庶民が衣服の原材料としていたのは麻《あさ》・苧麻《ちょま》など麻系の植物から取った繊維であった。麻は大麻を指し、苧麻はイラクサ科の苧《からむし》を指すといわれるが、日本では厳密に区分して使用されてはいなかった。繊維は二メートルを超える長いものもあったが、やや硬質で細かな織りには向いていなかった。しかし、衣料用繊維としては重要であったため、室町時代には特産地であった越後国と京都・大坂などには青苧《あおそ》座ができるなど、活発な取り引きが行われた。

木綿の流入

平安初期の栽培には失敗した木綿であったが、南北朝期に入ると徐々に史料に見え始める。南北朝期に成立した『庭訓往来《ていきんおうらい》』には法会の布施物として「花綾の木綿」が見えるし、『満済准后《まんさいじゅごう》日記』の永享四年（一四三二）の記事には室町幕府将軍所有の宝剣・鎧の四方を囲った「木綿」の幕が記されている。

では、この木綿はどのようにして日本に流入したのであろうか。明確なのは、一五世紀に入り、朝鮮王朝からの回賜品がそれまでの麻布・苧布から「綿布」に変化していることである。実際、一五世紀中頃に薩摩の島津貴久が即位した朝鮮の文宗《ぶんそう》に慶賀品を贈った時、朝鮮王朝からの回賜品は「綿布二千三百九十四匹」であった。朝鮮では一四世紀後半にモンゴルに派遣された使者が綿種を持ち帰り、その後綿作が急速に普及したといわれているから、一五世紀に入り朝鮮王朝からの回賜品に綿布が増えてくるのは納得がいく。

木綿が日本に流入したのは朝鮮側の事情だけではない。『朝鮮王朝実録』の延徳二年（一四九〇）の記事によれば、対馬の宗貞国《そうさだくに》が

> 絹布・麻布の類《たぐい》は吾国のもともてる所なり。但し、木綿はあるなし。よって以て純に木綿を望む。

と木綿を求めたことが記されている。木綿に対する需要が日本国内で高まってきていることを示している。朝鮮王朝からの回賜品の木綿が増えてくる背景には日本の事情もあったことは明らかである。実際、一五世紀末にな

ると、中国からも「唐木綿《から》」を輸入しようとする動きが見られるようになる。

木綿の用途

このように日本の支配層が木綿を求めた要因はなんであろうか。その用途が判明する初期の事例のほとんどは軍事用品であった。

具体例をいくつか指摘すると、まずは「兵衣」としての利用である。木綿の兵衣は防寒に優れていたためだと考えられる。次は陣幕・幟・陣羽織・馬衣などである。戦国大名北条氏邦が定めた「永代法度」の第一条には「具足《ぐそく》（簡略な防具）は風雨に強いものでなければならない。それには木綿が良い」と記されていた。木綿の風雨に対する強度が評価されたのである。同じようなことは帆布への利用がある。大量の軍事物資を輸送する手段として適しているのは船であるが、その船の帆布として綿布が利用されたのである。

軍事用品としての木綿利用の極めつけは種子島銃の火縄である。火縄には当初竹が使用されたようであるが、江戸時代前期に伊勢貞丈が著した『安斎随筆《あんさいずいひつ》』には

雨天には竹火縄消《きえ》やすし、紺に染めたる木綿火縄消えず。

と明記されていたように、火縄に耐久性の強い木綿が利用されるようになったのである。実際、元和二年（一六一六）の「駿府御分物御道具帳」からは、徳川家康が備蓄させたものとして「木綿火縄」七一一筋があったことがわかる。有名な長篠合戦を持ち出すまでもなく、戦国時代の合戦に火縄銃が広く利用される背景には木綿製の火縄の普及があったことが間違いないであろう。

日本における木綿の栽培と普及

朝鮮・中国から輸入された木綿が軍事用品に利用されたことは以上の通りであるが、では日本で木綿が栽培されるようになるのは何時のことであろうか。いまのところ、その一番古い史料は文明一一年（一四七九）の高野山領筑前国粥田荘《かゆたのしょう》に関する史料である（『金剛三昧院文書』）。そこには、粥田荘から高野山の住僧に「土産」として「木綿壱端」が進上されたことが記されている。この場合の「土産」は「おみやげ」ではなく「地元の特産物」を指すと考えるべきであろう。すなわち、栽培が開始されたばかりの「珍しい地元の産物」の木綿を領主である高野山の住僧に進上したというのである。一五世紀

後半には日本国内においても木綿の栽培が開始されたと考えられる。

一六世紀に入ると国内各地で栽培されるようになった。その早い例は三河国、伊勢国で一六世紀初頭である。例えば前者では興福寺大乗院の「永正年中記」の永正七年（一五一〇）に「三川《河》木綿」と見えるし、後者では永正一一年に伊勢木綿に関する史料が確認できる。その後の栽培については国名と初見年だけを列記しておこう。

表　木綿の栽培

大和国	1571 年	摂津国	1540 年
武蔵国	1571 年	相模国	1521 年
下総国	1556 年	遠江国	1532—55 年
駿河国	1552 年	甲斐国	1565 年
信濃国	1574 年	出雲国	1549 年
土佐国	1594 年	筑後国	1547 年
肥後国	1593 年	薩摩国	1597 年

このように一六世紀後半になると木綿が国内各地で栽培されるようになったことが確認できる。木綿栽培は一六世紀末から一七世紀初頭にかけて爆発的な広がりをみせ、それは自給的な栽培を超えて商品生産の段階に発展していったのである。

では、このような木綿栽培の普及を受けて、木綿が軍事用品から「木綿革命」ともいわれる庶民衣料への利用が盛んになるのは何時のことであろうか。これも史料的に確認することは難しいが、やや年代は下るものの、それを明確に示す早い例は寛永五年（一六二八）に出された江戸幕府の定書《さだめがき》である（『徳川禁令考』二七七八号）。そこには、「百姓着物の事」として、

一、百姓の着物の事、百姓分の者ハ布・木綿たるべし。

と規定されていた。この場合「布」とは苧麻のことであるから、江戸幕府は百姓の着物の原材料は麻と木綿を用いるべきだ、と規定したのである。このように限定する背景には木綿の相当の普及が想定されなければならないであろう。

これらのことから、明確な時期を確定することはできないが、戦国時代、兵衣として利用が始まった木綿は、その後徐々に庶民の衣服の材料として利用され普及していったと考えられる。

参考文献

小野晃嗣『日本産業発達史の研究』（至文堂、一九四一年）
木村茂光編著『日本農業史』（吉川弘文館、二〇一〇年）
永原慶二『苧麻・絹・木綿の社会史』（吉川弘文館、二〇〇四年）

戦国仏教——「鎌倉仏教」とは鎌倉時代の仏教か

湯浅　治久

戦国仏教とは何か?

戦国仏教。耳慣れない言葉である。その語感からは一向一揆や法華一揆といった戦国時代を彩った宗教一揆を思い浮かべる人も多いだろう。または織田信長など大名に従い戦に出陣する黒衣の僧らを思い浮かべる人もいるのではないか。

しかし戦国仏教は、れっきとした歴史研究の概念である。ここではまずこの概念が何故提起され、何を対象にしているのかを確認しておこう。

戦国仏教概念を提起したのは藤井学である。藤井は鎌倉（新）仏教の思想的革新性を認めながらも、その影響が鎌倉時代には限定されていたものであることを指摘し、鎌倉仏教の祖師たちの思想が社会全般に受容されるのは、むしろ室町から戦国時代であるという認識から、これを戦国仏教と呼ぶべきであると提唱した。

頂点的・革新的な仏教思想の展開を追うならば、鎌倉仏教の誕生した意義はもちろん小さくはない。しかし社会との関わりを重視すると、ごく一部の人々に受容されるだけの鎌倉仏教を中世社会を代表する仏教とすることはできない。では、中世社会を代表する仏教とは何か。鎌倉仏教でなければ何があるというのだろうか。

鎌倉仏教から顕密仏教へ

藤井が戦国仏教概念を提唱した一九七五年は、中世仏教研究において画期的な年となった。藤井の提唱と軌を一にするように、黒田俊雄による顕密仏教論・顕密体制論が提起されたからである。

顕密仏教とは、一言で言えば古代以来の南都六宗に真言・天台二宗を加えた八宗のことで、黒田はこの顕密仏教こそが、中世を代表する仏教であると主張した。そしてこの仏法のありかたと、天皇と貴族を中心とした国家の法である王法が相互に依存して形成された体制（「王法・仏法相依論」）を顕密体制と呼んだ。黒田の顕密体制論は、荘園制を基盤とした国家機構と民衆支配を支えるイデオロギーとして、また上は天皇から下は民衆までを貫く中世社会全般の宗教状況をよく説明できる概念として、大方の研究者に受け入れられることになった。

顕密体制論のなかでは、正統的な仏教に対して内部から改革派的仏教と異端的仏教が生まれ、その相互関係の推移として中世仏教の展開を描く。そのなかでは、祖師らにより提起された鎌倉仏教は異端派の一類型として位置づけられた。また鎌倉仏教の特質である民衆的な基盤や易行（簡単な作法による救い）というものでさえ、すでに顕密仏教が備えていたことが明らかにされた。こうして鎌倉仏教は中世仏教の主役を譲ることになった。

その後、顕密体制論のもと、中世仏教の解明が飛躍的に進んだ。それは顕密仏教論が中世の仏教の実態把握に非常に有効であったことを意味している。しかし戦国仏教論は、顕密仏教論ほどに研究者に受容されたものではなかった。それは中世社会自体をどう把握するか、という問題とも密接に関連するものであったからである。

戦国仏教の射程

戦国仏教の実態を把握する場合、前提となるのは顕密仏教との関連をどう考えるか、である。近年の顕密仏教論は、イデオロギー支配論・受容層論を後退させ、精緻な思想的検討に傾斜している。しかし最近安丸良夫は、黒田の顕密体制論をつぎのように評価している。

顕密体制には、人々の生活意識に根ざして抑圧のシステムをつくりだす方向と、同じシステムのもとで人々に希望や願望を与える方向とがほとんど不可分に包摂されている。顕密体制というひとつのシステムの構造が、正統・異端・改革の交錯するダイナミズムとして、当該社会の宗教意識の全体を立体的に分析する可能性を与えている。

このような構造主義的な理解からすると、中世全般を通じた宗教状況はまさに顕密仏教で包摂しつくせることになる。確かに黒田の提起した顕密体制は、荘園制社会、権門体制とともに三つの精緻な中世的支配体制として構築されている。それはきわめて体系性のある学説として屹立していると言ってもよい。

しかし、室町・戦国期の宗教状況を、果たして顕密体制のみで把握しきれるだろうか。村に代表される中間団体の成長とその統合過程が急激に進行するなかで、地域社会における仏教諸宗派の持つ意味は、異端・改革のみで把握しきれるものではない。特に鎌倉仏教系の諸宗派である浄土（真）宗、禅宗、日蓮宗などが地域で果たす役割、中間団体の統合の核となるという側面をあらためて見直すことで、中世的支配の体系である顕密体制論にくさびを打ち込むことも可能なのではなかろうか。

それは中世後期から近世にいたる一連の社会状況が、それ以前とかなり異なる様相を示す、という近年の中世後期社会研究の成果と明らかに連動しており、あらたな提起となる可能性がある。戦国仏教の射程とは、この点にあると考えられる。

戦国仏教の展開

藤井の戦国仏教論は、一向一揆・法華一揆を中心に戦国期の頂点的宗教運動の思想的背景を明らかにしたものだったが、さらに日常的・社会的なその広がりを如何に把握するかが大きな課題であった。

そこで筆者は、日蓮宗を素材に、南北朝・室町期から展開する社会集団としての一揆、その中核に位置する中間層＝有徳人などの動きに注目し、彼らを結びつける紐帯としての仏教の役割に注目した。戦国仏教の社会的基盤を探るために、中世後期の成熟した村や町のネットワークと日蓮宗の「門流」各派の動向の関連を追求し、さらに僧侶と生活世界との関連を、当該期のシビアな自然・社会環境を生き抜くサバイバルシステムとしての宗教団体という観点から追求した。

そのなかで葬送や墓制への積極的な関与も確認され、その結果、一五世紀半ばから近世に至る過程において、戦国仏教が地域社会に定着してゆくプロセスを描き出すことを試みたのである。

これらの動向は、村に代表される中間団体が自立性を強め、複雑な統合の過程を経て近世社会を形成する道程に見事に重なる。ここに顕密体制論では把握しきれない宗教の役割を確認する必要がある。

近世仏教（日本仏教）への道

しかし、問題はその先にある。戦国仏教化するのは鎌倉仏教のみではない。戦国期は顕密仏教系の諸宗派もまた、地域社会との密着を強める時期なのである。ここからは、近世へ向け仏教自体が近世化する、すなわち近世以降の「日本仏教」化へと至る過程をどう評価するか、ということが課題となるのである。

尾藤正英は、この問題を「国民的宗教」の成立過程と捉えた。それは共通の宗教的心意を持った「国民的宗教」（神道・仏教・民俗宗教）が、一五世紀前後に成立した「家」を基盤として成立する、というものである。そこでは、顕密・鎌倉仏教諸派を問わず、祈禱・葬送・治病・呪術あるいは民俗といった共通の基盤のもと、地域社会への介入が意図される。神田千里も尾藤の論点を継承し、諸宗に共通する天道の思想のもと、当該期には世俗と信仰の棲み分けと共存の思想が形成された、とする。

地域社会と民衆への教化は、当然、近世の葬式仏教、本末制度と寺檀制度へと連続してゆくのであり、そこに新たな近世仏教（日本仏教）が形成されることになる。

その背景には、顕密仏教の重要な基盤である天台本覚思想の存在も指摘されており、思想的系譜を含め、その動向を総体として描く必要があるだろう。

最後にその際の課題をいくつか確認しておく。まず「家」の問題がある。尾藤の「家」の規定は曖昧であり、戦国期の固有性も考える必要がある。「家」よりはそれを包含する村など中間団体の動向を重視すべきである。

また近世仏教化が何らの軋轢なしに成し遂げられたわけではない。同じ基盤に立つということは、当然その活動に対立と融合をはらむのであり、地域とは彼らの競合の場、シビアな檀那の取り合いの場であることは軽視できない。その意味で地域社会とはまさにモザイク状の仏教の基盤なのである。この点を戦国仏教の固有性として把握する必要があるだろう。

そして近世仏教における寺檀関係も従来考えられていた以上に複雑であり、その要因を戦国仏教の実態を踏まえて再検討する必要があるだろう。

参考文献

神田千里『宗教で読む戦国時代』（講談社、二〇一〇年）
黒田俊雄『日本中世の国家と宗教』（岩波書店、一九七五年）
尾藤正英「日本における国民的宗教の成立」（『江戸時代とはなにか』岩波書店、一九九二年。初出一九八八年）
藤井学『法華文化の展開』（法蔵館、二〇〇二年）
安丸良夫「黒田俊雄の中世宗教史研究」（『戦後知の可能性』山川出版社、二〇一〇年）
湯浅治久『戦国仏教』（中央公論新社、二〇〇九年）

戦国百姓たちの戦場
――戦国の戦争には季節があった

藤木　久志

戦場は百姓たちの稼ぎ場

一五世紀半ばから一六世紀後半にわたった日本の戦国時代を、百姓（農民）たちはどのように生きていたか。

その時代を近江の琵琶湖畔（滋賀県大津市堅田）で生きた、ある浄土真宗の老僧が、「弓取り（戦国武将）も、春・夏（農繁期）は手遣い（戦争）せず、秋・冬（農閑期）は軍（戦争）をする」と書き遺していた（「本福寺跡書」）。

戦国の戦いのプロも、春・夏の農繁期は戦争をせず、農閑期に戦う。それと同じように、仏法を村々に広めるにも、百姓たちが忙しい農繁期を避けて、収穫でにぎわう秋・冬がいい、と続く。戦争も仏法を説くのも、どちらも村の暇どきがいい、というのである。

戦国も終わり、一六一五年冬に起きた大坂冬の陣のとき、周辺の村々から雑兵（傭兵）として出稼ぎに出た百姓たちの姿も「百姓なども、来年のいつごろ迄と約束候て、山越えにて籠城」といわれていた。村の近くで起きた戦争は、耕作が暇になる百姓たちにとって、冬場の絶好の稼ぎ先であった。「来年のいつごろ迄と約束」というのは、雑兵づとめも春の農繁期までと、雇われる百姓たちの側が出した、傭兵契約の大切な条件であった。

その結果、大坂城中はこうした傭兵たちでごった返し、「大坂城中の儀、日用（日雇）など取り籠め、むざとしたる様」（大坂城の中は、日雇いでごった返しているそうだ）という噂であった。田畑の仕事が暇になる農閑期の百姓たちにとって、戦場は割のいい稼ぎ場であったのではないか。

このとき近江の北内貴村では、大坂の戦場を目指して「だれによらず、夜ぬけ、まかり走るもの」（こっそり夜逃げして、戦場に向かう百姓たち）があいつぎ、その後始末に追われていた。伊勢の村々では、「又蔵という男が回って、奉公人(傭兵)を集めて、大坂に送っている」という噂が広がって、領主たちを慌てさせていた。徳川家康は奈良の村々の庄屋たちに「もし雇われて大坂へ家来奉公に出れば、子や孫の代まで成敗する」と、懸命な脅しをかけていた。農閑期の戦場稼ぎは、それほどに魅力のある稼ぎ場であった。戦争があると聞けば、人々は競って戦場に殺到していた。

戦国の世、越後の戦国大名として知られる上杉謙信は、一五六〇年(永禄三年)から一五七四年(天正二年)にかけて、一二回も関東に兵を出していた。その様子を大まかにみると、うち八回が冬の出兵であった。雪のくる冬の初めに越後から兵を出し、雪のとける春先に越後に帰るという、農閑期の戦争である。できるだけ多くの百姓たちを雑兵として動員するには、農耕の暇になる季節を狙うしかなかった。

手ごわい相手のある戦争であったから、都合よく農閑期にだけ出兵できたわけではないはずである。だが、越後の謙信がみせた、この農閑期集中型、長期越冬型の関東出兵パターンは、先にみた「秋冬は軍(いくさ)をする」という、近江の戦国僧の言葉そっくりである。二毛作のできない越後では、年が明けて春になると、畠の作物がとれる夏までは、端境期といって、村々は深刻な食糧危機に直面した。冬場の口減らしは百姓たちの切実な問題であった。

雪国越後の百姓たちにとっても、半年近く田畑が豪雪に覆われてしまう冬場、雪の少ない関東の戦場は絶好の稼ぎ場であり、上杉謙信も多くの雑兵(百姓兵士)たちを集めやすかったに違いない。つまり、農閑期になると、謙信は豪雪を天然のバリケードにし、転がり込んだ関東管領の大看板を掲げて、戦争を正当化し、収穫を終えたばかりの雪の少ない関東で食いつなぎ、あわよくば、何がしかの稼ぎ(乱取、後述)を手に国へ帰った。

領主の季節感

戦時の動員だけではなかった。下野の唐沢山城主の佐野氏は、ある年の五月、百姓たちを動員して壊れた城の外堀を修理しようと計画した。しかし、「いま時分は作(麦刈)」であるという理由で動員を見送っていた。そして、「六月は作の暇の時分」だからといって「六月十日頃より、二十日まで、ひと普請」をと命じていた(佐野氏忠印判状、『栃木県史料』)。戦国の領主たちが、戦争や労働に多くの百姓たちを動員しようとすれば、農繁期をさけて、「作の暇の時分」（「六月は作の暇時」）という、百姓の暮らしを大切にした、農村らしい領主の季節感に注目したい。この配慮を欠けば、領主も存在することができなかった。

また、たとえば、戦国時代のある正月、上野の厩橋城でも、城主は、農閑期で城に詰めている村々の百姓たちに、「作式（作職—農耕）のための在郷、異儀あるべからず」と伝えていた。

農閑期に城に詰めていた百姓たちに、やがて始まる春の耕作のため帰郷することを保障し、ただし敵が攻めてくるときは、すぐに城へ入ってほしい、といっていた。敵の攻撃が予想される、緊張の戦時であっても、農繁期を無視して百姓たちを戦場に動員しておくことはできなかった。

ヨーロッパの事情

こうした百姓たちの冬場の雑兵稼ぎは、中世のヨーロッパにも共通していた。

いたるところで田舎道がもつれ合う。どこにでも人の動きが見られる。巡礼者や行商人、冒険者、出稼ぎ人、放浪者などである。金のない人々でも、驚くほど活発に移動している。みな空腹である。……心配は絶えることがない。冬は越せるのか。春まで持ちこたえられるのか。

これはフランス中世史家のジョルジュ・デュビイ「ヨーロッパの中世」の一節である。

また西洋法制史の山内進『掠奪の法観念史』（東京大学出版会、一九九三年）もこう指摘している。

貧窮にあえぎ、とてもその地に住むすべての人々を養い切れない地方から、傭兵がやってきた。傭兵は、これらの地方にとって、主要な「輸出産業」であった。

こうした中世ヨーロッパの傭兵事情は、右のような日本の雑兵事情にも示唆的である。晩秋（「作の暇」）に国を出て関東に向かい、そこで年を越して、春には故郷へ帰る。戦争のときだけ必要な傭兵を、できるだけ大勢集めるには、農閑期に戦うしかなかったし、食糧の乏しくなる端境期の口減らしにもなった。農閑期型の戦争プロジェクト、つまり百姓を大がかりに動員する、ベンチャー・ビジネスを企画・実行した上杉謙信は、戦国越後の救い主ということになるだろう。しかし襲われた戦場の村々はいつも地獄をみた。こうして傭兵となったのは、あくまでも農業が主で、暇な冬場や食糧の尽きる端境期だけ、なんとか食いつなぐため、戦場に出稼ぎする百姓兵士たちで、決して武士の成り損ないだったわけではなかった。

戦場はいつも「乱取り」（奴隷狩り）の世界であった。

天正三年（一五七五）八月、織田信長が越前（福井県）の一向一揆を制圧したときのことであった。信長軍に殺された数は一万二二五〇人余りにのぼったが、「その外、国々へ奪い取り来たる男女、その数を知らず」といわれ、こっそり信長軍に国元へ連れ去られた男女も二、三万人には上った筈、と記録されていた（『信長公記』）。

戦場で殺された犠牲者の外に、その倍以上の人々が、こっそり軍勢の国元へ拉致されていった、というのであった。だが、これは織田軍だけのことではなかった。その例を少しだけあげよう（藤木久志『新版　雑兵たちの戦場』朝日選書、二〇〇五年、I章参照）。

①　五十余人討ち取り候、男女・牛馬、数知れず取り候（島津氏）

②　敵千余人打ち取り、いけ取り惣じて二千人に及ぶ（相良氏）

男女の生け捕りは「乱取り」とも呼ばれ、「数知れず」「数を知らず」と膨大であり、その数は明記されない。戦争帰りの雑兵たちは、倒れた敵兵から巻き上げた刀・脇差の類や、戦場の村々から奪い取ってきた馬や女たちなどをいい稼ぎにして、戦いを重ねるごとに、身なりや羽振りがよくなっていく、というのであった。

乱取りされた人々は、最後にどこへ行ったか。九州を制圧した秀吉は、天正一五年（一五八七）六月、バテレン追放令の中で、こう命じていた。「大唐・南蛮・高麗へ、日本仁を売りつかわし候こと曲事……日本において人の売り買い停止」と。

戦場で乱取りされた人々は、日本国内で売り買いされ、中国・ポルトガル・朝鮮にも売り出されていた。戦場の激しい乱取りの行く先は外国であるというのが、秀吉の認識であった。さらに秀吉は、重ねて「乱妨取りの男女」の解放を命じて、「人の売買」の停止を指令していた。人身売買の原因は、なによりも戦場の乱取りであると考えていた。

アイヌ文化――〝アイヌ語族〟の歴史から考える

谷本　晃久

アイヌ文化とアイヌ語族

〝アイヌ文化の成立〟というフレーズは、なかなかに曲者《くせもの》である。埋蔵文化財を素材として構築される考古学のタームとしての〝アイヌ文化〟は、ごく大雑把にいってしまえば北海道島・サハリン島南部・千島《ちしま》列島・本州島北端を中心とする地域において、自製土器を伴わない生活を展開した人びとの文化を指す。したがってそれは、概ね一三―一五世紀頃にかけて成立した文化ということになり、つまり、それ以前の文化（擦文《さつもん》式土器を伴う擦文文化ならびにオホーツク式土器を伴うオホーツク文化）は〝アイヌ文化〟とはみなされないことにもなる。

一方〝アイヌ語族〟というフレーズがある。アイヌ語地名研究の第一人者山田秀三によるタームで、現在に残る本州島東北地方のアイヌ語地名が『日本書紀』（七二〇年完成）や『続日本紀《しょくにほんぎ》』（七九七年完成）に散見されることから、当該地域の「蝦夷」がアイヌ語の話者であったとする見解である。興味深いことに、アイヌ語地名の分布範囲（概ね秋田・宮城県域以北）と、北海道島由来の江別式・北大式土器（続縄文文化後期）の東北地方における出土範囲がほぼ合致することから、その担い手が「アイヌ語系言語」の話者であったとする考古学の松本建速による指摘もある。山田の措定する文献上の「蝦夷」の事跡（八世紀前半）と松本の指摘する東北地方出土の上記土器の終末年代観（五世紀前半）との間に懸隔があるものの、より議論が深められてしかるべき論点といえよう。

こうしてみると、考古学の定義する〝アイヌ文化〟成立以前にアイヌ語話者集団（〝アイヌ語族〟）が存在していた、という構図が成立することに気づく。これは、日本語本土方言（和語）の話者の文化が、例えば八世紀と一四世紀とでは大きく異なっているものの、それらを等式で結び〝日本文化（和風文化）〟の一環として捉える視点とは対照的である。国制（天皇・律令等）や文字表記の継続性に基づく自文化研究と、国家形成を志向しなかった無文字社会に対する異文化研究とのスタンスの差に基づくものであるとすれば、学問の枠組みの持つ深刻な問題であろう。ともあれ、考古学的なタームとしての〝アイヌ文化〟成立観は、アイヌ語話者集団の歴史的継続性を捨象してしまう危険があり、注意を要する。

なお、みてきたようにアイヌ語話者集団（〝アイヌ語族〟）の歴史は土器の有無など時代により個性を変えつつ進展してきた側面がある。ゆえに、近世・近現代のアイヌ語話者集団の文化をもって縄文文化を直接体現したものなどとみる視点は、俗説として厳しく退けられなければならない。

オホーツク文化・擦文文化とエミシ・エゾ論

ここで、確認しておかなければならない論点を二つ挙げておきたい。ひとつは考古学的な〝アイヌ文化〟に先行するオホーツク文化・擦文文化の問題、いまひとつはエミシ・エゾ論との関係である。

オホーツク文化は、五―一三世紀頃に、主にサハリン島・北海道島オホーツク海沿岸・千島列島にかけて出土するオホーツク式土器の担い手が形成した文化をいう。考古学的には、オホーツク文化と擦文文化とが融合し、〝アイヌ文化〟が形成されたと定義される。オホーツク文化の担い手は、現在サハリン島北部からアムール川河口域を生活域とするニヴフの人びとの先祖であるとする菊池俊彦の説が概ね支持されている。とするならば、オホーツク文化の担い手たちを〝アイヌ語族〟とみることは難しそうだ。言語ではなく文化要素（動物送り儀礼など）が、その後のアイヌ文化に影響を与えた（考古学的にいえば〝アイヌ文化〟が成立した）と見られるのである。

擦文文化（七―一三世紀頃）は北海道島由来の文化であり、アイヌの人びとの直接の先祖をその担い手としてみてよさそうだ。遺跡出土範囲は、主に北海道島・本州島北端（青森県域）・千島列島南部である。続縄文文化後期の江別文化の遺跡出土範囲からみると、本州島では北漸し近世アイヌ文化圏域に近づくものの、サハリン島からは本格的な遺構は見出されない。

菊池俊彦はこれをもって、サハリン島へ一三世紀以降にアイヌ集団が進出した、と解釈している。中千島・北千島へも同様の指摘が成り立ち得る。オホーツク文化が北漸した結果アイヌ文化が千島・サハリンへ進出した、とみるのである。榎森進らが中国文献に基づき活写する元・明代における「骨嵬《クイ》」（アイヌ）のサハリン侵攻に伴う「吉里迷《ギレミ》」（ニヴフ）・元朝との交戦（一三世紀後半―一四世紀初頭）ならびに明朝によるサハリン島の「苦夷《クイ》」（アイヌ）の編成（一五世紀前半）は、菊池の描く構図と符合している。

古代・中世の和文史料にみえる「蝦夷（エミシ・エビス・エゾ）」については、それを律令国家に服属しない方《ほう》民《みん》とみるか、実態を伴った民族集団とみるかの古くからの議論がある。児島恭子はエミシ・エゾ規程それ自身の持つイデオロギー性を重視し、その枠組みそのものが民族の実態を示す基準とはなりえないと整理する。つまり、エミシ・エゾ＝アイヌという単純な等式は成立しえない、とする見方であり、〝アイヌ語族〟の実態と必ずしも切り結んで議論すべきではない、との主張である。エミシ・エゾ論とアイヌ史の問題を考える際に、留意しておかなければならない論点と言える。

近世アイヌ文化の三つの個性と現在

さて、考古学的な〝アイヌ文化〟の時代への移行後も、その文化は一つところに留まらず、時代的・地域的な個性を展開しつつ推移する。近世の和文史料にみえるアイヌ社会は、北海道・南千島、サハリン島南部、中・北千島ならびに津軽《つがる》・夏泊《なつどまり》・下北《しもきた》の三半島北端部に確認され、それぞれ「北海道アイヌ」・「樺太《からふと》アイヌ」・「千島アイヌ」・「本州アイヌ」と称される。このうち本州アイヌは一八世紀前半に津軽・南部両藩が民族別支配を廃するため、その文化的個性については不明と言わざるを得ない。現在知ることのできるアイヌ文化の個性は、したがって三つということになる。この定義は、近代以降の民族誌や言語学の成果に基づいた区分だが、それだけに前近代アイヌ社会の達成した個性の在り処を示している。

一九世紀以降、日・露・中三国間の外交関係の変遷により、アイヌの生活域は大きく翻弄される。北海道アイヌは場《ば》所請負《しょうけおい》制度の浸透や蝦夷地幕領化政策により千島アイヌ・樺太アイヌを通じた中国・ロシアとの中継交易者としての活動を奪われ、和風文化への同化が強いられた。樺太アイヌは璦琿《アイグン》条約・北京条約、日露和親条約、

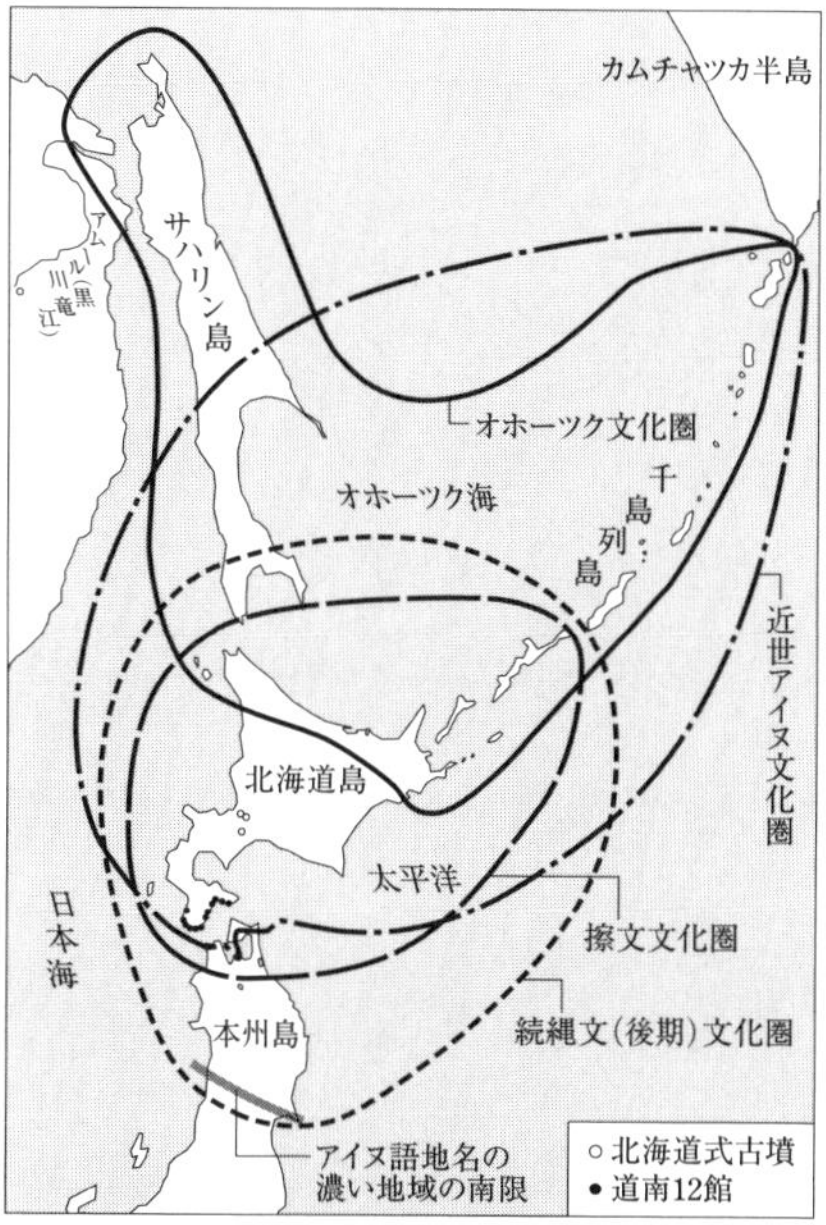

図1　アイヌ文化の地理的布置（概念図）
出典：山田秀三『東北・アイヌ語地名の研究』（草風館，1993年），〔榎森編 2003〕等により筆者作成．文化圏の範囲は概略．

樺太・千島交換条約、ポーツマス条約、第二次世界大戦敗戦を経る中でサハリン島の施政権が目まぐるしく変転した結果、その文化伝承に甚だしい困難をきたしている。千島アイヌは蝦夷地第一次幕領期に北海道アイヌとの通交を遮断され、以後ロシア化が進行したが、維新後の樺太・千島交換条約により南千島の色丹島《しこたん》に移住させられ、現在はその文化伝統の継承者を永遠に失う結果を招いてしまった。現在接することのできる伝統的なアイヌ文化は、こうした厳しい状況のなかで伝えられてきた。

一九世紀以降の状況や近現代の日本が強いた同化政策は、日本列島北部に時代に応じつつ長い歴史を紡いできたアイヌ文化の伝統を否定し、華夷観念あるいは社会進化論の思想によってそれを正当化してきた側面がある。こうした政策は、アイヌ文化振興法の施行にみられるように、近年ようやく見直されつつある。現代日本社会に暮らすものの素養として、アイヌ文化の歴史と個性を自覚的に共有することが求められているといえよう。

参考文献

榎森進編『アイヌの歴史と文化』Ⅰ・Ⅱ（創童舎、二〇〇三―四年）
菊池徹夫・福田豊彦編『よみがえる中世4――北の中世　津軽・北海道』（平凡社、一九八九年）
児島恭子『アイヌ民族史の研究』（吉川弘文館、二〇〇三年）
谷本晃久「〝近世アイヌ史〟をとりまく国際的環境」（『新しい歴史学のために』二七七、二〇一〇年）
北方言語・文化研究会編『民族接触――北の視点から』（六興出版、一九八九年）
松本建速「本州東北部にアイヌ語系地名を残したのは誰か」（『考古学研究』六〇―一、二〇一三年）
山田秀三『東北・アイヌ語地名の研究』（草風館、一九九三年）

琉球王国——琉球は東アジアにおいていかなる位置にあったか

渡辺 美季

現在の沖縄には、かつて琉球と呼ばれる独自の王国があった。日本本土・中国大陸・朝鮮半島に囲まれたこの国は、東アジア世界のなかでいかなる位置にあったのだろうか。

古琉球の王国

沖縄島では、一二世紀頃、栽培農耕の本格化に伴う政治的首長（按司《あじ》）の登場を契機に、国家形成の動きが開始された。同時に、中国（宋・元）や日本からのヒト・モノの流れに刺激されつつ、琉球列島（奄美・沖縄・先島）の文化的一体化が進んだ。

やがて一三七二年になると、成立してまもない明朝（一三六八―一六四四年）の皇帝が「琉球」に遣使して朝貢を求めた。当時、沖縄島には三山と呼ばれる三つの勢力（山南・中山・山北）が分立していたが、そのいずれもが相次いで明の要請に応じ、明と琉球との正式な関係が開始されることとなった。それは、琉球国王が中国皇帝に対して定期的に使節を派遣して貢物を献上する「朝貢（進貢）」と、皇帝から国王に王号を授ける「冊封《さくほう》」を主な要素とする緩やかな君臣関係で、朝貢の際の恩典として琉球には中国における貿易活動が認められていた。なお「琉球」とは明の命名による名称だが、琉球はこれを自称として使用し、また国際的にもこの国名で認知されていった。その後一五世紀初めに尚巴志《しょうはし》が中山王の位を奪い、さらに山北・山南をも支配下に入れて、一四二九年に琉球を統一した。

明は周辺諸国に積極的に朝貢を促す一方、民間人の海外渡航や貿易を厳禁する海禁令を繰り返し発布した。このため明の海外貿易は、朝貢に伴って行われる国家貿易（朝貢貿易）に限定された。この明の政策下で、琉球は朝貢国としての立場を活かして大量の中国産品を入手し、中国・東南アジア・日本・朝鮮を結ぶ中継貿易を盛んに展開した（図１）。各国に琉球船が貿易に赴き、また琉球にも中国の生糸・陶磁器や東南アジアの胡椒・蘇木などを求めて諸外国の船が集まった。琉球最大の港・那覇港の近くには久米《くめ》村《むら》と呼ばれる華僑集落も形成され、その住民は王国の外交・貿易に携わった。このように当時の琉球は、朝貢貿易を基軸とした国家貿易に立脚する交易型国家であった。一方で、一五世紀後半から一六世紀初頭にかけて琉球は奄美・八重山などの周辺諸島を征服し、それらの島々との間に辞令書を発給し貢物・租税を受け取る関係を築いていった。

一六世紀に入ると、東アジアには日本や新大陸から運ばれる銀が、中国北辺の対モンゴル戦争に投入される「銀の流れ」に支えられた空前の民間交易ブームが起こる。このブームの中で朝貢と海禁を一元化した明の海域支配体制が打破され、明の周辺部を中心に様々な武力集団が交易の利潤を争うアナーキーな状況が出現した。琉球もこの激流に巻き込まれ、倭寇と総称される国際的な武装交易集団の台頭などにより、東・東南アジアにおける中継貿易者としての優位性を徐々に喪失していく。

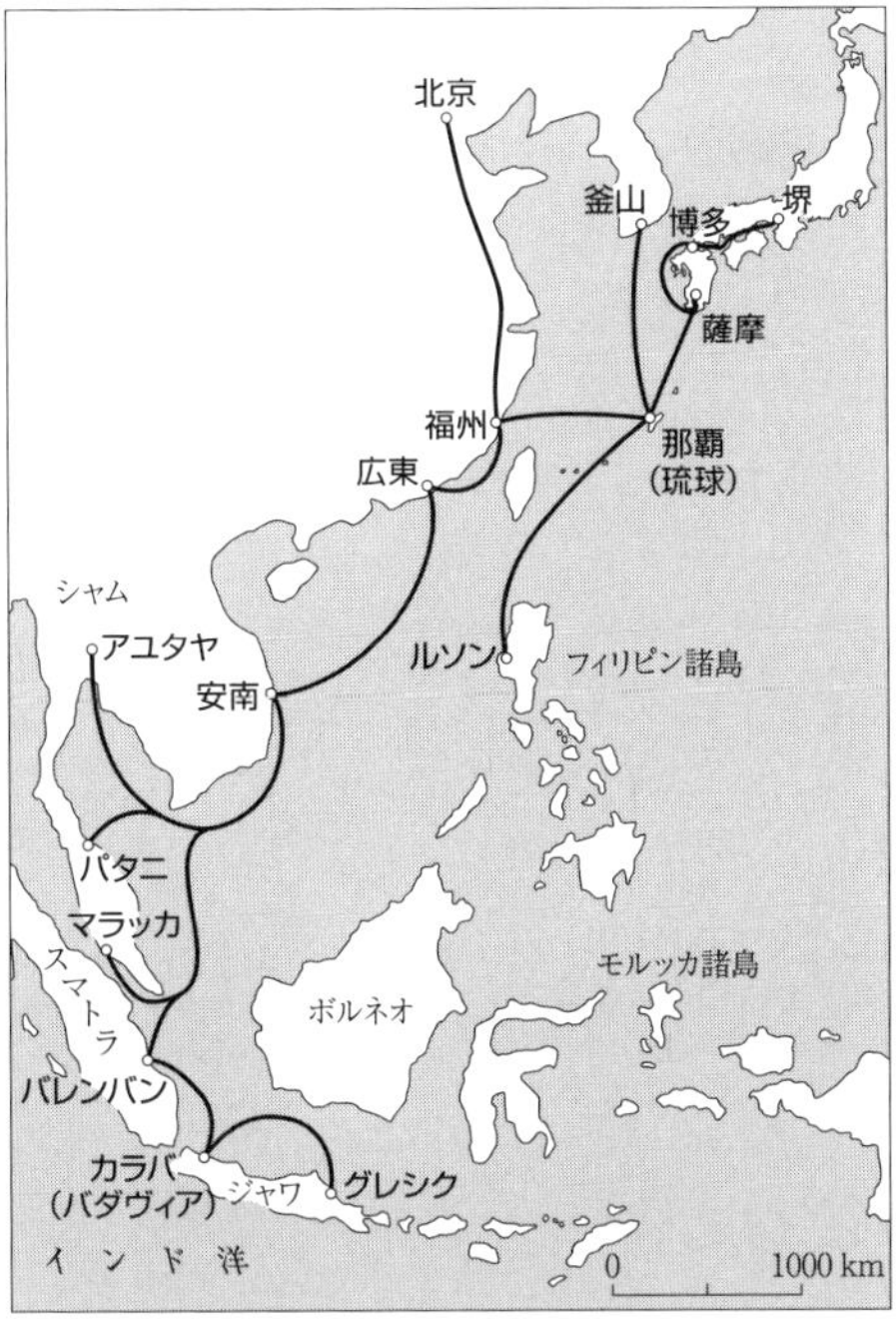

図１　古琉球の通交範囲

出典：高良倉吉・田名真之『図説・琉球王国』河出書房新社，1993年，19頁（ただしこの図を作図・掲載した〔渡辺美季「鄭秉哲の唐旅・大和旅——皇帝と話をした琉球人」村井章介・三谷博編『琉球からみた世界史』山川出版社，2011年，92頁〕より）

近世琉球と日本・中国

一方、日本では統一政権樹立をめぐる動きが活性化し、その政治的・軍事的余波が琉球にも及ぶようになった。この動きの中で最終的に天下を治めた徳川政権は、豊臣政権による朝鮮出兵の戦後処理、

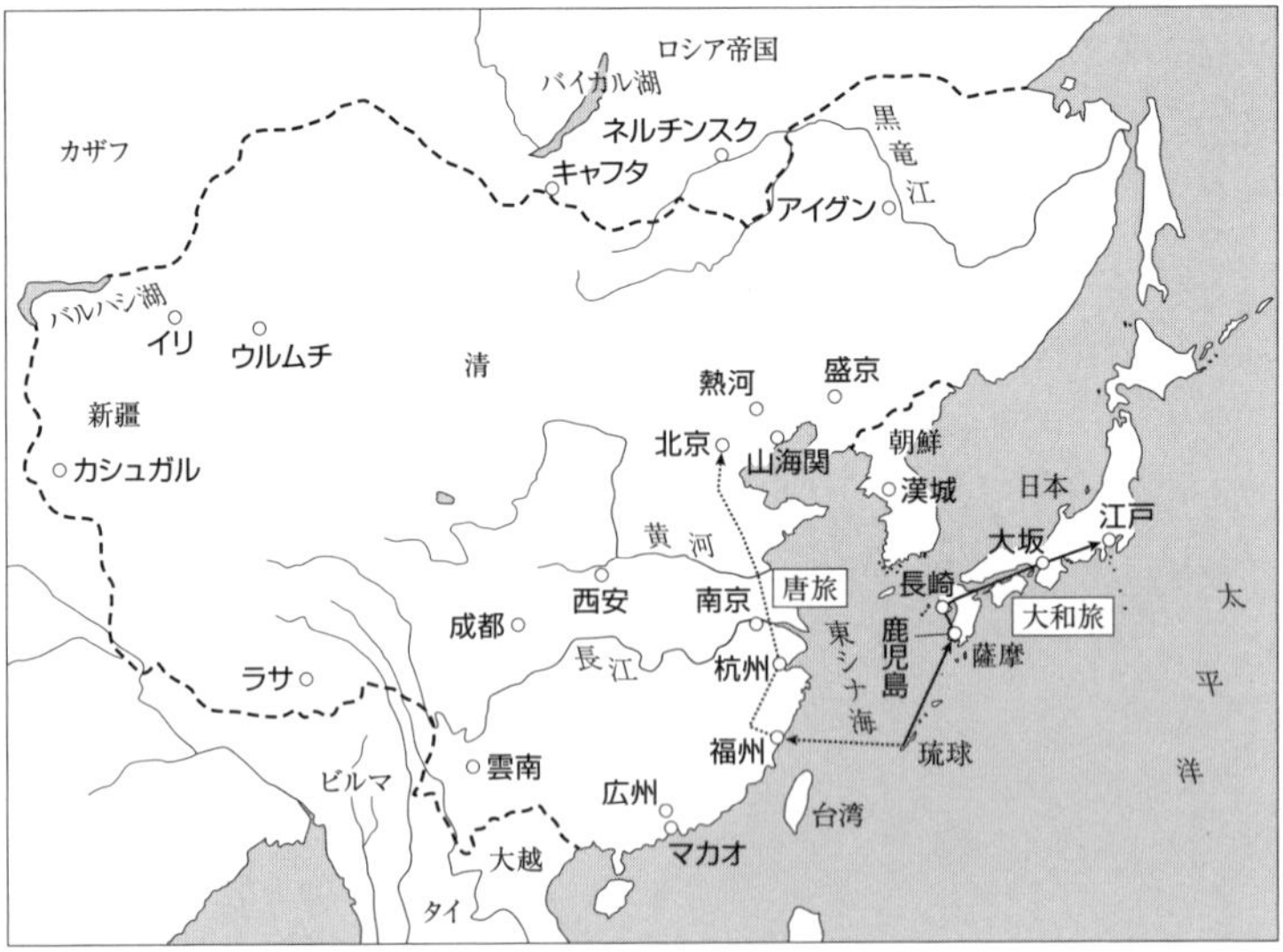

図 2　近世琉球の通交範囲

出典：渡辺美季「鄭秉哲の唐旅・大和旅――皇帝と話をした琉球人」村井章介・三谷博編『琉球からみた世界史』山川出版社，2011 年，93 頁

とりわけ日明講和による貿易の実現を外交上の急務と見なし、鹿児島の島津氏を通じて琉球に対明交渉の仲介を求めた。しかし琉球の対応は甚だ不十分なものであったため幕薩と琉球の確執が深まり、一六〇九年、幕府の許可を得た島津氏が琉球を侵攻するに至った。その結果、琉球は敗北し、明との君臣関係を維持したまま幕藩制国家の支配領域にも組み込まれることになった（図2）。また侵攻と前後して日本・中国以外の諸外国との関係は失われていった。琉球史研究では一般に一六〇九年以前を「古琉球」、以後を「近世琉球」と呼んで区別している。

　幕府から琉球の仕置（統治）を委ねられた薩摩藩は、琉球に奄美諸島を割譲させ、毎年の貢納を義務づけるなど具体的な支配策を展開した。またやや遅れて、幕府と琉球の主従関係も、キリシタン禁制などの幕藩制の諸規制の波及や江戸への使節派遣（江戸上り）の実施により実体化していった。それはまた対明交渉に挫折した幕府が、自らを中心とした対外関係を再編し、その一要素として琉球を位置づけていく過程でもあった。但し幕・薩は中国との冊封・朝貢関係を有する琉球王権の存在を前提とした支配方針を取っており、琉球の政治・外交の主体はあくまでも国王を頂点とした首里王府であった。

他方で琉球と明との関係は、侵攻直後に一時的に動揺したものの原則的に継続された。一六四四年に中国において明から清への王朝交替が起きると、琉球は紆余曲折の末に清の要請に応じ、清を中心とする新たな冊封・朝貢関係の中に再編された。なお清代以降は、清との摩擦を極力避けようとする幕府の姿勢を背景に、琉・薩は結託して清に対し琉日関係を隠蔽するようになった。

清が支配を確立した一七世紀後半以降、東アジアは相対的な安定期に入った。その中で琉球は旧制の刷新に取り組み、王府の組織化・中央集権化・家臣団の再編・身分制の確立・農業の振興・儒教の導入などを推し進めて、新たな状況に対応し得る国家へと自己変容を果たした。以後、琉球は清・日との関係を両立しつつ、外政・内政の両面において比較的安定的な国家運営を行うようになる。そこでは交易よりも農業に経済の基盤を置く国家主導型の農業社会が指向された。また近世に特有の社会的・文化的状況が醸成され、そこから現在我々が「琉球的」と評するような固有の価値体系が形成されていった。

しかし一八世紀後半になると、琉球では農村の疲弊や王府の財政悪化といった内部矛盾が徐々に拡大していった。さらに一九世紀以降は欧米列強による東アジア進出が本格化し、琉球の置かれた国際的枠組みが大きく変容して、王国の動揺はより深刻化した。

王国の終焉

一八六七年、東アジア情勢の激動の中で江戸幕府が倒壊し、近代国家・日本が成立した。新政府（明治政府）は七〇年代に入ると、伝統的な国際秩序に基づいて清・日に「両属」する琉球王国を否定し、これを日本に帰属させる方針を決定した。首里王府（七二年から琉球藩）は清・日二国との二重の君臣関係に固執し執拗な抵抗を試みたが、明治政府はこれを押し切り一八七九年に「琉球処分」を断行した。こうして王国は名実ともに廃止され、琉球は「沖縄県」として日本の一部となったのである。

参考文献

安里進ほか編『県史四七　沖縄県の歴史』（山川出版社、二〇〇四年）
豊見山和行「琉球・沖縄史の世界」（同編『日本の時代史一八　琉球・沖縄史の世界』吉川弘文館、二〇〇三年）

III　〔近世〕

織田信長とキリシタン
——保護政策は存在しない

松本　和也

信長はキリシタンを保護したか

信長はキリシタンを保護したのかと聞かれたら、多くの人が保護していたと答えるだろう。その回答に異論はない。信長の領国内では自由に宣教活動が行えたのであるから、キリシタンを保護していないとする方に無理がある。では、なぜ信長はキリシタンを保護したのか。この点まで含めた問いになると、一般的な理解の仕方では疑問が残る。一般的に、仏教は弾圧、キリスト教は保護という信長の宗教政策として捉えられ、キリシタンの保護は仏教勢力に対抗する勢力を設けるためであったとも理解される。この捉え方で正しいであろうか。

そもそも信長は仏教勢力に対して徹底的な弾圧を加えていたのだろうか。信長といえば、比叡山焼き討ちや一向一揆壊滅など、残虐非道な殺戮を行ったことで有名である。信長の天下統一事業の中で、最も長きにわたって戦ってきた相手も本願寺であった。このことから、信長は仏教勢力を徹底的に弾圧したと理解する者が多い。しかし、信長は自分に敵対する勢力に対して弾圧を加えたのであって、浄土真宗高田派などのように、従順な場合には仏教徒であっても優遇する立場をとっている。

すなわち、仏教弾圧、キリスト教保護という図式は見直す必要がある。その点を踏まえて、キリシタンに対する信長の対応を見ていきたい。

イエズス会宣教師宛織田信長朱印状

イエズス会は、天文一八年（一五四九）にフランシスコ・ザビエルが鹿児島に到着して以来、西日本を中心に宣教活動にあたった。畿内布教は、ガスパル・ヴィレラによって本格的に開始されたが、永禄八年（一五六五）に伴天連追放の女房奉書が出されたことにより、京都退去を余儀なくされた。その後もルイス・フロイスは堺に留まり、京都復帰に向けて奔走していたところ、織田信長が足利義昭を奉じて上洛してきた。フロイスは、キリシタンの高山飛騨守・右近父子の仲介で、佐久間信盛や和田惟政の協力を得て、永禄一二年に京都復帰を果たした。京都に戻ったフロイスは、これまた和田惟政の尽力によって織田信長と対面することが叶った。その時の様子がフロイス書翰に記されており、信長は宣教師に対して非常に好意的であったことが読み取れる。

この信長との面会で、フロイスは京都で円滑に宣教活動が行えるよう、朱印状を依頼した。この朱印状は従来布教許可状と理解されてきたが、実はそうではない。古文書学の立場でいえば禁制にあたるもので、宣教師も布教許可状との認識はなく、京都滞在を認めた朱印状として理解していた。このことから、この朱印状は信長の宗教政策を示した文書ではなく、イエズス会に好意的で優遇した程度のものと捉えるべきであろう。また、永禄一一年には、京都の多くの寺社も同様の禁制を与えられているので、キリシタンを仏教勢力と対抗させようという意図も見えてこない。信長に保護を求める者には、それを認めるという姿勢がうかがわれ、キリスト教と仏教を区別しているわけではないのである。

伴天連追放の綸旨と信長の対応

その後もフロイスは度々信長のところを訪れた。面会した回数から考えて、信長は宣教師を相当気に入っていたことがわかる。その面会のなかで、興味深い事件が起きている。永禄一二年四月二〇日、フロイスが妙覚寺にいる信長を訪れた時、その側には日乗という仏僧がいた。そこで、信長は日乗に向かって、フロイスと宗論をさせたのである。フロイスが霊魂の存在について説明すると、激昂した日乗がロレンソを斬って確認すると言い、長刀を手にしたところ、信長家臣によって取り押さえられた。これに対して、信長は笑いながら日乗を咎めたという。

それでも怒りが収まらない日乗は、宗論の後も宣教師追放に向けて奔走した。信長と義昭に執拗に宣教師追放を要求するが、両者ともそれを許さなかった。そこで今度は正親町天皇に宣教師の追放を要請した。これに対し、正親町天皇は伴天連追放の綸旨を発した。それでも義昭は宣教師の追放を認めなかったが、信長は天皇に一任するとの返答をした。この対応にフロイスは動揺するのである。そこで、フロイスは岐阜城を訪れると、信長は彼らを歓迎し、再び宣教師の京都滞在を約束したことから、宣教師は無事に京都で宣教活動を行うことができた。

この結果だけを見れば、信長は宣教師を保護していたといえるだろう。だが、伴天連追放の綸旨に対し、信長が天皇に一任するという対応をとったことは見逃せない。キリシタン大名のように、キリスト教を保護するため、神社仏閣を破壊することもなければ、権力に屈せず保護を貫くような姿勢もなかった。この頃の信長が朝廷との関係を大事にしていたことは、禁裏修理などから明らかであり、天皇と対立してまでキリシタンの保護を貫くものではなかったのである。イエズス会は信長の興味関心を満たすもので、好意を示してはいたが、自身の宗教観や政策面から宣教師を保護する意図があったわけではないのである。

オルガンティーノの右近説得

次に、天正六年（一五七八）に起きた荒木村重の謀反を取り上げよう。村重は信長の家臣として頭角をあらわし、天正二年には摂津一職の支配権が与えられた。摂津は西国攻略において重要な拠点であったため、村重の謀反は織田方にとって致命的なものであった。そこで信長は、村重配下の高山飛騨守・右近父子の投降工作を進めた。これに利用されたのがイエズス会であった。信長は宣教師オルガンティーノにキリシタンでもある高山父子を説得するよう命令し、彼らのいる高槻城に派遣した。その際、説得を引き受けて成功すればキリシタンを優遇することを約束し、もし断ればキリスト教を弾圧すると脅した。苦渋の選択を強いられた高山右近は、自身が投降することで対処した。これにより、信長はキリシタンをいっそう評価し、約束通り摂津・河内のうち二都市を指定して居住することを認め、キリシタンの課役を免じる朱印状（おそらく禁制）を与えた。

しかし、信長の条件を見ると、結果如何によってはキリシタンの処刑やイエズス会の追放・弾圧もありえたのである。似た例として、信長による比叡山焼き討ちが挙げられる。信長は浅井・朝倉を匿った比叡山にも、信長に味方すれば山門領の回復を約束し、せめて中立を守ってほしいと伝え、さもなければ根本中堂・山王二十一社を焼き払うとした。これに従わなかった比叡山は周知のとおり焼き討ちにされた。信長の期待に応えたイエズス会と、無視した比叡山への対応には、従順な者には保護を、敵対する者には弾圧を、という信長の姿勢が垣間見られる。また、信長は宣教師を保護しているとはいっても、このように軍事的にイエズス会を利用することもあった。イエズス会自身も信長の庇護のもとに宣教活動が行えていることを自覚しており、信長に従う姿勢も見せていたのである。

信長のキリシタン保護の中身

信長は外国人のイエズス会宣教師に好意をもっていたし、さまざまな面で優遇していたので、キリシタンを保護していたか否かと問われれば、保護していたというのが正しい回答である。ただし、ここで見てきたように、そこに明確な保護政策があったわけではなかった。信長の領国支配において従順な勢力は保護し、敵対する勢力は弾圧するという枠組みのなかに、キリシタンの対応も含めることができよう。それに外国人に対する興味関心が加わったものと考えるのが適当といえる。また、信長の領国拡大に伴って、イエズス会の活動範囲が広がってキリシタンの数が増加していった点や、一向一揆の殲滅や焼き討ちなどの残虐な弾圧を行った点に注目すると、あたかも信長はキリシタンを積極的に保護したかのように見えてしまう。しかし、それはイメージによるものにすぎず、ここで見てきたように、個々の事例を丁寧に読み解く必要がある。

それに加えて、信長のキリシタン保護が確認できる史料が、基本的にイエズス会史料であることも見過ごしてはならない。宣教師が自分達に都合よく書き認めるのは当然である。したがって、彼らが書翰などで事実を誇張したり、敵対する仏教を批判したりした内容をそのまま鵜呑みにすることなく、正しく見極めなければならない。こうした点も念頭に置いた上で、信長は宣教師を保護したと捉える必要があるだろう。

参考文献

神田千里『信長と石山合戦』（吉川弘文館、一九九五年）
松本和也「イエズス会宣教師宛織田信長朱印状」（『日本史攷究』三二号、二〇〇八年）

李舜臣と亀船——朝鮮水軍はどう活躍したのか

六反田　豊

救国の英雄李舜臣

韓国の首都ソウルの中心部、朝鮮王朝（一三九二—一九一〇）の正宮である景福宮《キョンボックン》の正面から南に伸びる大通りは、ハングルの創製で知られる朝鮮王朝第四代国王にちなんで世宗路《セジョン》と呼ばれるが、公園として整備されたその中央分離帯に、甲冑を身にまとった武人の銅像が南向きに立っている（図1）。豊臣秀吉《とよとみひでよし》の朝鮮侵攻（一五九二—九八）に際して多大な戦功を立てた朝鮮水軍の将軍、李舜臣《イスンシン》（一五四五—九八）の像である。

日本で文禄慶長《ぶんろくけいちょう》の役《えき》、朝鮮で壬辰丁酉倭乱《イムジンチョンユウエラン》と呼ばれるこの戦争で、当初態勢の整わなかった朝鮮側は敗退を繰り返した。厳しい戦況のなか、水軍を率いて朝鮮南部海域に出撃し、緒戦から日本軍を破る戦果を次々にあげたのが李舜臣だった。讒言により一時罷免されたものの戦争末期には復職し、再び水軍を指揮した。日本軍との最後の大規模海戦となった露梁《ノリャン》海戦でも勝利を収めたが、このとき銃弾を受けて戦死している。

朝鮮にとってまさに危急存亡の秋《とき》というべきこの戦争での李舜臣の活躍は戦後高く評価され、李舜臣は救国の英雄として国家的に顕彰された。それは朝鮮王朝時代だけにとどまらない。日本の植民地期（一九一〇—四五）には侵略者である日本への抵抗を強調するなかでその業績が評価・喧伝されたし、解放後の韓国ではとくに朴正熙《パクチョンヒ》の軍事政権下において政権の存在を支える礎石として顕彰事業が大々的になされた。現在も民族的英雄としての地位に揺らぎはなく、人々の敬慕を集め続けている。

亀船とはどのような軍船か

ところで、壬辰丁酉倭乱での李舜臣の活躍に欠かせないものとして必ず語られるのが亀船《きせん》である。日本では「亀甲船《きっこうせん》」ともいわれるが、当時の朝鮮側の文献には

図1　李舜臣と亀船の銅像（韓国ソウル）

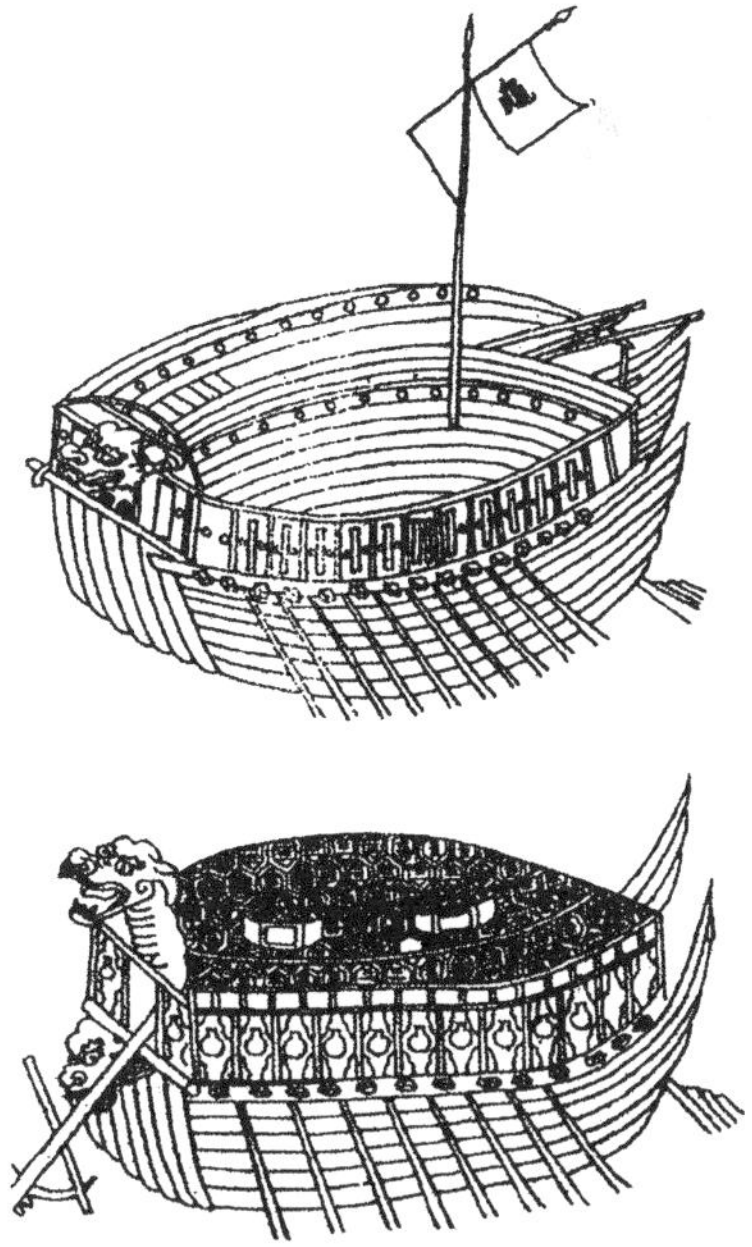

図2 『李忠武公全書』所収 亀船図（上段：統制営亀船，下段：全羅左水営亀船）

「亀船」とある。世宗路の李舜臣像の下にもこの亀船の像が一緒に置かれているが（図1）、これだけではわかりづらいので、李舜臣の著述を集成して一八世紀末に刊行された『李忠武公全書』（以下『全書』）所収の図によってその形状をみてみよう（図2）。

『全書』には艤装の異なる二種類の亀船の図が載せられている。注意すべきなのは、いずれも李舜臣生存当時のものではなく、『全書』が編纂された一八世紀末時点での亀船を描いたものだという点である。ただし『全書』の記述によれば、「全羅左水営亀船」よりも「統制営亀船」のほうが李舜臣の時代の亀船に近いという。そこでここでは「統制営亀船」に注目し、そのおおまかな特徴のみを確認しておきたい。

みてわかるように、船体そのものは朝鮮の伝統的な船舶と大差ない。特異なのはその上部構造である。通常は甲板が露出し、その上に櫓《やぐら》や砲台などが置かれるはずである。しかし「統制営亀船」では甲板がまったく露出せず、舷側は板壁で囲まれ、その上部は木製の屋根で覆われている。屋根の中央部には船の軸線に沿って細い溝のような隙間があるが、これは帆柱を折りたたんで収納するスペースである。こうした形状のため、船全体があたかも甲羅で覆われた亀の胴体のようにみえる。しかも船首には竜頭をかたどった造形物が取り付けられている。「亀船」と称されたゆえんである。

李舜臣は、開戦直前の一五九一年二月（陰暦、以下同じ）に朝鮮半島南部の水軍を管轄する指揮官の一つである全羅《チョルラ》左道水軍節度使として全羅道麗水《ヨス》に赴任した。そして日本の侵攻に備えるべく亀船を考案し、造船技術に長じた軍官の羅大用《ナデヨン》がこれを建造した。しかし亀船のすべてを李舜臣一人の創案とみることはできない。「亀船」の名はすでに一四一三年から一五年にかけて文献に出てくるからである。この「亀船」の詳細は不明であり、しかもその後は李舜臣の亀船考案まで文献上にその存在を確認できない。とはいえ、李舜臣が知識としてこれを知っていた可能性は十分に考えられよう。

亀船はどのように戦ったか

ともあれ、李舜臣はこのような亀船を駆使して戦功を立てたとされる。そのため、ともすると大量の亀船が実戦に投入されたかのように思われがちだが、それは事実に反する。開戦までに李舜臣が準備した亀船はわずか三隻にすぎなかった。亀船が少数しか建造されなかったのは、亀船に期待された戦法がそれほど多くの亀船を必要としなかったことによる。

亀船に期待された戦法とは、一言でいえば敵の威圧と攪乱である。亀船は、敵と遭遇すると真っ先に突撃する役目を負っていた。船首に設けられた竜頭の口から煙を吐き、舷側に一列に並んだ窓から大砲を放ちながら、敵艦隊に近づいてその意表を突き、敵を心理的に威圧する。そのうえで敵船の間を縦横無尽に動き回り、至近距離から弓矢や砲火を浴びせることで、敵の動きを攪乱し、混乱状態を作りだすのである。前述のように亀船はその上部が亀の甲羅のごとく蓋板ですっぽり覆われていた。しかも屋根の部分には金属製の刀錐が隙間なく植えられていた。そのため、敵船に乗り移って船上で敵兵と斬り合うという日本水軍の伝統的な戦法は、亀船にはまったく通用しなかった。

しかしそのような亀船の独特な構造は、一方で射手・砲手などの戦闘要員を狭い船内に閉じ込めることにもなり、それゆえ、亀船が一般の軍船と比べると戦闘能力の面で見劣りすることは否定できない。亀船はあくまで突撃のための特殊な軍船であり、板屋船《はんおくせん》と呼ばれた当時の大型主力艦による戦闘を有利に展開するための先鋒として位置づけられていたのである。

亀船は一五九二年五月末に始まる朝鮮水軍の第二次出動から実戦に参加し、いくつかの戦闘で朝鮮側の勝利に貢献した。しかし一五九七年一月の李舜臣罷免後、元《ウォン》均《ギュン》の指揮下に入った朝鮮水軍は同年七月の漆川梁《チルチヨルリヤン》海戦で壊滅的な敗北を喫し、このとき亀船もすべて失われてしまった。それゆえ、その後まもなく復職した李舜臣がわずかな残存兵力で奇跡的な大勝利をあげた同年九月の鳴梁《ミヨンニヤン》海戦の際には、亀船は一隻も存在しなかった。

亀船はその形状や戦法の面で他に例をみない独特な軍船であり、その点で朝鮮水軍史上に特筆されるべきものといえる。ただし実戦でそれが活躍した期間は開戦初期の二年ほどにすぎず、壬辰丁酉倭乱中における朝鮮水軍の活躍のすべてを亀船と関連づけることはできない。

戦後しばらくの間、亀船が大量に増備されることもなかった。ところが一八世紀になると亀船の配備数は突如急増に転じ、一七八二年には総数四〇隻に達する。同時に大型化も進んだ。その理由として、水軍兵士の士気高揚や釜山に居留する日本人への示威的効果といった点も指摘されているが、ちょうどこのころから李舜臣の顕彰事業が活発化することとも無関係ではあるまい。とはいえ、これはあくまで一時的なことで、その後亀船の数は次第に削減されていった。

参考文献（＊印は朝鮮語文献）

有馬成甫『朝鮮役水軍史』（空と海社、一九四二年）
北島万次『豊臣秀吉の朝鮮侵略』（吉川弘文館、一九九五年）
金在瑾（桜井健郎訳）『亀船』（文芸社、二〇〇一年）
鄭杜熙「李舜臣に関する記憶の歴史と歴史化」（鄭杜慶・李璟珣編〔金文子監訳・小幡倫裕訳〕『壬辰戦争――16世紀日・朝・中の国際戦争』明石書店、二〇〇八年）
＊崔永禧「亀船考」（高麗大学校史学会『史叢』第三輯、一九五八年）
＊李敏雄『壬辰倭乱海戦史』（青於藍メディア、二〇〇四年）

江戸幕府と藩――将軍への結集と共存する大名の自立

高野　信治

集権と分権のとらえ方

江戸幕府と藩（大名）の関係をどのようにとらえるのかは、日本における「近世」の歴史性を考える上で重要であり、集権と分権の問題として論じられてきた。通説的には幕府・将軍の専制性・権威性が強調され、江戸時代の国家のまとまりに着目する傾向にある。集権という側面の分析である。将軍より一万石以上の領知（領地）を与えられた階層が大名であるが、将軍は領知の充行とともに、大名に対する改易や転封の権限も有していた。大名の妻子は人質で在府（江戸在住）とされ、大名当主と家臣は国元（藩）と江戸の往復と居住、すなわち参勤交代を義務づけられ、江戸での大名の役は将軍との主従儀礼であった。城郭や河川などの工事も公儀普請という名目で課された。以上のような関係から将軍に対する大名の政治的・経済的な従属性がいわれてきた。これは、ヨーロッパの封建領主制にみられる分権、また鎌倉幕府や室町幕府の政治権力のあり方など、内外の空間的・時間的な比較を念頭においた説得的な見方だろう。また「公儀」と呼ばれるようになった江戸幕府・徳川将軍のイメージが、以上のような専制性・権威性と重ね合わされるようにもなった。「公儀」＝「絶対的な権威と権力を持つ幕府」、例えば、かかるとらえ方である。

しかし、江戸幕府・将軍の藩・大名に対する専制性はそもそもどのようなものか、また藩・大名は江戸幕府のもとで支配される存在に過ぎなかったのであろうか。

その際に、考慮すべきは大名の自分仕置権である。幕府・将軍は全国支配を一律にやってはおらず、大名領に関しその支配への介入を原則的に行わなかった。すなわち、対外関係につながる文字通りの国家政策（キリシタン禁止、宗門改等）を除き、大名による藩領の独自支配を認めている。幕府領や各藩領には共通する政策が指摘できるものの、豊臣政権期からみられる近世社会の根幹を作った兵農分離や石高制でさえ、江戸幕府が諸藩にそのような政策遂行を強制したわけではなく、武士が農村と直接関係を持つようなあり方（武士在郷・地方知行など）や、様々なバージョンの石高制（直高制・地米制など）がみられた。かつて、幕藩制の原理は藩に貫徹しており、その原理解明のために多くの藩の分析よりもいくつかの藩の徹底した分析こそ必要、というような見方もされたが、自分仕置を認められた藩（大名権力だけでなく、領内の地域社会や江戸屋敷など領外の組織等も視野に入れた概念化が試みられている）の相貌は多様である。

だが、そのような多様な藩のあり方を根拠に、将軍・幕府に対する大名・藩の分権を主張するのも、生産的ではあるまい。いずれかの強調よりも、江戸幕府の専制性に基づく集権と藩の多様性にみられる分権、それら相互の関係の形成と変容が重要な問題であろう。

幕藩制の成り立ち

江戸幕府が武家政権という視点は留意される。それは武士のあり方に関わるからである。武士（「家」）相互の結合の基本は主従制と名誉心である。そして、それらを支えるものは武士の自立的観念であり、その根拠は、自分や「家」の名誉をかけ武功をあげて主君より与えられる御恩としての領知である。豊臣政権と比較すれば徳川政権はこのような武士の自立性に基づいた主従的関係を基本とし、江戸幕府は武士（大名）層が結集する権力体なのである。大名はかかる「家」やそこに結集する武家集団を内実とし、藩は幕府の存在を前提にする大名の統治組織やその対象である。

大名の自立と徳川への結集、換言すれば分権と集権の構図を、江戸時代初期の大名（黒田長政）の遺言に探ってみよう（元和九年、「黒田長政遺言覚」「黒田長政遺言写」）。関ヶ原合戦後の領知拝領は「大分之御加恩」だが、自分や父の「大功」に比べれば「相当之御恩」とは言い難いと長政はいう。そこには、徳川家康が天下を取ったのは「我々ヲ初武勇ホマレ之大名共五三人御方仕たる故とハ云なから、ツ、マル所ハ如水（黒田孝高。長政父）・某（長政）二人か力ニあらすや」という強烈な武功認識があった。そして、大名領知は主君からの拝領だが、子孫に伝えるもので、子孫たちは「如水我等之領国を預り候と心得」なければならないのである。

豊臣系取立大名の黒田長政は関ヶ原合戦での武功をこのように強調するが、この合戦の東軍の勝利は豊臣系大名の力によるもので、その背景には、集権政策を推進する豊臣政権吏僚層に反発する大名層の分権志向があり、それが幕藩制の政治構造を規定したとの指摘もある。

関ヶ原合戦、また大坂の陣などを経て「天下平均」になったことをうけ、「日本国中ニ於テ　家康公ニ敵シ背キ申者あるへからす」と、長政は徳川氏への敵対者の存在を否定する。「大功」をかさに着て「公儀之御奉公」を蔑ろにする「無分別なる者」は許されない。「御奉公」とは将軍より課される様々な役（軍役、普請役）である。しかし、公権性を担う「公儀」への奉公は、主従関係のそれとは異質であろう。大名支配の基本法である武家諸法度には「国郡之費」「人民之労」「国郡衰弊」の回避、「知行所務清廉」（寛永一二年）など、領民を疲弊させない統治が求められるが、このようなものが公権・「公儀」としての江戸幕府が課す「御奉公」の主軸であった。長政は領民を撫育する藩政の重要性を示したが、そこには、今まで合戦で多くの人を犠牲にしてきたため、これ以降は「大方内之者・民百姓迄不便ヲ加候而、用捨あるへき」という家臣や領民への思いがある。

領民疲弊の回避、撫民の理念の実現は、幕府から求められたが、しかしそれは、武家領主として共有され、そのような公儀奉公は大名として果たすべきものでもあった。幕藩制は領主階層の自立性と公権性を軸に、「公儀」への「御奉公」が将軍・大名相互に合意されたシステムといえる。一大名としての黒田長政の遺言は、武家政権としての江戸幕府と大名・藩の関係を具現している。

幕藩関係の変容

将軍と大名の関係を成り立たせる領知充行は、大名への一斉発給であり、幕藩制の集権的な性格を特質づけるものとみられてきた。しかし、当初は将軍就任時の発給ではなく、先代（大御所）の没後に事実上の「天下人」として与える形式、という指摘がある。宛行権は将軍が持つというよりも、軍事の頂点に立つものが武功に対する恩として与える、そのような性格を本来有していた。長政の遺言に示される武功と領知（領国）をめぐる認識はそのようなことも物語る。

功への恩としての領知を支配する大名は、岡山藩の一門家老がいうように、幕府法令（江戸よりの仰出）の遵守は当然だが、幕府政治（江戸御仕置）と藩政（御自分御仕置）は異なるという立場であった（延宝五年、池田主水「諫言書」）。佐賀藩の元家臣は江戸参勤に共する息子に、「主人」（藩主）の悪事はたとえ「公儀」（幕府）から召し出され拷問にあってもいわない、それは「国家」（藩）を崩す道理だからと諭した（宝永五年、山本常朝「愚見集」）。これらを、大名が「藩祖」や「明君」として顕彰、神格化される多くの事例と重ねると、自分仕置の大名・藩が国家性を備えていた証ともいえる。ただし、藩に国家性を認めてもその時代的推移はどうであろうか。国産品生産などを通した藩の経済的自立への志向やそのような政策を実現する大名の顕彰が、近世中期以降の藩政改革時に目立つようになることに、国家性の強まりをみる考え方もある。

大名・藩の国家性・自立性は、天皇から将軍と同列に官位をうける立場も踏まえ、将軍家との主従関係への相対的な眼差しも生んだ。大名は将軍ともども天皇の臣という考え方である。そうであれば「御奉公」の対象は将軍ではなく天皇となる。幕末期の攘夷論や討幕運動の展開のなか、将軍の軍事指揮権の有名無実化が露呈すると、大名への領知充行権は消滅し、将軍は大政奉還、幕府は倒壊した。しかし、藩は性格を変えつつも、廃藩置県まで存続する。他方、大名は「華族」になった。明治期には、天皇制国家に忠を尽くす道徳性ある国民としての資質の教化、かかる立場から藩は捉えられるようになる。

大名・藩は江戸幕府との間で、武家社会の慣習に則った自立性の上に自分仕置が認められる合意に基づく幕藩制を構成したが、将軍の軍事指揮権の弱体化のなかで天皇制国家を補弼する役割を担い、やがて「華族」として社会的には回収されるのである。

参考文献

笠谷和比古『関ヶ原合戦』（講談社、一九九四年）
高野信治『藩国と藩輔の構図』（名著出版、二〇〇二年）
藤井讓治『徳川将軍家領知充行制の研究』（思文閣出版、二〇〇八年）
深谷克己「藩とはなにか」（『加賀藩研究』一、二〇一一年）
高野信治「大名と藩」（『岩波講座日本歴史』第11巻・近世2、岩波書店、二〇一四年）

近世の明君像——何をすることが明君なのか

小川 和也

歩く「仁政」思想

近世の「明君」とは、すぐれた将軍・大名のことである。「名君」とも書く。この「名《めい》」は「名人」「名手」「名所」などのように、名前が知られている、評判の、という意味である。明君（名君）は、実在の人物ではあるが、つねにある評判・像《イメージ》を身にまとった存在である。

では、明君は何をしたのか。それは、何をもって「明君」とみなすか、それは近世の政治意識・思想と不可分である。明君の条件は、文武両道、智・仁・勇兼備、神儒仏一致などさまざまだが、機能面からみれば、家臣団統制と領民統治という「仕置」の是非ということになるだろう。

近年注目されているのは、後者、すなわち、あるべき治者・為政者としての明君である。かつて、藩権力・領主権力は領民と対立するものとして描かれてきた。しかし、近年の藩研究では、領民を藩という「国家」の構成要素とする。したがって、大名も領民を庇護する義務を負う為政者としての側面がクローズ・アップされ、それにともない明君への関心が高まっているといえるだろう。その場合の明君の最大の特徴は、民衆に慈悲深く接する父君として、「仁政」をほどこす「仁君」という性格にある。為政者としての明君とは、いわば歩く仁政思想である。

将軍の明君録

明君像の成立・普及は、「明君録」と呼ばれる書物の影響が大きい。江戸時代には多数の明君録がつくられ、それらが、写され、刊行され、膨大な数が流布した。

たとえば、将軍の明君録では、もっとも普及したものの一つとして、徳川家康の『東照宮御遺訓』（図1）が挙げられるだろう。八代将軍・吉宗の明君録も多い。たとえば、『明君家訓』『明君享保録』『明君徳光録』などがある。また、将軍ではないが老中・松平定信の明君録も数多く浸透した。

「犬公方」の異名をとり、「暗君」のイメージが強い五代将軍・綱吉にも『颺言録《ようげんろく》』（図2）という明君録が存在する。作者は綱吉のもとで大老を務めた堀田正俊である。そこには「今大君（綱吉）聖明にして徳化下に及び、初め新政の時、命有りて曰く、民は惟《こ》れ邦の本、忽《ゆるが》せにすべからず」（原文は漢文）とあり、綱吉が将軍就任にあたって儒学的な民本主義による「仁政」を命じたとある。

また、『徳川実紀』はこれまで幕府の「正史」として、一次史料同様に用いられてきた。だが、各将軍ごとの事績を記した「附録」などから明君録性を見出し、とくに、吉宗の孫・松平定信が編纂を命じた経緯から、『徳川実紀』全体が「吉宗明君録」の性格をおびているとする研究もある。

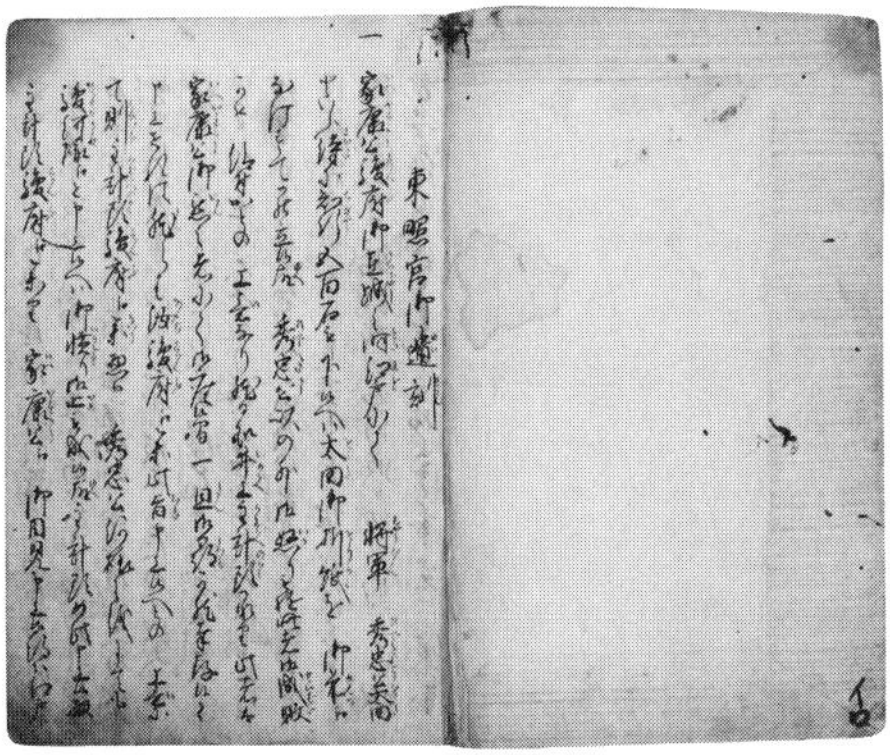

図1　横山家旧蔵書『東照宮御遺訓』（長岡市立中央図書館・文書資料室所蔵）

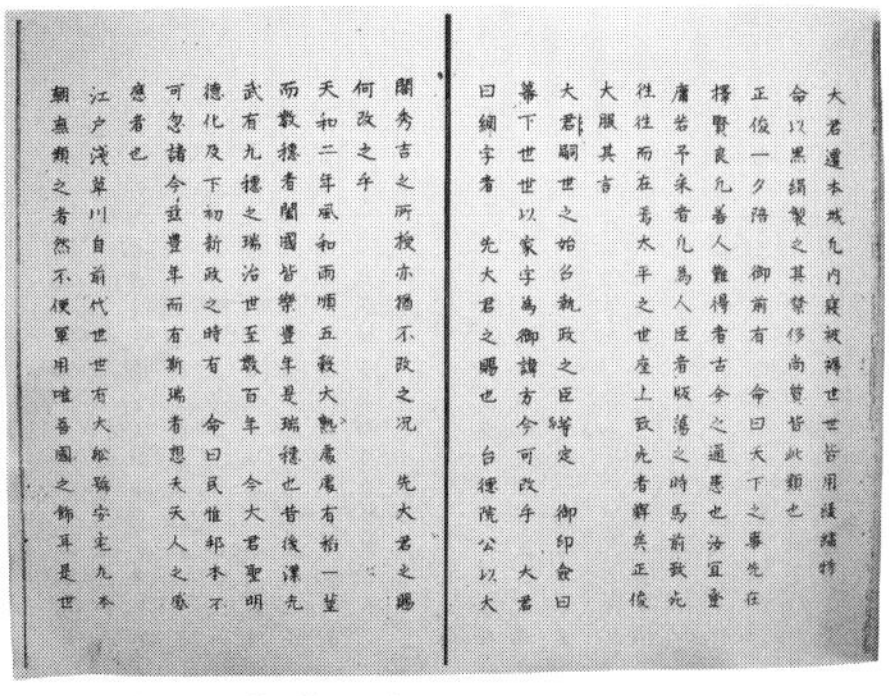

図2　堀田正俊『颺言録』（マイクロフィルム「堀田家文書」日産厚生会佐倉厚生園）

幕藩制国家と明君

大名ではどうか。たとえば、近世前期を代表する明君として高校日本史の教科書では、池田光政・保科正之・徳川光圀・前田綱紀らが挙げられている。彼らにもそれぞれ『率章録』『土津《はにつ》霊神言行録』『西山遺事』『松雲公御夜話』などの明君録が存在する。

著名な大名のみならず、藩祖や中興の祖などの明君録が各大名家ごとにつくられた。それらの多くは近世中後期以降、大名家の世嗣や家臣団にあるべき大名像・為政者像を示すもので、しばしば、藩政改革の過程でつくられている。各大名家に明君録が存在することは、領主層が直面した政治課題に共通性があり、政治意識・理念が平準化していくことを示している。だが、それらが相互に影響しながら、各大名家の古法のように個別性をもって併存していることは、各大名家の成り立ちや伝統、いわば「御家」意識の一定の自立性を反映しているとみることができる。このことはとりもなおさず、幕藩制国家が一定の自立性を携えた領主権力の寄り合い所帯であり、その集権性と分権性の両義性を表しているといえるだろう。

もとより、明君録は対象となる人物を顕彰する意図が含まれており、誇張や虚構、表象性・物語性をおびている。では、いったい、当時の人々は虚実の混ざった明君録をどう受け入れたのか。

「仁政」の行方

そのヒントとなるのが、神沢杜口《かんざわとこう》の随筆『翁草』である。杜口はこの随筆のなかに、馬場文耕による吉宗の『明君享保録』を謄写している。杜口は自ら付した前書きのなかで、「熟《つらつら》之《これ》（『明君享保録』）を読《よむ》に、古へ今の言を附会して、公（吉宗）の御言に取なしたる事多し」と述べる。つまり、杜口は吉宗以外の偉人の言動が吉宗の事績に混ざっていることを知っていた。ところが、「よしや古の君の語なりとも、斯く聯《つら》ぬる時は則公の御格言となる……然れば其真偽は強ち直すに及ばず」という。なんと、杜口は虚偽性に気づきながら、腑分けしようとせず、そのまま受けいれているのである。

明君録の読者層は領主層・武士に限らず、民衆に及んでいる。たとえば、越後長岡藩領の割元・横山家の蔵書には、『東照宮御遺訓』同『附録』や上杉鷹山の明君録『翹楚篇《ぎようそ》』、また、松平定信の明君録『奥州白川侯言行聞書』『白川賢君御教書』『明君白川夜話』などが存在する。それだけではない。民衆が明君録をつくることがあった。前に触れた馬場文耕の『明君享保録』がそれである。そのほかにも、たとえば、尾張藩主・徳川宗睦の明君録『御冥加普請之記幷図《おみようが》』は、庄屋・一東《いつとう》利助によるもので板行されている。利助の序に「明君上ニ在《いま》して、国家を治給ふニ、仁政をほとこしたまへハ、下民の上に懐《なつく》事赤子の父母をしたふが如し」とある。

明君録はあたかも明君が、すべての領民に仁政を施すかのような幻想をともないながら、仁政思想を社会に広げる。しかし、いかな明君といえども、ただ「御一人《ごいちにん》」で仁政を実践できるはずがない。さきの横山家には『和語牧民忠告』という、中国の民政書『牧民忠告』の訳註書がある。これは一八世紀半ば以降、長岡藩の藩政改革を指揮した家老・山本老迂斎の著作である。老迂斎は『賢蹟』（図3）という七代藩主・牧野忠利の明君録を書いている。また、尾張藩でも藩主・宗睦の明君化に関与し、『御冥加普請之記并図』の成立に影響を与えた参政の人見弥右衛門（璣邑《きゆう》）が、同様に『牧民忠告解』という訳註書の作成を命じている。

図3　山本老迂斎『賢蹟』（「相沢家文書」長岡市立中央図書館・文書資料室所蔵）

明君録の作成に関与・影響した人物が、同時に、民政書を作成している。その民政書の読者は郡奉行・代官などの民政官吏が想定されていた。このことは、仁政を体現する明君は、あくまでも一つの像《イメージ》であり、仁政の実践は、将軍や大名の「御手長《おてなが》」、すなわち、手の延長を務める数多くの民政官吏によって行われていたことを示している。明君録が実践的な民政書によって裏打ちされていたように、歩く仁政思想たる明君像も、民政官吏によって担われ、支えられていたのである。

参考文献

小川和也『牧民の思想』（平凡社選書、二〇〇八年）
小川和也『文武の藩儒者　秋山景山』（角川学芸出版、二〇一一年）
小川和也『儒学殺人事件』（講談社、二〇一四年）
小関悠一郎『〈明君〉の近世』（吉川弘文館、二〇一二年）
深谷克己『深谷克己近世史論集』第二巻「第Ⅱ部　要請される明君像」（校倉書房、二〇〇九年）
マーク・ラビナ『「名君」の蹉跌』（NTT出版、二〇〇四年）
若尾政希「享保～天明期の社会と文化」（大石学編『日本の時代史一六　享保改革と社会変容』吉川弘文館、二〇〇三年）

近世の領主と領民
―互いに何を求めたか

大橋　幸泰

百姓は搾取されたか

かつて江戸時代の領主といえば、領民を搾取する存在としてイメージされていたところがあった。「百姓は財の余らぬように、不足になきやうに治むる事道也」（「本佐録」『日本思想大系23　藤原惺窩・林羅山』岩波書店、一九七〇年、二九八頁。徳川家康の重臣本多正信の著作とされるが詳細は不明）とか、「胡麻の油と百姓は、絞れば絞る程出る物也」（「西域物語」『日本思想大系44　本多利明・海保青陵』岩波書店、一九七〇年、一四五頁。近世後期の経世家本多利明の著作で、一八世紀前期の勘定奉行神尾春央の言葉を紹介）などに代表されるように、かつてのイメージでは、江戸時代の領主は百姓を収奪の対象としてしか見ていなかったとされる傾向にあった。しかし現在の研究では、こうした認識は一面的であり、むしろ様ざまな事例から、領主と領民の関係は一定の合意によって成り立っていたことが指摘されている。

つまり、領主は暴力をちらつかせながら領民を黙らせて支配するのではなく、領民の意向をくみとりつつ領国経営を行わなければ、領内の秩序を安定させることは難しかったというのが定説となっている。それは、幕府や藩が公儀と呼ばれたことからも裏付けられる。その傾向は戦国大名にも見いだせるが、合意に基づく領主と領民の関係が安定するのは戦乱が終息した一七世紀前期以降だろう。偃武時代の到来は、期待される領主像に変化をもたらすとともに、百姓のあり方も大きく変化させた。領主は勇猛な武将から知略・才覚に富む治者へ、百姓は国人・土豪に隷属する作人から自立した個別経営を営む公法的存在へ、と転換したというのがその内容である。

領主の責務としての仁政

もともと百姓という語は古代以来、公民を意味する人民のことを指し、自力救済を原則とする秩序のもとに、中世後期には荘園公領制の解体とともに、百姓自らその公法性を意識する志向が高まった。こうした状況のなかで、自力救済の原則を否定する論理によって地域秩序の再編を志向したのが戦国大名であり、それを統合しようとしたのが統一権力である。豊臣秀吉は大名同士の戦争はもちろん、入会地や用水の権利をめぐる紛争の際の百姓の武力闘争、海上における海賊行為など、自力の暴力による紛争解決を否定した。

ただし、それは秀吉個人の意志というよりも、在地社会における自力救済の惨禍回避を望む志向性に後押しされたものと考えるべきである。豊臣政権とその枠組みを継承した徳川幕府は、自力救済の否定の上に地域の公儀として振る舞っていた戦国大名のそれを吸収・独占した中央権力である。こうして、近世では、無事の世と安民を保証することが権力の責務となり、そうした観念のもと、百姓を幕藩体制の公的な構成員としての御百姓とする意識が領主と百姓の双方に広範に育つこととなった。その結果、領主は御百姓に対して年貢皆済を求めるのと引き替えにその成り立ち（経営維持）を保証する明君として仁政が求められ、その一方で百姓は領主に対して御百姓を成り立たせる仁政を求めるのと引き替えに、御百姓として年貢皆済が求められる、という双務関係が形成された。仁政を媒介に領主と百姓は、お互いに相手を必要とする関係を保つことになったのである。

若尾政希によれば、そのような理想的な治者のモデルとなったのが、この時期に太平記読み（『太平記』の講釈）のなかで語られた楠木正成であったという。正成は戦乱状況の終息に呼応して、勇猛な武将・軍略家から領民に慕われる明君へと大きくイメージチェンジをとげた。もちろんそれは史実とは異なるイメージの世界であるが、このような太平記読みが流行した同時代、その理想とは真逆な事件が起こったことにより、楠木正成の理想的な治者の姿は揺るぎないものになった。その事件とは島原天草一揆である。一六三七年（寛永一四）に起こったこの一揆は、キリシタン一揆としての要素を持ちつつも、その原因として一揆後、領主非法がクローズアップされた。つまり、島原・天草の領主、松倉勝家・寺沢堅高はその島原天草一揆を引き起こした暗君として、楠木正成とは対比的なイメージで語られていくのである。こうして、理想の領主としての楠木正成と、反面教師としての松倉勝家・寺沢堅高を通じて、領主・百姓の双方に、領主の責務は仁政であるという観念が常識とされるようになった。

士農工商横並びによる主体的被治者論

個別的経営体として自立化をとげ、公法性を高めた百姓は領主に仁政を求めるのと引き替えに年貢・諸役納入を自らの責務としたが、百姓が従事した生業は農業とは限らなかった。彼らのなかには諸稼ぎとして工業・商業に従事する者も少なくなく、それがさらに専業化していくケースもあった。そのうえで、家職として認識されたそれぞれの生業について、社会における意味を見いだそうとする議論が登場する。士農工商論がそれである。以下、深谷克己の研究によって記述する。

士農工商といえば江戸時代の厳しい身分制度を想定しがちであるが、近年これに当てはまらない様ざまな存在形態の身分があったことが明らかにされていることからも、士農工商が近世の身分の実態を表しているとはいえない。しかし、この語は近世人によってよく使われる語であったことも事実で、それぞれの生業の役割を強調する際に持ち出される語であった。たとえば、一七三九年(元文四)に刊行された石田梅岩の『都鄙問答』では、「士農工商は天下の治る相《たすけ》となる。四民かけては助け無かるべし。……天下万民産業なくして何を以て立つべきや」とある(岩波文庫、一九三五年、六一頁)。梅岩は、商品経済の進展のなかで商業を卑しい行為とする認識の転換を企図し、それを立脚点に士農工商それぞれが重要な役割を果たしていることを説いている。

これに代表されるように、どの生業が欠けてもこの社会は成り立たないとする四民横並びの議論は、多くの場合被治者の側から主張された。それは自らの存在意義を強調する矜持の表れであるとともに、士による現実の支配を容認するロジックでもあったことを意味する。農工商の被治者の側は自らの役割を主張することで、治者としての士の役割を強調しつつ士による支配を主体的に受け入れたのである。

また、農工商による横並び意識は、賤民身分への蔑視観をともなっていたことにも注意が必要である。賤民身分との差異化により農工商の矜持が担保されたことが、横並び意識により士の支配が揺さぶられたにもかかわらず、江戸時代を通じて身分が容易に解消されなかった原因の一つであったといえよう。

宗教的カリスマ性

一方こうした横並び意識は、上級武士、とりわけ領主階層を特別視する見方とも表裏の関係にあった。つまり、被治者身分にとって天皇・将軍を最高点にした領主たち頂点身分の者は、いわば貴種の系譜に連なる「人」でない人として理解されていたものと思われる。

初代将軍徳川家康が東照神君とされたことを筆頭に、それぞれの大名家でも藩祖などが祭神として祀られていた事例は多いし、藩主の呪術機能が期待されていたケースもある。それは、領主が特別な力を持つ者として領民から崇められていたことを示している。また、飢饉や災害に際して、領内の有力寺社に祈禱が命じられることがあったことが知られている。領民を苦しめる状況を克服することこそ領主の役割であったということなのだろう。領主が領民に対して施すべき仁政は、経済的に領民が成り立つことを保証するばかりでなく、宗教的な安寧を与えることも含んでいたということなのではないか。近世権力が権力たりうる条件の一つがそのような宗教的カリスマ性であったとすれば、近世権力は決して宗教を克服した世俗権力であったとはいいきれないだろう。

参考文献

朝尾直弘「「公儀」と幕藩領主制」(『講座日本歴史5　近世1』東京大学出版会、一九八五年)
若尾政希『「太平記読み」の時代―近世政治思想史の構想』(平凡社、一九九九年)
大橋幸泰『検証　島原天草一揆』(吉川弘文館、二〇〇八年)
深谷克己『深谷克己近世史論集1　民間社会と百姓成立』(校倉書房、二〇〇九年)
大橋幸泰・深谷克己編『〈江戸〉の人と身分6　身分論をひろげる』(吉川弘文館、二〇一一年)

天草四郎——抵抗のシンボルは大量の犠牲者も生んだ

大橋　幸泰

天草四郎は何をしたのか

島原天草一揆といえば、天草四郎を思い浮かべる人は多いだろう。しかし、実際のところ四郎は何をしたのか、という点については正確に知られていないのではないか。四郎は島原天草一揆のシンボルであったとされるが、それはどのような意味のシンボルであったのか。この一揆において四郎はどのような役割を果したのか。四郎の検討を通じて、この一揆の意味を考えたい。

デウスの再誕

島原天草一揆の後半、原城に立て籠もったのは三万人を超えたとされる。その前半、島原半島と天草島、一揆勢は双方で蜂起して、最初はそれぞれの権力の拠点である島原城・富岡城を攻め立てた。結局落城させることはできなかったが、この経緯からすれば一揆全体の参加者数は原城に立て籠もった人数よりも多かったものと思われる。それほど多くの人びとが結集できたのはなぜか。その理由の一つとして、天草四郎というカリスマの存在を想定しないわけにはいかない。

四郎の名前は一揆の当初から史料に登場する。一六三七年（寛永一四）一〇月半ばにこの地域に出回った文書（キリシタン禁制下で一度棄教した転びキリシタンへ「立帰《たちかえり》」を促す）には次のようにあった。「天人」として天から遣わされた天草四郎にしたがってキリシタンになれば、たとえそれまで異教徒であったとしても救われるだろう、と。

もちろんこれは四郎が自ら望んだというよりも、かつてキリシタン大名に仕えた、この地域の有力者の策動によるものだったと思われる。一揆を裏切ったとして、原城籠城者のなかで唯一助かったという山田右衛門作の証言では、この年の六月ころより牢人たちの間にそのような動きがあったとされる。それは、まったくのフィクションであったのではなく、かつて天草の上津浦を拠点に活動し、一六一四年（慶長一九）にマカオへ追放されたイエズス会宣教師マルコス・フェラーロの存在を利用したものであったと思われる。フェラーロが予言を残していたという確実な証拠はない。しかし、右衛門作の証言によれば、（フェラーロと思われる）宣教師が日本を去るとき、二六年後に一人の「善人」が生まれるとする書付を残したという。若干年数の差異はあるものの、それを引き合わせて考えた結果、その「善人」とは天草の大矢野に住む四郎のことであるとされた。こうして四郎は、牢人たちによりデウスの再誕に祭り上げられた。

四郎の虚像と実像

伝えられている史料には、四郎が不思議な力を持っていたことが記されている。特別な稽古をしなくても読書や講釈ができた、天から鳩を招き寄せて手のひらで卵を産ませ、その卵を割ってみたら中から経文が出てきた、島原半島と天草島の間にある湯島という島まで天草から海上を歩いて渡った、などのエピソードがそれである。

しかし、当然のことながら生身の四郎像は違う。四郎の母親（蜂起後、合流することになっていたが、その前に熊本藩に捕らえられた）の証言によれば、次のようにある。すなわち、四郎は一揆直前まで、熊本藩領宇土郡江部村庄屋次兵衛家の近所に居住しており、本名は小西行長の旧臣益田甚兵衛の子時貞といった。年齢は一六歳で、九歳から手習いを三年、学問を五、六年修め、長崎に遊学した経験を持つが、京・大坂には行ったことがない。皮膚病を煩ったことがある。これらから思い浮かぶのは、上層百姓のごく普通の少年の姿である。

一揆の前提となった復宗運動の過程で、実際四郎が島原・天草各地に出回っていたかは疑問である。史料から判断すると、四郎の噂を聞きつけた人びとによって各地の代表者が四郎のもとに派遣され、信仰用具などを遣わされたというのが実際のように思える。権力側には、四郎の名前はよく聞くけれども、どこにいるのか、本当に実在するのか、といった声もあったようである。いずれにしても、四郎が一揆の指揮をとっていたことを示す確実な史料はない。

創作された四郎は一揆の組織化の過程において重要な役割を果たしたが、牢人たちの策動だけでは数万人の

「立帰」や動員を説明することはできないだろう。そこには、島原・天草の人びとの主体的な理由があったと考えるべきである。それは棄教したことへの後悔の念である。彼らは、キリシタンを棄てたことにより天国へ行くべき死者は浮かばれず、神の逆鱗にふれたという感覚を持っていたようである。この地域では当時、領主から課される重い負担のほか、天候不順による不作など、百姓の生活にとって厳しい状況が続いていた。つまり、これは棄教した天罰であるとの認識があったということではないか。そうだとすれば、数万人の人びとの「立帰」は、四郎自ら促進したというよりも、転びキリシタンの後悔の念に、デウスの再誕として祭り上げられた四郎が応答した結果であるということになるだろう。彼らは四郎の登場によって癒されたのである。

一揆勢統合の象徴

一揆が起こった当初（一〇月末）、四郎は父親とともに天草の大矢野にいた。それからしばらくはそこを動かなかったが、史料をつきあわせてみると、一一月一〇日の夜に長崎へ向かったらしい。それは、長崎とその周辺の転びキリシタンに「立帰」を促すためだろう。しかし、その途中四郎は島原半島に上陸後、唐津藩兵の天草派兵の情報を得て長崎行きをやめ、島原の一揆勢の一部を引き連れ天草の上津浦へ上陸し、天草の一揆勢へ加勢した。その際、四郎を目撃したという証言がある。たまたまそのとき商売のため天草に滞在していた、洗切町（久留米）の商人与四右衛門によるものである。彼によれば、四郎は白い着物に裁着袴《たつつけばかま》をはき、苧で三つ編みにした緒を頭につけてのど元でとめるとともに、額に小さな十字架をつけ、手には御幣を持っていたという。これは部外者による唯一の目撃情報である。この情報から考えると、四郎の姿は軍隊の総大将というよりも宗教者の出で立ちであったといえる。宗教者として一揆勢統合の役割を担ったということだろう。

幕府軍が派遣されてくるとの情報を得た一揆勢は一一月下旬、その暴力から避難するために島原半島南端の原城に籠城することにした。原城は松倉氏が入部する以前、戦国大名有馬氏の居城の一つであり、一揆当時すでに廃城になっていた城である。ただし、廃城とはいっても近年の発掘調査により、石垣や建物はそのまま残っていたことが明らかになっている。つまり、一揆勢は殉教を覚悟して籠城したというよりも次の展開を考えたうえでのものであったということである。実際には困難であったが、ポルトガルの援軍やほかの地域のキリシタン蜂起を期待していた、という可能性も否定できない。もちろん、殉教覚悟で籠城した者がいたことも否定できないが、ここで重要なことは始めから殉教だけを目的に原城に立て籠もったのではなかったということである。

　原城内の四郎は、人前にはめったに出ず、もっぱら天守にしつけられた祭壇に籠もってキリシタンの祈りを捧げていたらしい。そうした神秘性を保持する行為により、四郎は一揆勢から最後まで尊崇される対象であった。

象徴の二面性

　翌年二月末の原城落城後、四郎の首は確認されたが、四郎の意志は史料上からはほとんど見えない。原城を攻めた幕府軍のなかには、この一揆は四郎の名前をかたった者たちが起こしたものであるとして、四郎の意志ではないのではないかと考えた者もいた。確かに一揆勢は牢人の指導で動いていたが、棄教への後悔の念が転びキリシタンに広く沈殿していたことこそ一揆の原動力であったことも確かである。

　このように、四郎は一揆勢を統合する象徴として大きな役割を果たしたといえる。四郎の不思議な力に大名からは敬服の念さえ起こっており、それほど四郎の存在は幕府軍に対して大きな抵抗力を発揮した。しかし、その一方で、四郎というカリスマの存在が一揆勢を極限まで駆り立てたことも事実だとすれば、抵抗の力と同時に大量の犠牲者を生むことにもなったことも知るべきである。武力にうったえる権力への異議申し立ての方法は多くの犠牲をともなううえ、指導者のカリスマ性が強ければその犠牲も大きい。象徴とはそのような二面性を持つものなのである。

参考文献

鶴田倉造『上天草市史　大矢野町編3　天草島原の乱とその前後』（熊本県上天草市、二〇〇五年）
大橋幸泰『検証　島原天草一揆』（吉川弘文館、二〇〇八年）

近世の身分——江戸時代は厳しい時代か

深谷　克己

近世人の身分・分際意識

現代の私たちが身分について話題にする場合は、身分の区別や差別があるのは理不尽だと誰もが思っているということを前提に議論する。だが近世の人間は、そうではない。

長崎の町人西川如見《じょけん》（一六四八—一七二四）は、『町人嚢《ちょうにんぶくろ》』を一七一九年（享保四）に、『百姓嚢』を一七二一年（享保六）に出版した。これは、「町人」がその身分の生を「楽」しむ生き方、「百姓」がその身分の生を「楽」しむ生き方を教訓風に論じたものである。

如見は『町人嚢』で、「人間に五つの品位《しなぐらい》（身分）」があり、これを「五等の人倫（人間）」というと説明する。近世人の近世身分論が正確だとはかぎらないが、人に上下があるという考え方は治者も被治者《ひちしゃ》も認めていた。

如見は、五段階のいちばん下の「第五に庶人」がおり、それが「士農工商」であると言う。「士」は将軍直臣の旗本や大名家「家老」ではなく大勢の諸家中《かちゅう》（「陪臣《ばいしん》」「又内《またうち》の侍《さぶらい》」）、「農」は「耕作人」（「百姓と号す」）、「工」は「諸職人」、「商」は「商売人」で、「工と商とをもつて町人と号せり」と説明している。如見は、「士」を「庶人」とする興味深い身分論だが、第二次世界大戦後の日本史学に研究を促し続けてきた被差別身分については言及がない。「四民の外の人倫をば遊民といひて国土のために用なき人間」としている箇所があるが、これは無職没落層であって、賤視される立場とは異なる。

だから如見の身分論ですべてが足りているのではないが、「分際《ぶんざい》」意識のあり方を知るには格好の著書である。「下に居て上をしのがず、他の威勢あるを羨まず、簡略質素を守り、分際に安んじ、牛は牛づれを楽しみとせば一生の楽み、尽る事なかるべし」と、下の身分には「分際」に応じた「楽しみ」があるというのである。

それぞれの身分をどのように生き、家業を継ぐ子供をどう育てるか、身分制社会としての家職的秩序がくっきりしてくると、そういう人の生き方（自己修養・子弟教育）論が浮上してくる。社会のニーズに応じて、版元業界もまた、ふさわしいライターを探し出し、論著として提供し始める。貝原益軒の『和俗童子訓』（一七一一年／正徳元）や『養生訓』（一七一二年／正徳二）などはそれらの代表と言える。井原西鶴の浮世草子や近松門左衛門の浄瑠璃・歌舞伎狂言の人気は、近世的な「分」の生き方を求める人々のニーズに対して、逸脱をテーマに描くことで引き出した衝撃的反応と言うこともできるだろう。

「分」の弁えと身上りへの憧憬

私たちの通念になっていると言ってもよい「士農工商えたひにん」という身分の差別は、幕府や藩が定義と条項で法制化していたというものではない。しかし、身分に関わる紛争が発生して訴えがあれば、それを裁許するのも公儀の責務だったから、処分の内容に身分観が現れた。また近世的な身分制の最大の特徴として、身分別の支配ということがあった。

家・人だけでなく、それと連動してさまざまな物（自然もふくむ）・事（働きもふくむ）にも身分コードが付けられた。コード化は領主支配の過程で進んだ場合もあり、世間の扱いの中で付いていく場合もあった。

歴史学は、こうしたことの研究を重ねて、近世が身分差別の時代であることを明らかにしてきた。そういう意味での「厳しい身分制度」はたしかに近世に見られた。領主の規制だけでなく、先に紹介したように、人々が生まれついた身分（家業家格）の人間らしく、仕事を覚え、言葉遣いや立ち居振舞いを身につけ、屈辱も失望も味わいながら、自分の階梯的立場を弁えるようになり、そこでの生き甲斐や悦びも知るようになることの中に、身分制社会の現実味があったのである。

人々は経験的に身につけている身分差別の感覚にしたがって、対人関係を細かな言動で使い分ける。異なる身分の者と言葉を交わすのは、限られた職種か立場の者、あるいは特別の出来事の際だけである。ふだんは同身分の中での上下、並列の言動の使い分けである。家世界・同業世界の中にある身分違いの大きなものは主家家族と奉公人の関係で、これは主従に近いが、歴史学では奉公人身分論は深まっていない。商家奉公人にせよ職人徒弟にせよ、一列に存在しているのではない。奉公人・徒弟には主家家族以上の身分制がある。

主家家族と言っても、親子・兄弟・姉妹、未婚・厄介、本分家、親戚、実家婚家などの同居・不同居の濃淡関係がある。当主が同業者との寄合に出れば、そこでの役目や老若、営みの大小など、様々な組み合わせで席順も物言いも決まってくる。こうした諸関係に、さらにジェンダー的な関係が縦横にからんで男女の振舞い方が規制される。それらにいちいち領主規制があるのではない。しかし業種仲間の申合せ、家の申合せが十分に規制力を発揮し、逸脱処分が久離・勘当のところまで進めば領主法制とも結び付く。こうした暮らしでは、人々は悪意も善意もなく、現代の私たちからすればそれとわかる差別言辞を口にしている。むしろ同じ身分同士のやりとりの中で、同じ身分や異なる身分の悪口や貶め、賞賛や感心の言葉を口にする。歴史学的には、差別の意識、言動である。

ただこの説明では、近世人は結局人を差別する（押し下げる）感情にとらわれ、差別的な言動をするという結論になるだけである。

ところが、これと同じ状態の中で、近世人は、自分の立場を上へ一格引き上げたい、今までの自分や同列の仲間よりもよい扱いを受けるようになりたいという、憧憬感情を抱いている。男なら跡取りになること、女なら良家への良縁、奉公人なら手代・番頭と引き立てられ暖簾分けの店が持てること、徒弟なら棟梁は無理でも胸を張れるような作事を任される立場の職人になること、身上り願望の形は限りなくひろく、それが法度の遵守とか働く意欲とか時には平等化要求の抵抗とかの動機になる。身上り願望の一種に、一段上位の、異なる身分への上昇がある。よく知られているのは、百姓上層の「士分化願望」である。偽りの家譜（由緒書）を作って自家の権威を高めようとする動きも生まれる。身上り願望を刺激して藩財政に用立てようと、「売録制」や「献金郷士制」を設ける藩もあった。

身上り願望は、個人や集団の要求となって多くの民衆運動を促したが、身分制自体への抗議を伴わなかった。身上りとは、自分あるいは自分たちが「抜け上がる」という欲求行動になり、身分制批判にはならなかった。

身分論と現代の回路

百姓は百姓らしく、町人は町人らしく家業に励みつつ、少しでも身上りを実現しようと生きていたのが大多数の近世人であった。しかし中には、抜擢されて代官になり、そのまま家自体が士分に上昇する百姓もいた。養子慣行が身分移動に活用された。ただ、上昇が可能なら没落も可能であった。民間社会の成長は、多くの没落者を生み出した。研究史では「農民層分解」と言われる、窮民・半プロの増加、無宿層の広がりなどが証明されている。中間層の登場という角度から身分制の緩みが指摘されたりするが、もっとはば広く進行したのは百姓身分内での下落あるいは村外への身分脱落である。

身分制度社会の厳しさは、だから変化がないということではなく、身分相応に生きることの難しさと没落、脱落してもそれが身分コード化されて新種の身分のように見なされてしまうことである。ただ、そうした強いられる変化と領主の解決能力の弱まりは、不可避的に新しい身分論を生み出す。その中に、一君万民あるいは神の前での「上下無し」という平均主義も散見できるのである。

だが、近代化は平等へ向けての歩みではない。たしかに被差別身分の問題が当事者を苦しめ、歴史学に課題を提起してきた。ただ、身分制研究をその視座だけから立ち上げていると、「封建遺制」の解消という課題だけに狭めてしまい、やがて身分の歴史への私たちからの回路が途切れてしまいかねない。

身分の問題を、「人の序列化」「個人や集団の格付け・格差」というように、平等・平均化を阻む大きな圧力としてとらえると、私たちの社会も個々人も、けっして解放されていないことを認めなければならない。しかも、そういう序列化の力は、常に新しい姿で私たちをとらえようとする。身上り願望が他者への差別感情と身近にあったように向上心と格差肯定の感情は近いところにある。

「家」の縛りは弱くなっても、今も社会はキャリアとして、家族事情や卒業した学校、前歴の職業を「偏差値」的に評価に取り入れる。近世の身分制度に向かって想像力を働かせるきっかけは、誰もが持ち合わせている。

参考文献

深谷克己『江戸時代の身分願望』（吉川弘文館、二〇〇六年）
深谷克己ほか編『〈江戸〉の人と身分』六巻（吉川弘文館、二〇一〇—一一年）

近世百姓の日常生活
——慶安触書はいつ流布したのか

山本　英二

慶安触書は百姓の日常生活を表しているか？

慶安触書《けいあんふれがき》といえば、一六四九年（慶安二）二月二六日に、江戸幕府が全国に発令した三二か条の法令とされている。教科書では、江戸時代の村と百姓の日常を示す代表的な史料であり、その内容は、酒や茶を買って飲んではいけない、朝早く起きて働け、美人でも寺社参詣や遊山好きな女房は離縁しろなど、百姓の日常生活について細かく規制したものとして取り上げられることが多い。

ところが最近の教科書では、慶安触書は一六四九年の幕府法令としては留保され、教科書によっては、そもそも掲載されていないケースが増えている。なぜ慶安触書は教科書から姿を消しつつあるのだろうか。それは幕府法としての実在が疑わしいからである。では実在が疑わしいにもかかわらず、どうして慶安触書は教科書に載り続けてきたのだろうか。今回は、その謎に迫りながら、改めて江戸時代の村と百姓の日常生活について考え直してみたい。

慶安触書は存在したのか

幕府法としての慶安触書の実在が疑わしい最大の理由は、一六四九年に出されたはずの現物が、いまだかつて日本のどこからも見つかっていないことである。それだけではない。近世前期の法令を集めた『御触書寛保集成』や『御当家令条』にも収録されていない。また内容的にも、慶安年間の法令としては長文過ぎること、近世の法令に欠かせない田畑永代売買禁止やキリシタン禁制の条文が見当たらないこと、商い心を要求したり、たばこの喫煙を禁止していることは、一七世紀前半の実情にそぐわないなど、矛盾点が多い。

こうした慶安触書の疑惑は、一〇〇年以上も前から近世史家によって指摘されてきた。しかし疑わしいというだけでは学説は認知されない。幕府法でなければ何であるのかという対案を示す必要がある。結局、対案未提示のため、慶安触書は研究に利用され、教科書に載り続けてきたのである。

慶安触書の正体

では慶安触書の正体とは何なのか。現在確認できるところでは、慶安触書の原型は、甲斐国から信濃国に流布した一六六五年（寛文五）の年記をもつ「百姓身持之事」三六か条にさかのぼる。この「百姓身持之事」は、触書というよりも地域的教諭書に近く、教諭の対象も、一般の小百姓ではなく大経営をおこなう村落上層民である。

そしてこれが、一六九七年（元禄一〇）、いわゆる慶安触書と同じ三二か条の法令に修正され、「百姓身持之覚書」と改められて発令された。発令された地域は甲府藩領であり、幕府法ではなく藩法として出されたのである。考えてみれば、慶安触書は、東日本型の村役人呼称である名主・組頭を多用しながら、一部に「長百姓」と記していることや、年貢割付状を「差紙」と呼ぶなど、甲府藩領が設定された甲信地方の地域性を備えていた。くわえて幕藩制的全国市場が確立する一七世紀末＝元禄期であれば、商い心の要求も矛盾しない。

百姓身持之覚書から慶安触書へ

それでは、どうして一六九七年の甲府藩法「百姓身持之覚書」が、一六四九年の幕府法と誤認されたのか。その原因は、一八三〇年（文政一三・天保元）に美濃国岩村藩で木版印刷された慶安触書にある。岩村藩（大給松平分家）は、藩政改革の一環として、領内に慶安触書を配布した。その際、迅速かつ正確に領民へ伝達するため木版印刷を採用し、「慶安二年二月二十六日」の年号月日が刻まれたのである。

この仕掛け人は、幕府学問所総裁の林述斎である。述斎は岩村藩主松平家の出身で、当時、同藩を後見する立場にあった。このとき慶安触書は、『六諭衍義大意』『農喩』と三点セットで配布されている。本来書写のうえ口頭伝達されるべき触書が、木版印刷・配布されたのは、当時としては画期的であった。そして、おりから日本全国を襲った天保の大飢饉は、百姓一揆を広域化させ、都市の打ちこわしを引き起こすなど、民心の離反を招いていた。こうした状況のもと慶安触書は、幕藩領主にとって理想的な百姓像を描くものとして評価され、主に東日

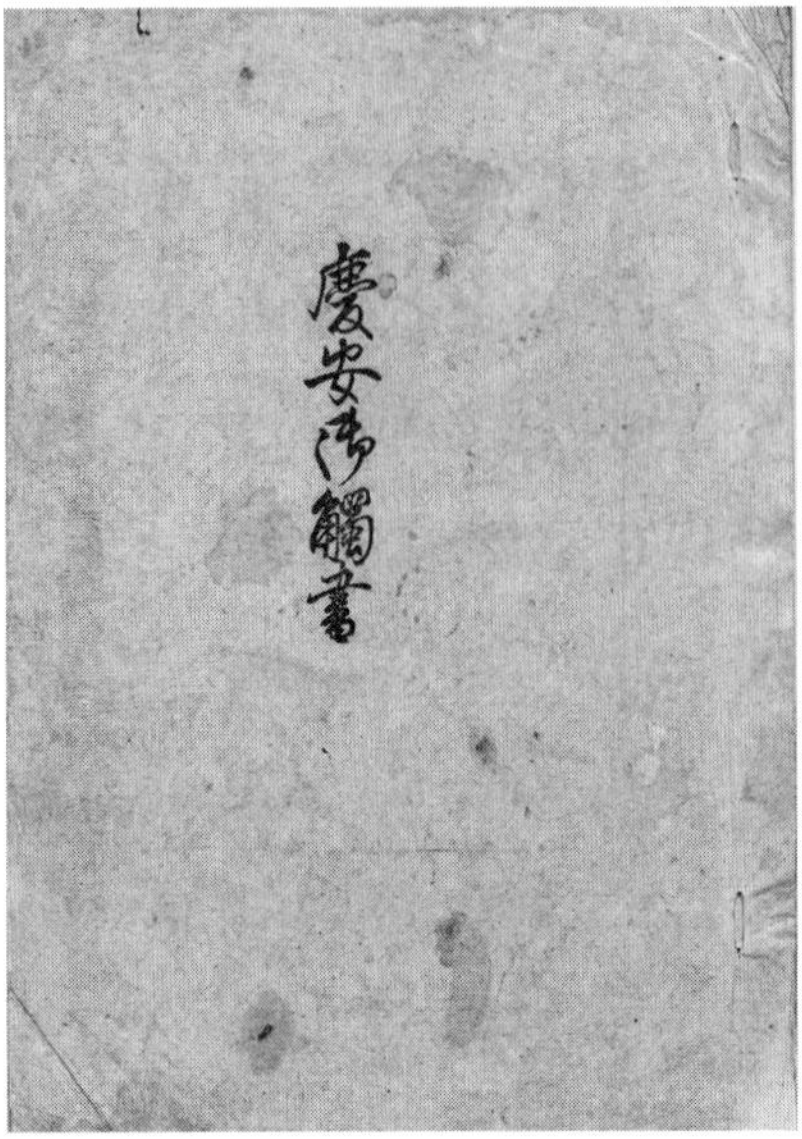

図1　慶安触書表紙

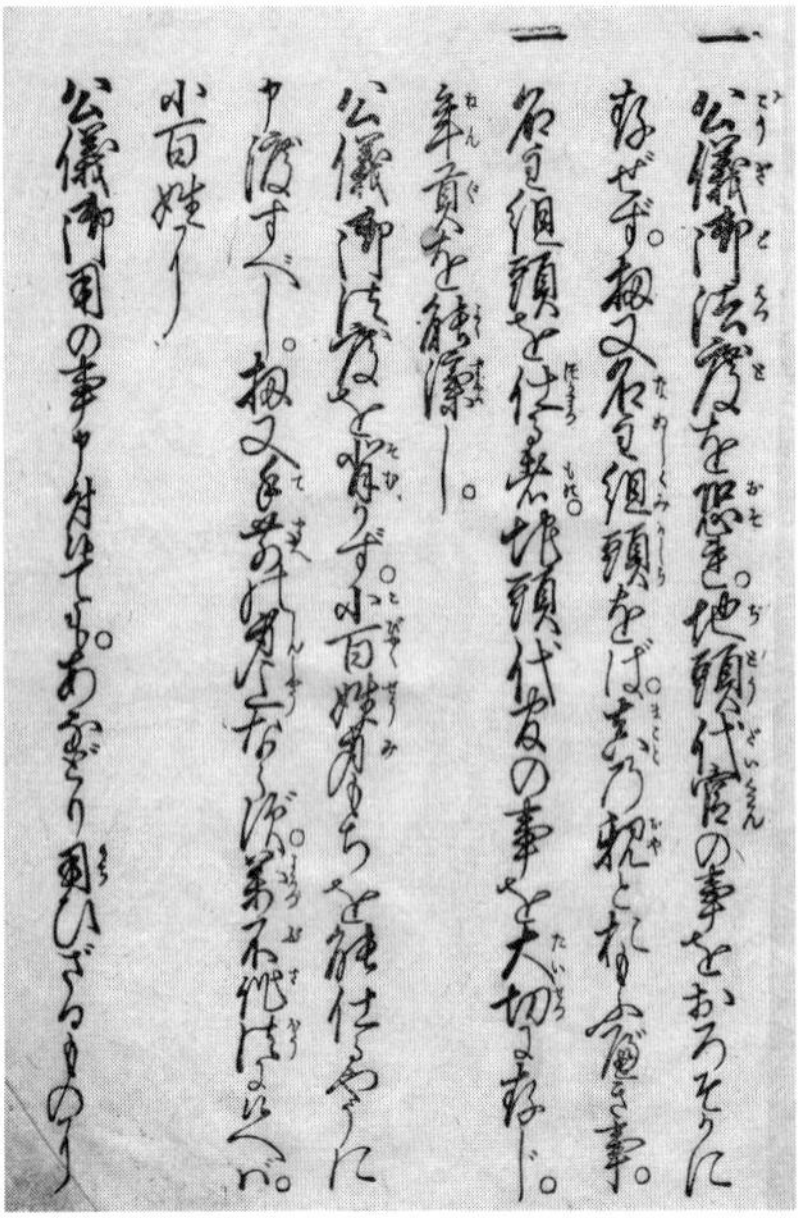

図2　慶安触書冒頭

本の中小の大名や旗本、幕府代官が採用し、版本や書写本として全国に流布していった。

天保期に慶安触書が全国に流布した背景には、林述斎の威信が大きく作用していた。それだけではない。述斎は、彼自身が編纂の任にあった江戸幕府の正史『徳川実紀』一六四九年二月二六日条に、幕府法令として収録したのである。これにより、慶安触書はあたかも実在したかのように錯覚された。やがて明治時代になると、司法省が活版印刷した『徳川禁令考』にも収録され、もはや疑いを抱かれることは少なくなったのである。

教科書叙述と慶安触書

現在の日本史教科書では、慶安触書は一六四九年発令の幕府法として記載されることはなく、また田畑永代売買禁止令や分地制限令と三点セットで扱われることもない。だからといって教科書から完全に姿を消したわけではない。教科書のように限られたページ数のなかで、江戸時代の村と百姓の姿を構造的に叙述するには、慶安触書は便利なのである。くわえて慶安触書は偽文書ではなく、一六九七年の「百姓身持之覚書」という実在した藩法なのだから、条件付きで利用できる環境が整った。

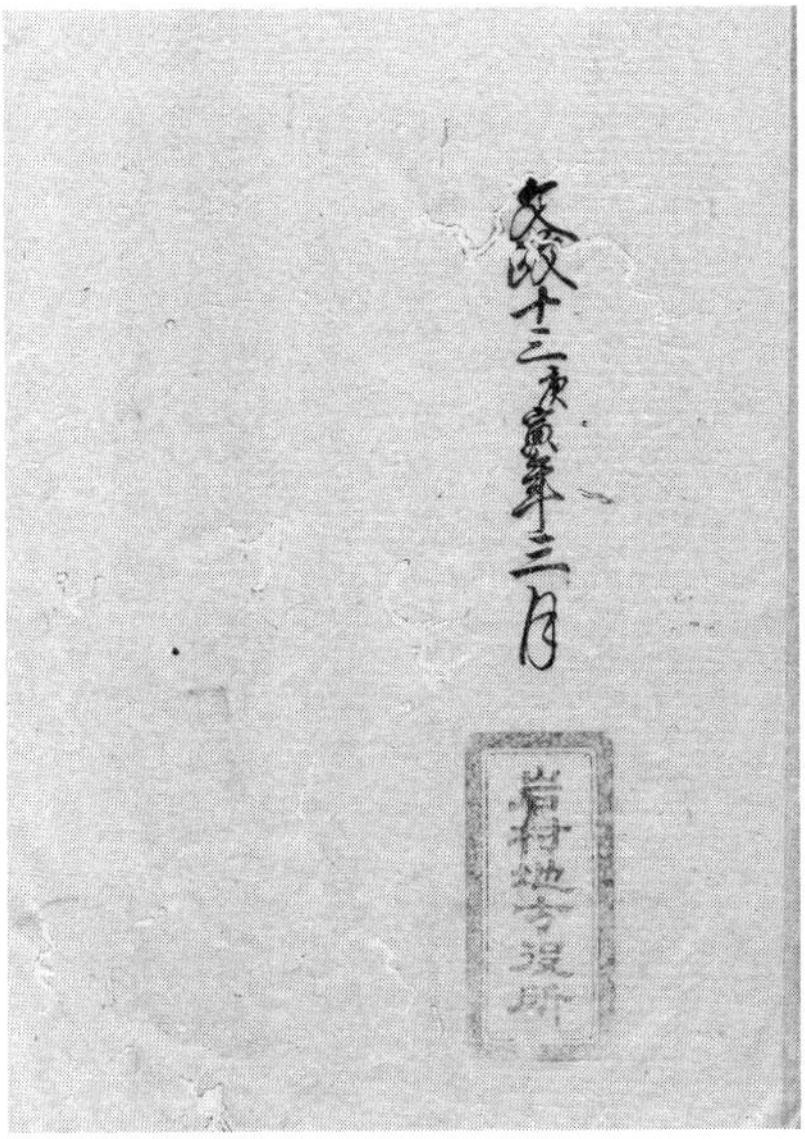

図3　岩村藩版慶安触書刊記

最近では、一七世紀末に出されたことや一九世紀に岩村藩などが木版印刷して配布したことを明記する教科書も現れている。また慶安触書の農書としての側面に注目して、肥料の作り方など、生産と生活の技術に注目して叙述する教科書もある。

もはや慶安触書は、かつてのように江戸時代における百姓の日常生活を規制・干渉する法令として記述されることはなくなった。このことは、いってみれば江戸時代に向ける近世史家の視線そのものが大きく変化したことを意味しているのである。

参考文献

山本英二『慶安御触書成立試論』（日本エディタースクール出版部、一九九九年）

山本英二『慶安の触書は出されたか』（山川出版社、二〇〇二年）

榎本宗次「『慶安御触書』考」（『歴史評論』一〇六号、一九五九年）

村の鉄砲
——江戸時代の村に武器があった

中西　崇

刀狩りは全ての武器の没収か

豊臣秀吉が刀狩りで百姓の武器を没収したため江戸時代の百姓は丸腰であった、と一般には理解されているかもしれないが、これは誤りである。秀吉の刀狩りの最大の目的は、百姓の帯刀を禁止して、武士と百姓の身分を帯刀の有無で明確に分けることにあった。したがって、刀狩りでは百姓の刀の没収が徹底される一方で、それ以外の弓・槍・鉄砲などの没収は不徹底だった。

そして実際、江戸時代の百姓は丸腰ではなかった。中でも鉄砲は、持っているだけではなく、生活の中で実弾発砲されていた。こうした百姓の鉄砲を在村鉄砲と呼んでいる。その総数は、武士の鉄砲が合計八万挺程度とみられる江戸時代中頃に二〇万挺から三〇万挺あったと見積もられている。

百姓は何に鉄砲を使うのか

在村鉄砲の用途は、大きく二つある。一つは、鹿や猪、猿などのいわば害獣から農作物を守るため、もう一つは、猟師の狩猟である。山付きの村では獣が出没しやすく、山間部の村ではなお一層であった。また、熊・鹿・猪などを狩るのも、山間部の村が主であった。よって、在村鉄砲は平野部の村には少なく、山間部の村に多かった。中には、五〇挺以上もの鉄砲がある村もあった。

在村鉄砲に対する幕府の対応

幕府は在村鉄砲を野放しにしていたわけではない。浪人問題が解決を見せ始めた一七世紀後半から、関東の幕領では在村鉄砲の把握・統制が本格化していった。しかし、害獣対策は農業経営に必須であり、そのために最も有効な道具が鉄砲であった。また、猟師の狩猟を否定することもできなかった。そこで幕府は、必要最低限の在村鉄砲のみ許可し、それ以外を没収する方針をとった。在村鉄砲は武器ではなく、いわば農具や猟具として使用が認められたのである。

在村鉄砲の調査を鉄砲改めといい、江戸時代には、領主の交代時や幕府の命令があった時に鉄砲改めが行われた。鉄砲改めでは、鉄砲の長さと使用する玉の重さ、および持主が帳簿に記載された。そして、鉄砲を使用できるのは持主に限定され、使用場所も居村内に限られた。在村鉄砲の使用は、幕府の許可制とされたのである。追加の鉄砲が必要になれば、村は領主に新規の使用許可を求めることができた。その一方で、領主の許可を得ていない在村鉄砲（隠し鉄砲）は厳罰の対象とされた。

この在村鉄砲の許可制度は、五代将軍綱吉治世に全国で統一的に行われた鉄砲改め（諸国鉄砲改め）を契機として、各藩でも採用されるようになった。

幕藩領主のルーズな取り締まり

在村鉄砲の許可制度が整備されたにもかかわらず、全ての在村鉄砲を幕藩領主が正確に把握できていたわけではない。領主の許可を得ていない在村鉄砲すなわち隠し鉄砲が後を絶たなかったのである。新たに領主の使用許可を得るには時間がかかり、そのうえ必ずしも許可されるとは限らなかった。また、鉄砲改めといっても領主の役人は村には来ず、村役人が帳簿を作成していたにすぎなかった。新規の使用許可申請は時間がかかる上に不確実、そして鉄砲改めは自己申告状態、さらに後述するように鉄砲の購入規制はなく、金額も手の届かない程ではないとなると、隠し鉄砲が増えていくのは当然のなりゆきであった。

関東では、享保一四年（一七二九）から天保九年（一八三八）までの約一〇〇年間で在村鉄砲数はほぼ倍増したが、増加分のほとんどが隠し鉄砲であった。隠し鉄砲が増えていくと、やがて獣害対策や狩猟以外にも鉄砲が用いられるようになっていった。その最たるものが、神社の祭礼の際の的当てゲーム（賭的《かけまと》）であった。幕藩領主が把握していない鉄砲が、許可されていない用途で使用される状況が生じてきていたのである。

しかし、そうした状況にあっても、百姓が一揆や打ちこわしで在村鉄砲を武器として使用した事例はない。一揆は御百姓《おひやくしょう》意識に基づく領主への御救《おすくい》要求行為であり、百姓らしからぬ行動は自制されていた。また、打ちこわしは富を抱え込む商人への制裁行為であり、借金証文や商売道具を破却することはあっても、略奪や暴力は厳に慎まれていた。両者とも、そもそも武器を用いる性格のものではなかったのである。

百姓の鉄砲・弾薬入手ルート

百姓はどうやって鉄砲を入手していたのか。江戸時代には、堺や国友《くにとも》といった戦国時代以来の鉄砲生産地があり、さらには各大名がこうした産地の鉄砲鍛冶を城下に移住させて鉄砲生産にあたらせていた。しかし、島原天草一揆以後は合戦がなくなり、大名が必要な鉄砲保有量を満たすと、武家の鉄砲需要は大幅に減少した。一方、一七世紀の新田開発は、獣の生息域に人間が踏み込んでいく結果となり、獣害対策用の鉄砲が必要となった。こうして、各地の鉄砲鍛冶の手で在村鉄砲が製造されるようになったのである。戦乱のない時代に鉄砲鍛冶職が成り立ち、その技術が維持・継承されたのは、在村鉄砲の需要によるものと言っても過言ではない。幕府も、百姓の鉄砲購入を禁じてはいなかったので、百姓たちはお金さえあれば鉄砲を入手できた。ちなみに、新品が一挺四両程、中古が二両五分程というのがおおよその相場であった。

鉄砲の使用には弾薬が不可欠である。江戸時代の火薬は、粉末にした硝石《しょうせき》と炭と硫黄をおよそ七対二対一で混ぜた黒色《こくしょく》火薬と呼ばれる火薬である。黒色火薬は、ブレンド済みの物を購入する場合もあれば、材料の状態で購入して自らブレンドする場合もあった。江戸時代には、村で花火を作っていた事例が各地で確認でき、江戸時代の火薬の供給量は村の鉄砲の火薬需要を充分に満たすものであったといえる。越中国《えっちゅうのくに》五箇山《ごかやま》では黒色火薬の主要原料である硝石を大量生産していたが、一九世紀初めには約一・二トンもの硝石を生産している。これだけの火薬生産・供給体制を生み出したのは、武家の鉄砲の火薬需要ではなく、在村鉄砲の火薬需要である。また、鉄砲にはたいがい弾を作る鋳型《いがた》がセットで付いている。弾は百姓が鉛を囲炉裏などで溶かして鋳型に流し込み、自作していた。

武器化する在村鉄砲

一八世紀末頃から、外国船が日本近海に出没するようになると、幕藩領主は海防体制の整備に着手した。その際に、在村鉄砲を海防用の臨時の戦力として期待する幕藩領主も少なからずいた。武器ではなかったはずの在村鉄砲は、幕藩領主によって臨時の武器としての性格を与えられたのである。

さらに文久三年（一八六三）になると、幕府は関東の村々に対して、村が無宿・悪党に襲われて手に負えない時は鉄砲などで無宿・悪党を殺害しても構わないと通達した。治安維持のために在村鉄砲を武器として用いることが認められたのである。だが、百姓が在村鉄砲を自衛の武器として用いることはまれであった。

同じ文久三年、治安維持を目的に武蔵国多摩地域の江川代官領で農兵（江川農兵）が組織された。彼らには西洋銃であるゲベール銃が貸与され、西洋砲術の訓練が施された。この鉄砲は、当初から明確に武器としての性格をもった在村鉄砲であった。慶応二年（一八六六）、江川農兵は武州世直し騒動の鎮圧に出動する。この際、武力鎮圧に積極的だったのは武蔵国日野宿組合の江川農兵（日野宿農兵）であった。日野宿農兵の指導者は、天然理心流近藤勇《いさみ》門下で免許皆伝を受けた日野宿の有力者佐藤彦五郎で、新撰組の土方歳三《ひじかたとしぞう》は彼の義理の弟にあたる。そして日野宿農兵の中心は天然理心流の門人たちであった。日野宿農兵は、多摩川の河原で世直し勢に発砲・斬り込みを行い、武力鎮圧に成功する。しかし、同様に鎮圧に出動していた他の組合の農兵は、日野宿農兵ほど積極的な戦闘行動には出ていない。武器としての在村鉄砲を与えられても、江川農兵全体としてみれば、殺生の道具として使おうという意識は弱かったといえる。

江戸時代には数多くの在村鉄砲があり、百姓によって平和的に使用されていた。そして、近世後期に幕藩領主の意向が、その一部を武器化させていったのである。

参考文献

塚本学『生類をめぐる政治——元禄のフォークロア』（平凡社、一九九三年）
藤木久志『刀狩り——武器を封印した民衆』（岩波書店、二〇〇五年）
中西崇「武力を担う百姓の意識——江川農兵の農兵人を事例として」（東京歴史科学研究会『人民の歴史学』一八二号、二〇〇九年）
武井弘一『鉄砲を手放さなかった百姓たち——刀狩りから幕末まで』（朝日新聞社、二〇一〇年）

出版文化——書物は社会をどう変えたのか

若尾 政希

蔵書・書物の史料的価値?

古書店や骨董市、ネットオークションで、近世の版本や写本が大量に売られている。私たちはそれを購入できるのでありがたいが、喜んでばかりはいられない。というのは、あるとき私が入手したものを見ると、本のはじめと末尾に「羽州荘内熊野田村○○氏蔵」という書き込みと蔵書印がある。もともと、山形県庄内地方のある家に所蔵されてきたものが、最近、持ち出されて、バラバラにされて売買され、私がその一部を購入したのである。バラバラで売られることによって、この家の蔵書の全貌を復元することは永遠に不可能となってしまった。

ちなみに私が入手したのは、享保二一年刊行の太宰春台の『聖学問答』上下二冊、『産語』上一冊、『弁道書』の写本一冊、尊号一件を題材にした写本『空言中山夢中問答』の五冊である。他にも同じ蔵書印を押した書物がいくつもあったが、見捨てざるを得なかった。なんとか救うことができた五冊のうち四冊は、荻生徂徠の高弟春台の書物で、彼の学問が庄内藩の農村でも受容されていたことがわかり興味深い。しかし、この家の蔵書の全体がわからないので、蔵書のなかで春台の著作がどのような位置を占めていたのか、考察することはできない。この家の誰がどういう目的で書物を読み、蔵書を形成したのか、この地域にとってこの家の蔵書がどのような意味を持っていたのか、等々、蔵書が残っていればわかるであろうことが、まったくわからなくなった。蔵書がもっていた史料としての価値がなくなってしまったのである。いまも、日々、日本各地の家々に伝わってきた蔵書がバラバラにされ、貴重な史料が消失・散逸し続けているのである(図)。

書物・蔵書研究の現在

日本列島の津々浦々に、なぜ蔵書が存在していたのか。日本で商業出版が成立したのは、一七世紀である。営利を目的とした本屋の出現は、背景に出版技術の発達があるが、何よりも書物を購入して読もうという人々（需要）の存在を待って、はじめて可能であった。近世日本は、出版された書物（版本）と写本とが流通し、書写された時代である。書物の登場とその普及は、一七世紀から現代までを書物の時代と一括りできる程の大きな変革であった。京から始まった出版業は一七世紀後半には江戸・大坂に、一八世紀半ば以降は名古屋・仙台といった地方の城下町にも波及し、一九世紀には列島の各地に小売りを専門とする業者が生まれ、近代を迎えたのである。

こう述べると、おそらく少なからぬ方々から、本屋ができ書物が売られたとしても、書物を読むことができるのは支配者＝武士であり、民衆には関係ないという反論が返ってくるであろう。「民は由らしむべし、知らしむべからず」と無知蒙昧な状態におかれていた民衆が、書物を読むなんてあり得ない、と。確かに、こうした民衆観が常識として長い間、通用しており、私もかつてそうした常識の世界に埋没していたのである。

私は、卒業論文を書き始めた一九八二年から今日まで、安藤昌益の読書に焦点をあわせた研究を行ってきた。昌益自身は何を読んだかを述べていない。よって昌益が残した著作の一言一句を綿密に分析することによって、昌益が確実に読んだ書物を掘り起こしていく必要があった。

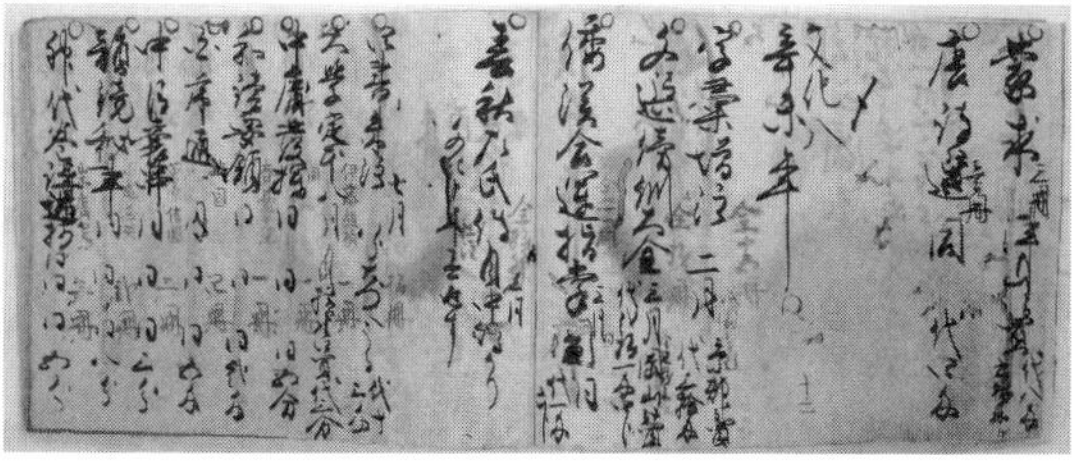

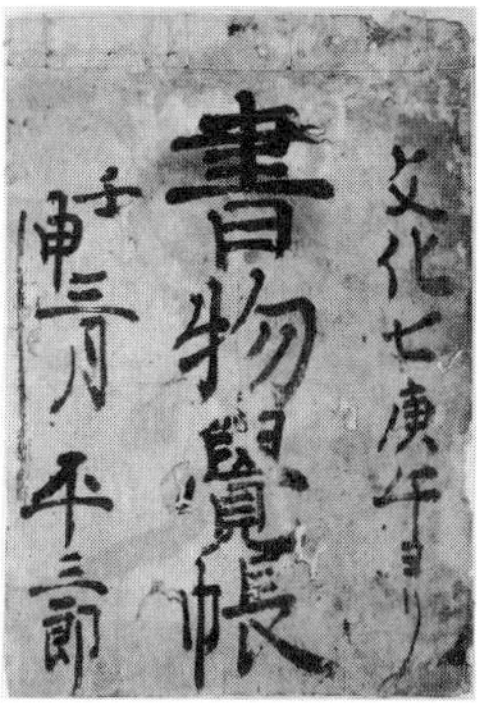

図　『書物覚帳』（架蔵）
文化7年（1810）からの書物の購入・貸借の帳面．裏表紙に「西北条郡上河原村」「平三郎」とあり，現在の岡山県津山市上河原の平三郎家の蔵書目録と推定される．この史料から，当時の美作地方の読書環境を再現できる可能性があり，史料的価値は高い．ただし，この蔵書目録が，もとはいっしょであった蔵書と切り離され，バラバラにされたのは史料の散逸であり嘆くべきことである．

粘り強い作業の末にようやくにして医者である昌益が、医書『類経』や『本草綱目』『一本堂薬選』を読んで医学を学んだことを明らかにできた。また西川如見の『教童暦談』を読んで天文暦学を、『韻鏡諸抄大成』を読んで音韻学を、『通俗列国志十二朝軍談』や年表『和漢合運指掌図』等を読んで日本・中国の歴史を学んでいた。さらに『太平記大全』を抜粋ノートまで作成して熟読していたこともわかってきた。こうして謎だった学問・思想形成が少しずつ明らかになってきたのである。

昌益が読んだ書物は、専門の医学・薬学以外は、漢字カタカナ交じり文体に送り仮名をつけた通俗的なものであった。ここから昌益の読書は、たとえば漢文で書かれた儒学の経書を注釈の字句にこだわりながら読み込んでいくような、「頂点的思想家」のそれとは明らかに異なることはわかった。だが、それが同時代においてどのような位置にあるのか、なかなか理解できなかった。昌益の読書が、当時の武士から民衆上層までの人々に通じる広がりをもつもの（中間的文化層）だという確信を得ることができたのは、一九九〇年代半ばであった。

この時期は、今から振り返れば、日本の近世史研究全体においても大きな画期であった。戦後の歴史研究は、各地の蔵に眠っていた文書の掘り起こしと分析によって新たな境地を開いてきた。手書きの文書が歴史を叙述する一次史料として脚光を浴び、日本全国で史料調査が行われ文書の整理と目録の作成がなされてきた。ところがそこでは文書のみが重視され、文書とともに書物が出てきても、書物は複製物（印刷・書写）であるとして、史料的価値を見出されず、邪魔もの扱いされ整理されてこなかった。たとえ整理したとしても、扱いに慣れておらず、せいぜいが目録の「雑」の部に入れ、分析の対象としてこなかった。これに対して、書物に着目して書物を史料として近世史を語ろうとする研究が出てきたのは、九〇年代半ばであった。たとえば阪神淡路の大地震後の史料救出活動の中で、民衆が膨大な蔵書をもつことに新鮮な驚きを感じた横田冬彦が、畿内をフィールドにした蔵書調査から、一七〇〇年前後には畿内村落において知的読者層が成立していること、そして近世の政治支配はそのような在地社会の知の水準を踏まえた上での支配であったという刺激的な論点を提起した。それから十数年、今や歴史研究は、文書に加え書物をも史料として歴史を叙述できる段階に到達したのである。

書物・出版は日本社会をどのように変えたのか

書物・出版の歴史的意義については、現在研究が進められており、いくつもの論点を指摘できるが、ここでは二点だけ述べておきたい。まず、思想形成への寄与である。近世より前の時代には支配層でない民衆が、読書によって思想を形成することはなかった。それが、一七世紀に入ると、いかに生きるかが人々の関心を捉え、なんとかして心をおさめたいと希求するようになった。これに応えるかのように、心のおさめ方を説いた啓蒙的な仮名草子が作られ、本屋により出版された。人々に書物が受け容れられた理由の一つはここにあったのである。こうして書物は、領主層から民衆までの広範な人々の思想形成に大きく寄与することになったのである。

もう一つは、広範な階層の人々に同じ書物が読まれることによって、身分や地域の相違を越えた社会の共通の認識＝社会通念・常識が形成されたことである。小池淳一が指摘するように、（現代まで残る）日和見の民俗の形成に、『大雑書』等の俗暦書が影響を与えた。私も、日本の近世において、支配者から被支配者までに共有された政治常識が形成されたとして、その形成に広範な人々に読まれた書物、とりわけ『太平記評判秘伝理尽鈔』（「太平記読み」）をはじめとした軍書が大きな役割を果たしたという仮説を提示している。

参考文献

青木美智男「近世の文字社会と村落での文字教育をめぐって」（『信濃』四八二号、信濃史学会、一九九〇年）

小池淳一『陰陽道の歴史民俗学的研究』（角川学芸出版、二〇一一年）

「書物・出版と社会変容」研究会編『書物・出版と社会変容』（一―一八（既刊）、二〇〇六年―現在に至る、一橋大学機関リポジトリにて公開）

横田冬彦「近世村落社会における〈知〉の問題」（『ヒストリア』一五九、一九九八年）

同「『徒然草』は江戸文学か?」（『歴史評論』六〇五号、二〇〇〇年）

若尾政希『「太平記読み」の時代』（平凡社、一九九九年、のち平凡社ライブラリー、二〇一二年）

同『安藤昌益からみえる日本近世』（東京大学出版会、二〇〇四年）

江戸文化の浮世絵——浮世絵は美術品か

山本　陽子

浮世絵の位置

西洋美術史で印象派を語るとき、日本の浮世絵は欠かせない。モネは、一七歳の時から浮世絵を集めていたし、ゴッホは広重の「名所江戸百景《めいしょえどひゃっけい》」を模写し、自分の絵に取り入れた。印象派に限らず、一九世紀後半のヨーロッパでは浮世絵が愛好され、蒐集された。現在も、ヨーロッパ各地の美術館には多くの浮世絵が収蔵されている。

けれども当時の日本では、どうか。当時の絵の主流は、水墨画や肖像画なら徳川幕府御用絵師《ごようえし》の狩野派、大和絵《やまとえ》ならば宮廷絵所《きゅうていえどころ》系の土佐派や住吉派である。西洋の浮世絵ブームの契機は、日本の輸出用陶磁器の詰め物に使われていた『北斎漫画』の一枚といわれるように、浮世絵は消耗品扱いで、美術として見られてはいなかった。

歌川国貞《うたがわくにさだ》が描く「見立士農工商《みたてしのうこうしょう》」（部分）（図1）の、浮世絵を商う絵草紙屋の店先を見てほしい。おぶわれた幼児が右手に握る巻かれた紙、これが買ってもらったばかりの浮世絵である。幼児が握りしめるあまり家に帰るまでに皺《しわ》くちゃになるかも、よだれで滲《にじ》んでしまうかもしれない、そのような扱われ方をする存在であった。

浮世絵のはじまり

鑑賞用木版画としての浮世絵は、起源からしてあまり芳しくない。一七世紀後半に菱川師宣《ひしかわもろのぶ》が、木版摺の本の挿絵から独立させ、はじめて鑑賞対象として制作した一二枚一組の浮世絵のテーマは、吉原を訪れて遊女と大尽遊びをする過程を紙上で再現した「よしはらの躰」や、男女の性的な場面を描いた「衝立《ついたて》のかげ」のような、遊里図や春画であった。

もう少し公然と鑑賞できる一枚摺の浮世絵として、一八世紀初期に鳥居清信《とりいきよのぶ》・清倍《きよます》による歌舞伎の役者絵が登場する。当時の歌舞伎は歌や芝居に曲芸・舞踊・何でも

図1　歌川国貞「見立士農工商」（部分）

ありの、現代のアイドルグループの公演のような存在である。熱狂的なファンならば、ひいきの役者のものなら何でも欲しい。役者の似顔絵となれば、衣装に大きく描き込まれた家紋で役者名がようやく見分けられる程度の役者絵でも買わずにはいられない。今でいえば修正をしすぎたブロマイド写真のようなものだ。

絵暦から錦絵へ

この頃まではまだ、木版で摺られるのは輪郭の墨線の一色のみで、色彩は後から筆で絵具を差す「墨摺《すみず》り手彩色」だった。それが明和二年（一七六五）に突然、カラフルな多色摺の「錦絵」に進化する。その陰には絵暦《えごよみ》蒐集家たちの「絵暦交換会」が、一役買っていた。

「絵暦」とは、一年の暦を一枚の絵に表したものである。江戸時代の太陰暦《たいいんれき》では、ひと月の日数は三〇日か二九日とされ、数年に一度、閏《うるう》月が加わる。何月が三〇日（大の月）か、二九日（小の月）か、どこに閏月が加わるかは、年ごとに変わる。そこで今年の大の月は何月と何月、小の月は何月と記したものが「大小暦」である。しかし数字だけの暦はいささか味気ないので、画中に大小暦をさりげなく描き込んだ木版摺の「絵暦」が考え出された。

絵暦交換会では、暦としての実用性は二の次で、絵面の美しさと面白さを競う。蒐集家たちは凝った絵暦の図案を考えては、注文して絵師《えし》に描かせ、彫師《ほりし》・摺師《すりし》に摺らせたものを交換し、蒐集した絵暦を帳面に貼り付けて保存する。現代のトレーディングカードを思わせるこの交換会の熱狂の中で明和二年に、カラフルでより完成度の高い図柄の絵暦が次々と作られた。

多色摺になったのは、「見当《けんとう》」という、何枚もの色版をずれないように重ね摺りする目印が工夫されたからだ。美しい少女の図柄に大小暦を仕込んで描いたのは、鈴木《すずき》春信《はるのぶ》。その一枚「見立《みたて》佐野の渡り」（図2）は、一見しただけでは絵暦と判らない。藤原定家の和歌に見立て、雪の降る橋上の娘を柔らかい中間色を駆使して摺っただけに見える。けれども右下の橋の端（図3）をよくよく見ると、丸太の間の白地に上の列には小さな字で「大二三五六八十メイワ二乙トリ」、下の列には「正小四七九十一十二」と「大小暦」が書き入まれている。絵暦の出来を競った結果、ここまで絵画的な作品に至ったのだ。

これほどカラフルで繊細な絵暦を、明和二年だけで終わらせるのはもったいない、純粋に鑑賞用の絵としても、売れるのではないか。そこで春信の絵暦の何図かは、暦の部分を削って一枚絵の美人画として市販された。キャッチフレーズは「東錦絵《あずまにしきえ》」、京都ではなく東の地で作られた、錦のように色彩豊かな絵という意味だ。今日では一般的になった「錦絵」の呼称は、この商品名に由来する。カラフルで夢見るような娘たちを摺った「東錦絵」は、売れに売れた。絵師の鈴木春信がわずか五年で過労死した後も、鳥居《とりい》清長《きよなが》、喜多《きた》川歌麿《がわうたまろ》といった人気絵師が続き、浮世絵の美人画は全盛期を迎える。

図2　鈴木春信「見立佐野の渡り」

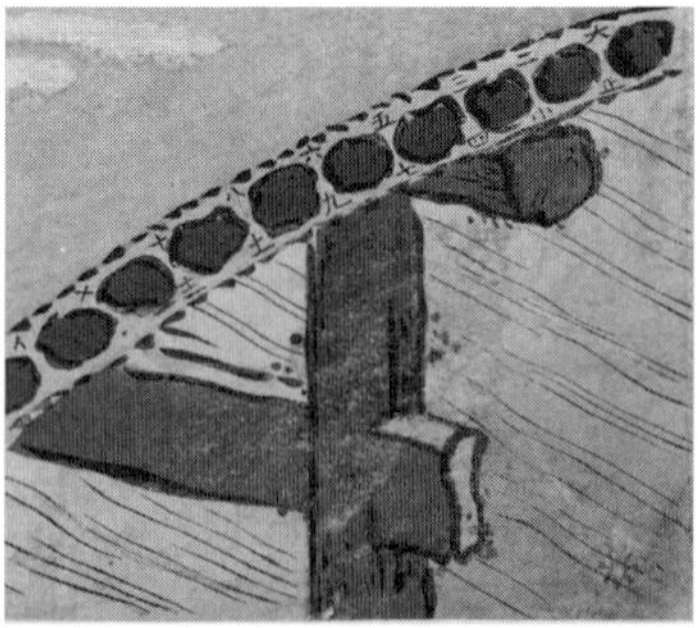

図3　鈴木春信「見立佐野の渡り」（右下の橋の端部分）

図1〜3は国立国会図書館デジタル化資料　古典籍資料（貴重書等）錦絵
http://dl.ndl.go.jp/#classic から引用した.

浮世絵と週刊誌

喜多川歌麿は、実在の町娘たちを美人画の題材に選んだ。当時評判の高島おひさや難波屋おきたは水茶屋《みずちゃや》の看板娘、お代を払えばお茶を給仕してくれる身近な存在である。このような町娘の浮世絵は、男性にはピンナップの意味を持っていたかもしれない。けれども江戸の女性たちには別の使われ方がされ、髪型や化粧、着物や帯のコーディネイトのお手本となっていた。歌麿もそこは承知の上で、時には呉服屋とタイアップして最新流行の着物柄を描いている。今で言えばファッション雑誌、描かれた町娘たちは読者モデルであろう。

当時の浮世絵の価格とジャンルを考える時は、雑誌と比べるとわかりやすい。俗に浮世絵一枚の値段はかけ蕎麦一杯程度といい、今で言えば雑誌一冊という感覚である。読み捨ての週刊誌も豪華雑誌もあるように、浮世絵も種類によって価格の高低がある。多種多様で、ジャンルごとに対象や表現が分化するのも雑誌と似ている。美人画でも遊女を扱うものは風俗誌、町娘ならばファッション誌、歌舞伎の役者絵ならば芸能誌、風景版画は旅行誌、さきの幼児が持っていたようなおもちゃ絵は幼児雑誌にあたる。

こんなものが美術品かと問われれば、当時の人々は絵師本人も含めて、首を横に振るだろう。だからといって、浮世絵師たちはいい加減に描いたのではない。歌麿には、女性の鼻筋や頬の柔らかさを出せないかと、その輪郭線を墨でなく空摺《からずり》りや朱線で表した美人画がある。武者絵の歌川国芳の下絵にも、試行錯誤した無数の下描き線が残る。店頭で直接他の絵と見比べて買われるので、ちょっとした工夫が売れ行きを左右し、息が抜けないのだ。

けれどもそれが、浮世絵を進化させる要因となった。江戸時代絵画の主流である幕府や大名のお抱え絵師たちは、生活は安定するものの、伝統と格式に縛られて従来と違う表現には挑戦しにくい。浮世絵は絵画の傍流であったがゆえに、新たな題材や技法を自在に取り込み、斬新な表現を、競い合って試みることができた。日本美術史の中で、傍流ゆえに発達した例は、浮世絵に限らない。一二世紀の絵巻物もそうであったし、あるいは二〇世紀のマンガも後世、そのように評価されるかもしれない。

参考文献

小林忠・大久保純一『浮世絵の鑑賞基礎知識』（至文堂、一九九四年）
高橋克彦『浮世絵ミステリーゾーン』（講談社プラスアルファ文庫、二〇一〇年、初版、一九八五年）
国立国会図書館 電子展示会 日本の暦 http://www.ndl.go.jp/koyomi/

村の紛争解決
——百姓は紛争をどのように解決したか

野尻 泰弘

古文書に残る近世の訴訟

近世の百姓と紛争といえば、領主と結託した商人に文字も読めない百姓が騙され、追い詰められた末に大勢で暴動を起こすというイメージがあるかもしれない。だが、現実の百姓は生活に関する様々な問題について、当時の訴訟制度にのっとって書類を作成し、自らの立場を主張し、紛争の解決を目指していた。

近世の百姓は、訴訟のために多くの関係書類（原本や写し）を作成し、大切に保管した。それは訴訟が文書によって進められたからであり、また後年再び紛争が起きた時、保管していた書類を根拠に自らの主張を述べるためであった。このような背景により、村の古文書を調査すると、問題を領主へ訴える「訴訟」、紛争の解決を示す「内済《ないさい》」「済口《すみくち》」といった訴訟関係書類を多くみかけるのである。

近世の訴訟と法

近世は政治・経済の展開にともなって、様々な訴訟が起こされた時代である。主な訴訟としては以下のものが挙げられる。①金銭貸借、雇用契約、地主小作など、住民間の個人的な訴訟。②年貢勘定の不正追及や村役人の罷免・交替など、村の人びとによる村政に関する訴訟。村方出入（村方騒動）という。③山野や水利の用益権、川の堤防普請など、村と村の訴訟。④農民の特産物販売価格や肥料価格の安定化を求めるため、多数の村が参加し、国家に対し政策変更を求めた国訴《こくそ》。⑤行政上の問題について支配管轄の役所へ歎願する訴願。さらに非合法の手段であるが、⑥訴訟の手順を踏まず、村の人びとが決起して訴えを起こす強訴《ごうそ》なども訴えの一種といえよう。

近世は私的な紛争解決が放棄され、領主による裁定を仰ぐことが合法とされた時代である。だが、自力による解決がすべてなくなったわけではなく、例えば村役人や親類が説諭して和解させるなど、村で解決できる事柄は村で解決した。そして、そこで解決できない問題を領主の手に委ねることになっていた。近世の支配は、村の一定の自治・自律を前提にしており、いわば幕府の法と村の法が相互に補完し合いながら機能していたのである。

裁判の手続き

裁判は吟味《ぎんみ》筋《すじ》と出《で》入筋《いりすじ》に分かれる。大雑把にいえば、吟味筋は刑罰を科すので刑事裁判、出入筋は私権を争うので民事裁判である（軽い刑罰を科す場合もあるので刑事裁判も一部含む）。吟味筋は領主権自体および社会秩序にかかわることの多い犯罪事件を対象とし、出入筋は領主の利害に関することが少ない私的な紛争を対象とした。

裁判を担当する主体は、当事者がすべて自己の支配下の者である場合は各領主が裁判にあたったが、他領・他支配に関連する場合は幕府の管轄になった。幕府の裁判機関は老中・寺社奉行・勘定奉行・町奉行から構成される評定所《ひょうじょうしょ》、京都町奉行所、大坂町奉行所などである。

百姓が自ら訴えを起こす出入筋をみてみよう。出入筋は、金公事《かねくじ》・本公事《ほんくじ》に大別される。金公事は借金銀の問題に関する訴えだが、役所は当事者間で相対に済ますことを命じた。本公事では、身分・地境の確認、契約の遵守、担保物の処分・弁済など、人・物に対する秩序の形成や確認について、権力による裁定・処分が行われた。

訴えにはその内容を記した訴状《そじょう》（目安《めやす》）が必要で、訴状には名主が奥印した。支配違いの者を相手取って幕府へ出訴するには、領主による添簡《そえぶみ》（または添使《そえつかい》）が必要であった。訴訟は個人の問題ではなく、村、領主の承認のもとに行われたのである。

訴人《そにん》（原告）が訴状を提出すると、役所で本公事・金公事の別、受理・不受理の別が決定される。訴状が受理されると、被告が呼び出され、被告は反論を記した返答書を提出する。原告・被告の双方が法廷へ出て役人の尋問に答える。証拠は双方が提出するが、役所が職権で調べることもあり、のち情況を勘案して結論を出す。奉行がそれを裁許《さいきょ》として申し渡すと、双方は連印した裁許請《うけ》証文を提出する。原告は目安と返答書を継ぎ合わせたものを役所より下付され、奉行裏書の印を抹消してもらい、書類は奉行所へ納め、訴訟は終了する。訴訟費用は訴訟当事者の負担であった。

内済と済口証文

数多くの訴訟に対し幕府や藩では、事件当事者双方の利益や負担を折半する形で紛争を解決する内済を奨励した。内済は第三者が介入して双方を和解させるもので、第三者の行為を扱うといい、その人を扱人《あつかいにん》という。内済は、役所での訴状受理以前・以後のどちらでも行われる。内済が成立すると双方で済口証文《すみくちしょうもん》を作り、奉行が聞き届けた判決と同じ効果をもった。内済が私的紛争の原則的な解決方法とされたのは、個別・具体的な解決や、共同体的慣習・社会秩序を尊重していたからである。

ただし、内済は、紛争解決のために関係者の合意を成立させることを目的とするので、事実を明確にせず、公正な判断に至らない場合もあった。例えば、領主の権威を守るため、事件の事実関係はともかく、自領や領主自身に都合よく話をすすめたり、内済を促したりした。また、事件当事者のうちの一方に加担して内済をすすめる扱人が存在したことなども挙げられる。

訴訟にかかわる人たち

訴訟は問題を解決するために起こされるものだが、百姓は自らの主張を述べるため、時には事実を隠蔽し、自分に都合のよい事柄のみを語り、大胆かつ狡猾に自己の権益を守ろうとすることもあった。また、領主の裁定も常に道理にかなっていたわけではなく、一件の内容や領主の立場により判断が左右されることもあった。そのため、一度収束した紛争が何度も再燃することも珍しくなかった。このように様々な主張や関係が交錯する近世の訴訟では、その特徴に応じた独特な人たちが活動していた。

書類作成や複雑な手続きが必要な訴訟では、公事宿が大きな役割を担っていた。公事宿は、江戸では江戸宿、地方では郷宿といわれ、訴訟のために村から出てきた者を泊める宿屋である。こうした宿では、訴訟の進め方についてて助言したり、百姓に代わって訴訟関係書類を作成したりし、訴訟にのぞむ百姓を補佐することもあった。また、専門的な知識と訴訟テクニックを使い、訴人の主張を認めさせようとする公事師も活躍した。

公事宿は近世の訴訟には必要な存在であり、公事師も訴訟を有利に運びたい人にとっては心強い存在だった。しかし、なかには非合法な手段を用いたり、自分の利益のために意図的に訴訟を起こさせたりする者も現れ、問題視されることもあった。

訴人の中には、おとなしく領主の裁定を仰ぎ、住民同士の共同性の回復を図るために努力しようとするのではなく、領主の判断や内済の条件を不服とし、領主を批判したり、反抗的な態度をとったりする者もあった。また、一旦裁定がくだった事件を何度も領主へ訴えたり、あらためて幕府へ訴える者もあった。このような行動をするのは、先述の公事師のほか、小賢《こざか》しき者といわれる人たちで、博徒や無宿といったアウトロー的な存在と考えられ、巧妙な弁舌能力や村を越えた視野の広さをもつ者であった。このほか、専門的な訴訟知識をもつわけでなく、共同体や家からドロップアウトした無宿でもなく、家族を含めた自己の生活基盤を守るため、敢然と領主に反抗する強情者《ごうじょうもの》と呼ばれる者も現れた。

紛争解決からみえる近世

近世の訴訟の裏側では、武士と百姓、あるいは百姓同士のせめぎあいや駆け引きがくりかえされていた。訴訟の多くは内済になるのだが、百姓は自分たちに少しでも有利な結果を得るために奔走した。その中で自らに都合の悪い事実や先例を巧みに無視・排除することもあった。

近世の訴訟は、たまたま私たちの眼に触れることになった村の非日常の出来事である。だがそれは土地所有のあり方、村役人制度、家と家族など、近世社会特有の制度や慣行と密接に関係しながら発生するものであり、それを解決しようとする行為もまた近世の制度・慣行に基づくものである。つまり、訴訟を丁寧に分析することは近世社会をみることなのである。訴訟に関する古文書には、百姓の経験や知の蓄積、膨大な生活のエネルギーが刻み込まれているのである。

参考文献

大平祐一「近世の合法的「訴訟」と非合法的「訴訟」」(藪田貫編『民衆運動史3 社会と秩序』青木書店、二〇〇〇年)

志村洋「地域社会の変容――幕末の「強情者」と寺領社会」(藤田覚編『日本の時代史17 近代の胎動』吉川弘文館、二〇〇三年)

野尻泰弘「近世後期、土堤普請争論にみる藩・藩関係と法意識」(渡辺尚志・小関悠一郎編『藩地域の政策主体と藩政』岩田書院、二〇〇八年)

平松義郎「近世法」(同『江戸の罪と罰』平凡社、一九八八年)

渡辺尚志『百姓の主張』(柏書房、二〇〇九年)

近世の民衆運動——百姓一揆から騒動へ

須田　努

マス・メディアがあつかう時代物・時代劇の主人公は武士であり、著名なヒーローたちである。近世の民衆運動がテーマとなることはない。

学校で日本史が好きで成績がよかった人ほど、近世の百姓一揆・打ちこわしを中世の土一揆のイメージで認識しているようである。江戸時代の貧しい農民たちは、武器をもち蜂起して武士に立ち向っていったと。

一八世紀——百姓一揆の展開

近世の民衆運動の中心は百姓一揆であった。わたしたちは、百姓たちによる幕藩領主に対する抵抗運動を百姓一揆と呼称するが、実際の史料のなかで百姓一揆という言葉が用いられたことはほとんどない。明治時代、自由民権運動が展開するなかで、民衆による暴力的な闘争を、知識人やメディアは、頑迷無智な民衆による百姓一揆であると表現するようになり、現在に至っているのである。

とはいえ、研究者も百姓一揆という語句を、公儀（幕府）によって違法とされた「徒党・強訴・逃散」を総称する学術用語として使用している。

戦国時代の終焉とともに、兵農分離が進行して幕藩領主層＝武士が治者として君臨する幕藩体制が形成された。平和の世（偃武社会）を作り出したのは徳川将軍家であるということを前提に、幕藩領主たちは百姓たちに重い年貢を課す一方、社会の安寧と百姓の生命と家の相続を公法的に保障しなければならない、という考え方（仁政イデオロギー）が生まれ、幕藩領主は強大な武力を独占するが、実際に武力を行使することなく、民衆を畏怖させ支配を貫徹させる、という観念＝武威が形成された。この二つの政治理念の下、百姓一揆という世界史的にみても特異な民衆運動が編み出されたのである。

『編年百姓一揆史料集成』（一九巻まで刊行、三一書房、

一九七九年―）という史料集には、天正一八年（一五九〇）から万延元年（一八六〇）まで、全国で発生した民衆運動が多数収録されているが、百姓一揆と規定できるものは一四三〇件にしぼり込める。これらのうち、百姓たちが武器を携行・使用した――身体への暴力を振るった――と史料に記載された百姓一揆をピックアップすると表1のようになる。武器の携行・使用の記載がある百姓一揆は、わずか一四件（〇・九八％）であった――家屋への放火や、盗みに関しても、これと近似したデータとなる――。百姓一揆の際に、百姓たちは武器の携行・使用や、家屋への放火、盗みを自律的に禁じていたのである。このルールを研究者は百姓一揆の作法と呼称するが、このような作法が実際の史料のなかで発見できることはほとんどない。一八世紀前半、百姓たちは明文化せずに、慣習的にこのような作法を形成していったと考えられる。

百姓一揆には多くの――時には五万人もの――百姓が結集する。百姓一揆の目的は、年貢減免や特権商人の独占禁止要求、新法（新課税）反対などである。リーダー（頭取）が計画を練り、村々を廻り百姓たちを納得させ、参加強制も図り、その結果大規模な百姓一揆となるのである。頭取たちによって、計画は周到になされる。凶作・飢饉の時に年貢を減免しなければ、百姓の生命は危機にさらされ、特権商人の独占販売や新税賦課は百姓経営（家）の難儀をもたらす。そこで、百姓たちは、仁政イデオロギーを行動の正当性として幕藩領主の「御救い」を引き出すために行動を起こすのである。百姓一揆＝「徒党・強訴・逃散」は、公儀により違法とされたが、仁政を行わない幕藩領主は悪なのであり、百姓の訴願には正当性があるのである。百姓たちに、政治体制を覆す意図などない。彼らは仁政イデオロギーに依拠して、幕藩領主の御救いを引き出すために百姓一揆を起こしたのであるから、安寧を破壊するような逸脱行為（暴力や、盗み・放火）などは行わず、百姓はミノ・カサを着用し、幕藩領主に守られるべき百姓身分であることを強調していたのである。

江戸時代の村々に日本刀・鉄砲といった武器は多数存在していたが、百姓一揆の場面でこれらの武器が使用されることはなかった。百姓は自律的に暴力を封印したのである。

百姓一揆が発生した場合、幕藩領主は一揆勢を鉄砲などの武器を用いて殺害することはない。百姓一揆の最終局面では、百姓側の代表と代官・奉行などの交渉となり、多くの場合、百姓側の要求が認められるのである。ただし、一揆沈静後には、幕藩領主の過酷な弾圧が待っていた――多くの場合、頭取は死罪となる――。百姓一揆とは日本型偃武社会特有の社会文化であったとも言える。

一九世紀――百姓一揆の作法の崩壊、騒動の多発

百姓一揆の作法が生まれ、遵守されていたことの前提には、百姓たちが幕藩領主を為政者として認め、最終的には信頼していた、とも言える。ところがこのような、百姓たちの幕藩領主に対する恩頼感は、一八世紀後半（天明期）、田沼時代頃からだんだんと低下し始める。幕府の政策によって経済格差は拡がり、天明の飢饉の際に、幕藩領主は百姓を救済することができなかった。天保期に入ると、経済格差はさらに拡大し、治安の悪化も進んでいた。このような状況下、天保の飢饉が発生したが、幕藩領主の危機管理能力は機能不全に陥り、人びとの幕藩領主に対する恩頼感は限りなく低下していった。

ここで再度表1を振り返ってみよう。一九世紀、とくに天保期以降、武器の携行使用の事例が増加していることが分かる。天保七年（一八三六）の甲州騒動にみるように、幕藩領主への訴願や要求をともなわない、有徳人への打ちこわしを目的にした騒動が発生するようになる。その際、騒動勢は、家屋への放火を行い、日本刀をひっさげ、盗みまで働いていたのである。このように天保期以降、百姓一揆の作法は崩壊し、暴力的な騒動が多発していった。暴力や放火という逸脱行為をはたらく者たちは「悪党」と呼称されていた。

ペリー来航により幕府の武威も地に堕ちてしまう。かかる情勢下、「悪党」による騒動は激化し、彼らの標的となる村役人・豪農たちは武装しはじめ、幕藩領主は「悪党」殺害命令を出す。一九世紀、暴力によるぶつかり合いがおこり、社会はあたかも〝万人の戦争状態〟となっていった。そして慶応期、関東・東北地域を中心に、施米・穀物安売り、借金破棄・質地質物返還、村役人糾弾など幅広い要求をもち、幕藩領主や豪農商への暴力の行使、放火などの逸脱的実践行為をふくむ世直し騒動が発生する。

民衆は生存をかけた闘争の場において、有効な手段を主体的に選択する。中世、武装する民は守護大名・戦国

表1　一揆・打ちこわしにおける武器の携行・使用による暴力の発動

和暦	西暦	国名	領分	通　称	出　典
天明7	1787	相模	幕領ほか	土平治一揆	『編年一揆集成』6巻
享和1	1801	羽前	幕領ほか	村山一揆	『編年一揆集成』7巻
享和2	1802	武蔵	幕領ほか		『編年一揆集成』8巻
文化1	1804	常陸	幕領ほか	牛久騒動	『編年一揆集成』8巻
文政1	1818	大和	中坊氏領	龍門騒動	『編年一揆集成』10巻
文政6	1823	紀伊	和歌山藩	こぶち騒動	『編年一揆集成』10巻
天保2	1831	長門	萩藩	防長大一揆	『編年一揆集成』12巻
天保4	1833	播磨	幕領ほか	加古川一揆	『編年一揆集成』12巻
天保5	1834	陸中	八戸藩		『編年一揆集成』13巻
天保5	1834	讃岐	高松藩		『編年一揆集成』13巻
天保7	1836	甲斐	幕領ほか	甲州騒動	『編年一揆集成』13巻
天保12	1841	肥後	人吉藩	相良茸山騒動	『編年一揆集成』16巻
弘化1	1844	肥前	幕領		『編年一揆集成』16巻
嘉永4	1851	信濃	松代藩		『編年一揆集成』17巻

大名との合戦におよび（土一揆）、近世に入り、偃武の社会が安定していた一八世紀、百姓たちは暴力を封印した百姓一揆という独自の民衆運動を生み出した。しかし、一九世紀、武威と仁政イデオロギーという幕藩体制を支えていた政治理念が崩壊すると、民衆は、タンスの奥に封印していた暴力という手段を再び持ち出したのである。

参考文献

深谷克己『深谷克己近世史論集』（第四巻・第五巻、校倉書房、二〇一〇年）

深谷克己他編『民衆運動史』（全五巻、青木書店、一九九九―二〇〇〇年）

保坂智『百姓一揆と義民の研究』（吉川弘文館、二〇〇六年）

須田努『「悪党」の一九世紀』（青木書店、二〇〇二年）

同『幕末の世直し』（吉川弘文館、二〇一〇年）同「自助と自浄の一九世紀」（『人民の歴史学』一九七号二〇一三年）

江戸幕府の宗教統制
――実は多様だった宗教活動

大橋　幸泰

近世は厳しい宗教統制の時代か

一般に、近世は宗教統制の厳しい時代であったと考えられている。キリシタン禁制のもと、毎年すべての者が寺院の檀那であることを確認する宗門改が行われたという事実が、そうしたイメージの根拠になっているのだろう。

これに対して、近代になると明治憲法に「信教の自由」が明記されるようになり、実際キリスト教の布教活動は公然と行われたから、近世の宗教統制から人びとは解放されたとイメージされがちである。果たして、本当にそういえるだろうか。

確かに江戸幕府はキリシタンを禁止するとともに、仏教諸宗派を本山・末寺制度のもとに置いたから、近世の宗教が幕府による統制のもとにあったという認識は誤っていない。キリシタン弾圧のために、少なくない殉教者と潜伏キリシタンを生み出したのも事実である。しかし、近世に生きた人びとと宗教との関わりについての近年の研究成果は、近世人が必ずしも幕府の宗教統制にがんじがらめにされていたのではないことを示している。

宗門改と檀那寺

誰もが檀那寺を持つという状態が定着したのは、もちろんキリシタン禁制を徹底する手段として宗門改が制度化されたということが、背景の一つにあったことは間違いないだろう。しかし、それは一方的に幕藩権力から強制された結果である、と決めつけるわけにはいかない。特定の寺院の檀那になるということは、その寺院の宗教活動に関わるということであり、檀那になる側の主体的な信仰心なくして寺檀関係は成り立たないからである。

宗門改は初めから寺請けによる人別で行われたわけでなく、そうした方法が確立するためには長い時間を必要とした。宗門改は幕府がキリシタン禁制を表明した直後から、転びキリシタンを対象に転宗の証拠として実施され始めており、確かに早い段階から各地で行われた。しかし、それは散発的であり、すべての人民を対象とする恒常的な宗門改の実施は一六六〇年代以降である。

幕府によるキリシタン禁制の表明から宗門改の全国的制度化までの一七世紀前中期は、小農自立とよばれる小規模経営の百姓の家が多数生み出される状況がまだ実現しておらず、それに見合う寺院も未成立であった。一七世紀中後期、戦乱状況の終結とともに生産意欲の高揚にともなう小農自立が全国的に進行するなかで、彼らの信仰心を満たす手段として寺院の建立が進んだ結果、毎年寺請けにより人別で宗門改が実施できる状態になったということだろう。

ただし、宗門改というのは檀那寺の寺請けを得てキリシタンでないことが証明されればよいので、幕藩権力がその内部の寺檀関係まで立ち入って干渉しないのが原則であった。したがって、地域によっては同一家族が異なる檀那寺を持つという複檀家の場合があったのは不思議なことではなかった。朴澤直秀によれば、寺院の檀那獲得をめぐる寺檀関係の争論が起こったときの裁判記録を検討した結果、一八世紀中期まで幕府は一家一寺制を当然視していなかったとされる。一家一寺制も幕藩権力が一方的に強制したものではなかった。

ところが、一八世紀末期以降、寺檀争論の頻発とともに宗門改の円滑な実施のためには一家一寺のほうが望ましいと幕府は考えるようになり、一九世紀前期には一家一寺制が規範となっていく。家の宗教としての檀家という概念が近世になかったとはいえないが、それは未成熟であったといえるのではないか。

潜伏キリシタンと「邪法」

近世の人びとが檀那寺との関係を密接に持っていたのは確かだが、それだけで彼らの宗教的願望が満たされたかといえば必ずしもそうではなかった。旅行文化の生成に見られるように檀那寺以外の寺社参詣は珍しくなかったし、檀那寺が介在しない民間信仰や流行神の信仰も多数知られている。修験道や陰陽道のような祈禱を頼むことは近世人にとって日常的なことであり、遍歴の宗教者も多数存在した。さらに、既存宗派の「異流」も各地に存在し、少なくない信者を集めていた。近世人は、檀那寺の宗教活動に参加する一方で、同じ者がさまざまな宗教活動にも参加していた場合もあったのであり、そうした行為は決して奇異なことではなかった。

こうしたさまざまな宗教活動は、既存秩序を乱さないと見なされる限り、特に規制を受けることはなかった。豊臣政権以来、明確に禁止されているものを除いて多くの宗教活動は容認された。つまり、近世では、何か核になる「正法」が存在していたわけではなく、その枠組みはきわめて曖昧であった。その一方で、排除すべき「邪法」は明快であった。それがキリシタンである。

キリシタンはよく知られているように、一五八七年の豊臣秀吉による規制を起点として、続く一六一〇年代徳川幕府によって禁止が宣言されるにいたるが、一六三七年の島原天草一揆を経て徹底的に取り締まりを受けることになる。その手段が先に見た宗門改制度であった。その結果、表面上キリシタンは消滅し、心から棄教しきれない者は潜伏キリシタンとなった。彼らは非キリシタンの近世人と同じように檀那寺を持ち、九州地方では毎年踏み絵も踏んだ。檀那寺が介在しない民間信仰などの宗教活動もやっており、表向き普通の百姓と何ら変わりはなかった。

潜伏状態のもと、ほかの宗教活動を行うのはあくまでカモフラージュであり、そうした行為は彼らにとって苦痛であったと考えられがちである。しかし、近世では、同じ人物が複数の宗教活動を行うことが珍しくなかったとすれば、潜伏キリシタンの行為もこの文脈で考えても差し支えないのではないか。もちろん熱心な信者には苦痛であったことは想像できるし、潜伏状態を維持していたというのは違法行為を行っているとの自覚があったことを示しているが、ここでは、潜伏キリシタンが複数の宗教活動を行うことは決して特殊なことではなく、近世人の常識に則った行為であったことに注意を払いたい。

一八世紀末期以降一九世紀中期にかけて、「崩れ」と呼ばれる潜伏キリシタン露顕事件が起きる。ただし、幕末の浦上四番崩れを除いてそれ以前の事件ではキリシタンは存在しないという結論であったから、これらはキリシタン露顕事件とはいえない。疑われつつも結局キリシタンとして認定されなかったということは、潜伏キリシタンが「邪法」の範疇では捉えられていなかったということを意味している。

「近世から近代へ」は「統制から解放へ」か

キリシタン禁制を基軸とする江戸幕府の宗教政策は、確かに特定の宗教を禁止していたわけだから厳しい統制のもとにあったとする理解は間違っていない。しかし、こうした幕府の宗教政策のもとに展開した近世人の宗教活動は、私たち現代人が考えるよりはるかに多様な内容を含んでおり、彼らの主体的なものであったといえる。

これに対して近代では、明治維新政府による神道国教化については挫折するけれども、神道非宗教論を基盤とした国家神道の成立は人びとの宗教活動に大きな制約を与えた。確かに明治憲法には「信教の自由」が明記されるが、それはあくまで国家神道を頂点とした枠組みに規定されたものであり、その枠組みから外れると見なされた宗教は容赦なく弾圧された。このことを念頭に置けば、近世から近代への転換が「統制から解放へ」の転換を意味するとは必ずしもいいきれないのではないだろうか。

参考文献

朴澤直秀『幕藩権力と寺檀制度』(吉川弘文館、二〇〇四年)
大橋幸泰『キリシタン民衆史の研究』(東京堂出版、二〇〇一年)
大橋幸泰「「邪」と「正」の間――近世日本の宗教序列」(大橋幸泰・深谷克己編『〈江戸〉の人と身分6　身分論をひろげる』吉川弘文館、二〇一〇年)
大橋幸泰『潜伏キリシタン　江戸時代の禁教政策と民衆』(講談社、二〇一四年)

IV

〔近現代〕

産業革命――なぜ日本はアジアで最初の産業化に成功したのか

石井　寛治

貿易を通ずる国内取引の利益を日本商人が確保できた

古くから論じられてきたこの問題への最初の答えは、日本では国家権力が先頭に立って近代工業を起こしたというものであったが、実際の日本の産業革命の主たる担い手は、綿紡績業・製糸業・織物業、あるいは鉄道業や銀行業では、政府ではなく民間のブルジョアジーであった。また、幕末日本では織物業の発展が機械制大工業を受容できるマニュファクチャー段階に達していたという見解も、その後のマニュファクチャーが順調に機械制大工業に発展しなかった事実が分かり否定された。産業革命の中心をなす繊維産業では、労働力は勤勉であれば済むため、アジア諸国間の教育水準の差を重視する見解も妥当ではなく、問題はそうした労働力を働かせる企業家の活動内容であった。綿紡績業の場合については、会社株主は綿業関係者を中心とする都市商人であることが分かっており、鉄道業や銀行業の株主の多くも都市の商人を中心とする商工業者であった。産業革命を推進した企業家は、士族や商人あるいは豪農などさまざまな社会階層から出現したが、それらの企業が必要とする資金を供給した社会階層の中心は商人だったと見てよい。

では、日本の商人はどのようにして資金を蓄積し、いかなる契機によってそれを産業に投資したか。欧米諸国の圧力により世界市場に巻き込まれた後進諸国は、欧米諸国と通商条約を結んで自由貿易を行うさいに、欧米商人への裁判権を認められなかったが、彼らの活動領域については、貿易港に限定する場合と、国内での通商活動も認める場合とがあった。日本の特徴は、江戸幕府が一八五八年に結んだ通商条約以降、一貫して欧米商人の国内通商を認めなかったことであった。アジアでは、中国が一八四二年の南京条約では欧米人の国内通商を否認したのに、第二次アヘン戦争に敗れた結果、一八五八年の天津条約では国内通商を認めさせられた。アフリカでは、西アフリカのジャジャ王が一八八四年にイギリスと結んだ通商条約では国内通商を否認したのに、翌年にかけてのベルリン会議でのイギリスとフランスの勢力調整のさいに、イギリスは自由貿易に伴い国内通商権を有することが一方的に決められ、それを理由にイギリス領事はジャジャ王を逮捕して国外追放した。ベルリン会議が、帝国主義諸国による共同支配の画期とされるゆえんである。

日本の場合は、アメリカ総領事ハリスとの条約交渉にさいして幕府代表が国内通商の要求を否認するためには戦争も辞さないとの強硬姿勢を貫き、明治政府もその姿勢を継承したために、貿易関係品の国内取引から生れる莫大な利益を欧米商人に奪われずに済んだ。もっとも、そうした政府の姿勢が可能なためには、指定された開港場に有力な日本商人が集まって、外国商人がスムーズに貿易ができることが条件である。その条件を満たしたのは、江戸・大坂・京の三都商人を含む有力商人が横浜などの開港場に次々と出掛けて店舗を構え、彼らの活動を三都両替商の為替ネットワークが強力にサポートしたことであった。三都の旧特権商人は、従来の研究では、在郷商人などの非特権商人の台頭によって没落の危機に瀕しており、開港による流通機構の混乱は、それに拍車を掛けたとされてきたが、事実はそうではなく、対外貿易という民族的課題の出現は、それを担うだけの資力のある旧特権商人の一部に息を吹き返す機会を与えた。

日本政府は民間人の企業活動と投資活動を奨励した

貿易関係商人を初めとする商人の蓄積資金を近代企業に投下させるために、明治政府が講じたもっとも重要な政策は、民間での工場設立の自由を認めると同時に、彼らの利益への恣意的な課税をしなかったことである。中国でも工場設立の試みがあったが、産業革命が展開しなかったのは、政府が上海紡織有限公司に営業の独占権を与えたように、民間人の自由な活動を抑えたことと、三菱会社に匹敵する巨大海運会社招商局に特権的保護を与えつつ利益の大半を恣意的に収奪したためであった。明治政府が、民間人の力に着目した契機の一つは、岩倉使節団の欧米視察にさいして、世界の工場イギリスの工場主が政府役人でなくアームストロング会社の社長のような立派な民間人だという事実を発見したことであった。

帰国後の大久保利通らが、内務省を中心とする民業育成の路線を採用するとともに、地租改正事業を仕上げて統一的課税の方針を明示したことは、民間ブルジョアジーの誕生の契機となった。

もちろん、当時の政府は国会を欠く専制的な政府であったから、課税の恣意性を制限するには自由民権運動に対応して国会が開設されることが必要であったが、商人や生産者は、長期的投資の条件である将来に向けての「計算可能性」が最小限保障されたと感じたに違いない。銀本位制確立を前提とする一八八六年から八九年にかけての、綿紡績業、鉄道業、鉱山業などでの本格的な企業勃興に先立って、一八七六年から八〇年にかけての不換紙幣によるインフレーション下において、器械製糸業が横浜生糸売込問屋の前貸金融に支えられて勃興し、銀行業や織物業などでも初期的な企業勃興が見られたのは、政府の民業育成策への商人と民衆の積極的対応を示すものであったと言えよう。

外資抜きの自力建設に成功した反面、中小資本は不安定

後進諸国が産業革命を行うためには、先進諸国から必要な技術や資金を導入すべきだというのが、当時の国際的常識であり、明治政府のお雇い外国人は異口同音に外資導入をアドバイスした。しかし、明治政府は最初二回にわたってイギリスで鉄道建設や秩禄処分のために外債を発行した後は、一八九九年の条約改正で外国人への裁判権を回収するまで、外債を発行せず、工場・鉄道・銀行への外国人の直接投資を禁止した。直接投資を認めることは、外国人の国内通商を容認する結果を生むからである。日本の産業革命は、もっとも活発に進展した一八八六年から一八九九年までの間、外資抜きの自力で行われるという世界的に異例の形をとったのである。

自力建設を可能にしたのは、日本商人らの手元への資金蓄積と産業投資であったが、投資の舞台は大都市だけでなく地方の農村社会を巻き込む広がりを持っていた。そのさい、地域社会の人的ネットワークという「顔の見える関係」が、取引費用を節約し、産業投資を促進したことが注目される。中央・地方での民間投資を補完したのは、政府の産業投資と、銀行の間接金融であった。政府は、工部省による初期の鉄道建設や、幕府から引き継いだ軍事工場の経営などを行ったほか、民間ブルジョアジーが進出をためらった製鉄業に自ら乗り出した。また、全国各地の銀行は、株式投資に適さない少額貯蓄を集め、それを工業企業に貸し付け、株式担保金融によって株主の投資を支えた。旺盛な産業金融は、当然ながら融資先の選別を厳しく行ったため、優遇された企業が急速に大規模化した反面、中小企業は絶えず浮沈を余儀なくされた。明治末期の綿紡績業では、世界で五指に入る規模の鐘淵紡績を先頭とする大紡績が中小紡績と産地織物業を支配し、製糸業でも信州系の片倉組・山十組・小口組など世界最大規模の製糸家が誕生したが、底辺には無数の零細製糸が浮沈を繰り返していた。中小ブルジョアジーのかかる不安定性は、政治的には日本におけるブルジョア・デモクラシーの発展を押しとどめ、さらにはソーシャル・デモクラシーの健全な発展を制約した。

後進国日本の産業革命は、日露戦争後の明治末期に、機械そのものを生産することができるようになっていちおう終了した。日本は、産業革命の過程を通じて欧米先進技術の受容に成功したが、その受容は日本固有の条件に合わせた形で行われ、また、絶えざる技術革新を伴っていた。日本紡績業は、最新のリング紡績機を早々と採用し、各種原料綿花を混合する技術を開発することによってインド・イギリス綿糸を圧倒した。日本生糸を上回る高品質の生糸を作った上海器械製糸業が西洋技術を丸ごと移植しただけで技術革新を欠いたのに対して、日本製糸業は簡易化された製糸器械を創造しつつ発展し、明治末期には一代交雑蚕種という画期的な優良蚕種を生み出すことによって、やがて上海・イタリア製糸業を質量ともに上回った。力織機についても、欧米の力織機の導入と並行して、安価な力織機の開発が行われ、豊田式力織機を作った豊田佐吉・喜一郎親子は、後にイギリス製を上回る自動織機を発明し、その特許料収入を用いて豊田自動車を創業することになる。

参考文献

石井寛治・原朗・武田晴人編『日本経済史2　産業革命期』（東京大学出版会、二〇〇〇年）
石井寛治『経済発展と両替商金融』（有斐閣、二〇〇七年）
石井寛治『日本の産業革命』（講談社学術文庫、二〇一二年）
中村尚史『地方からの産業革命』（名古屋大学出版会、二〇一〇年）

日清戦争——近代戦争だったのか

大谷　正

編制と兵器

一九世紀末に戦われた日清戦争と二〇世紀初頭の日露戦争を比較するため、両戦争の主要な指標を対照したのが「日清・日露戦争の比較」（表1）である。この表からは日清・日露戦争の質的な違いが読みとれる。これは井口和起『日本帝国主義の形成と東アジア』（名著刊行会、二〇〇〇年）所載の表を簡略化したものである。

日清戦争は戦争が小規模である。そのため戦費は積立金と国内債でまかなわれた。陸軍の動員兵力と戦闘死者数は少なく、一方で動員兵力が少ないにもかかわらず病死者数が多い。白米中心の兵食の欠陥と戦場での衛生・防寒への無関心から、兵士は脚気・赤痢・コレラ・マラリア・凍傷でたおれ、敵との戦闘よりも、疾病との戦争の方が厳しかった。

陸軍海軍ともに兵器は欧米の水準に届いていなかった。一八八〇年代以降、欧米主要国の陸軍は連発銃の時代に入ったが、主力銃であった国産の村田銃は単発銃で、一部導入された村田式連発銃も未完成な連発銃であった。野砲と山砲はイタリアから技術導入した青銅砲を採用した。この理由は日本では鋼鉄の鋳造・加工技術が未熟であったためである。清国軍は組織・装備が雑多ではあったが、主力の北洋陸軍等はドイツから輸入したモーゼル小銃とクルップ社製の鋼鉄製野砲を装備しており、日本陸軍よりも優秀であった。

海軍については、清国海軍は定遠・鎮遠（ドイツ製の七〇〇〇トン級装甲巡洋艦）を有し、重砲において優位であった。日本海軍は総トン数・速力・火砲数（特に速射砲）において優位であり、新鋭艦が揃っていたが、定遠・鎮遠に対抗するために三景艦に登載された三二センチ砲は役に立たなかった。日本側の大勝利と喧伝された黄海海戦も、鎮遠に乗り組んだ英国軍人の目には、日清間に勝敗はつかなかったと映った。日清戦争がはじまると欧米各国は東洋海域の艦隊を増強し、イギリスは竣工したばかりの戦艦センチュリオン（一万五〇〇〇トン）と複数のエドガー級巡洋艦（七三五〇トン）を中心とする艦隊を増派した。これらは日清両国の海軍とは比較にならないほど強力な戦力であった。

陸軍の編制は、一八八五年にメッケル少佐を招いてドイツ式兵制の導入を図り、一八八八年には鎮台から師団制に移行した。陸軍組織において日本軍は近代化しつつあったが、メッケル少佐がもっとも重視した兵站・補給面で、日本陸軍には重大な欠陥があった。

表 1　日清・日露戦争の比較

			日清戦争	日露戦争
戦争期間			10 カ月	19 カ月
動員総兵力			240,616 人	1,088,996 人
戦地勤務者数			178,292	945,395
戦死者数			13,309	81,455
戦闘死			1,415	60,031
病死			11,894	21,424
戦傷病者数			115,419	381,313
主要兵器	陸軍	歩兵・工兵	明治 13 年式・18 年式村田銃	30 年式歩兵銃
		砲兵火力	7 珊野砲・7 珊山砲	31 年式速射野砲・31 年式山砲
	海軍	参加艦艇	74,304 トン	294,233 トン
戦費支出合計			200,476 千円	1,986,127 千円
公債金			116,805	1,313,545
内国債			116,805	434,886
外国債				689,595
				臨時事件公債 189,064

出典：井口和起『日本帝国主義の形成と東アジア』（名著刊行会，2000 年）の 79 頁表 1 を一部省略して作成．

兵士と軍夫の日清戦争——ロジスティクスの限界

一九世紀末は、石油を動力とする自動車が未発達であった。そのため世界各国の陸軍はいまだに火砲の移動や弾薬・食料の運搬を馬にたより、また攻撃力として騎兵が重視された。日本の場合、戦時編制の一個師団は一万八五〇〇人の将兵と馬五六〇〇頭で編制される予定であった。さらに戦時には師団や軍（複数の師団で構成）には兵站部が付属し、師団の輸送能力を補う予定であったが、ここにも多数の馬が必要であった。

しかし、当時の日本では軍馬の戦時動員は人間以上に困難で、軍馬が必要とする大量の馬糧の海上輸送と戦場である朝鮮での馬糧確保も困難と予想された。輜重兵の数は少なく、輜重輸卒の組織化と訓練も不十分だった。

この難問に対する解決策が、民間人を臨時の軍属とする軍夫の大量採用であった。人間が馬の仕事をしたのである。

江戸時代の本百姓の負担する陣夫役が明治維新によって消滅したのち、明治新政府は軍事行動の際に軍夫を雇用するようになり、台湾出兵と西南戦争でも多数の軍夫が使われた。日清戦争では陸軍の戦地勤務者数が一七万八〇〇〇人に対して、一五万人を超える軍夫が戦地で働いた。出征師団の将兵数は一万五〇〇〇人台に減らされ、かわりに軍夫が雇われて、師団の総員は二万人を超えた。軍夫の雇用は陸軍の御用商人が請け負うのが普通であったが、末端では博徒に実際の軍夫の雇用と統制を委ねざるを得ない場合が多かった。軍夫はよく働いたが、一方で近代化しつつある日本軍の兵站部分を博徒、つまりヤクザが担うことになり、軍隊内で賭博、掠奪等の規律違反が問題となった。

戦時国際法遵守の宣言と戦争の現実

日清戦争を伝統的東洋文明＝野蛮と近代文明を学びつつある日本の対決として位置づける主張が横行し、民間では福沢諭吉がこの戦争を「文野の戦争」と定義して募金活動などの戦争協力に没頭した。イギリスとの条約改正に成功し、他の欧米諸国との改正交渉を間近にひかえていた日本政府も、日本軍が戦時国際法を遵守した「文明戦争」を行う能力があること、すなわち日本が文明国の一員であることを、欧米に対して宣伝した。

開戦時の陸軍大臣は大山巌である。彼は一八八六年に日本政府がジュネーブ条約（赤十字条約）に加盟するのに参画し、日清戦争では開戦詔書の国際法遵守宣言を受けて、赤十字条約遵守を命じた陸相訓令を発して、出征する各兵士に印刷した訓令を持たせようとした。大山は国際法遵守にもっとも意欲的な陸軍首脳であった。

ところが彼が第二軍司令官として遼東半島先端の北洋海軍基地の旅順口を攻略した際には、多数の外国人の従軍武官とジャーナリストの眼前で、第二軍の将校と兵士は逃亡する清国兵士や住民を殺害した。この時、乃木希典第一旅団長は旅順金州間の掃蕩を担当し、多くの敗残兵を殺害した。この事件はPort Arthur Atrocities（旅順虐殺事件）として世界に報じられた。この他にも牛荘の市街戦や田庄台市街の焼き払いなど、捕虜や敵の戦傷者の保護を謳う赤十字条約の精神に背く戦闘が多発した。また抗日義勇軍による住民のゲリラ戦に直面した台湾の植民地戦争では、村落の焼き払いと住民の殺害が日常化した。休戦条約調印後、少将から中将に昇任し、第一旅団長から第二師団長に転任した乃木は、残酷な台湾植民地戦争の主役となった。

海軍にも問題があった。開戦時の豊島沖海戦では、清国兵をのせたイギリス船籍商船の高陞号を巡洋艦浪速が撃沈した際に、浪速艦長東郷平八郎はイギリス人高級船員の救助を試みたが、清国兵を救助する意図はなく、日本兵は海中に脱して逃れる兵士に銃撃を加え殺害した。

帝国主義と軍隊

以上の記述で、日清戦争時点の日本軍はいまだに近代化途上にあり、軍隊の編制や兵器、特に陸軍の補給面で大きな問題を抱えていたこと、さらに戦時国際法の遵守を宣言したにもかかわらず、現場の将校と兵士に対する国際法教育が不徹底であったことが確認された。対戦相手の清国軍にも同様の問題点があった。また日本軍が戦った相手は清国軍だけではなかった。軍事占領下の朝鮮南部では再蜂起した東学農民軍と戦い、台湾の植民地戦争では台湾民主国に属した旧清国軍や台湾住民が組織した抗日義勇軍と戦った。

日清戦争は、一九世紀末の列強の東アジア地域への軍事力増強という状況下で、近代化途上にあった日清両国軍が戦った近代戦の側面と、日本軍が制圧した朝鮮南部や台湾では民衆の武力抵抗を圧殺する帝国主義的な植民地戦争という性格を持った、複合的戦争であった。

「日清戦争は近代戦争だったのか」という問いに対する応答は次のようになるだろう。もちろん近代戦争だった、そして完璧に近代的な軍隊だけが近代戦をおこなうわけではない。五年後の清国の義和団運動に対する八カ国連合出兵の際、植民地帝国のイギリスとフランスは、インド兵、アンナン兵、チュニジア兵などの植民地兵をも動員して、中国の民族運動を破壊したのである。

参考文献

大谷正『日清戦争』（中公新書、二〇一四年）

原田敬一『日清戦争』（吉川弘文館、二〇〇八年）

檜山幸夫『日清戦争――秘蔵写真が明かす真実』（講談社、一九九七年）

中国人留学生——日本での暮らしぶり

田中比呂志

日本留学の始まり

日清戦争後の一八九五年、駐日公使として赴任した裕《ゆう》庚《こう》は、総理衙門の許可を得て日本に留学生を派遣する計画に着手した。その結果、一八九六年五月、官費留学生一三名が来日した。彼らは当時文部大臣であった西園寺公望の斡旋を通じて嘉納治五郎に委ねられた。しかし、これにより日本留学が直に制度化されたわけではない。下関講和条約締結に前後して、中国の近代化への動き、強国への模索が始まっていたが、その中で西洋文明を取り入れること、その実例として日本の近代化に倣うべきことが各界から提言された。張之洞は「勧学篇」で「伊藤、山県、榎本、陸奥らは、みな二〇年前の出洋の学生である。日本が西洋に脅かされるところとなったことに憤り、百余人を率いてドイツ、フランス、イギリス諸国に行き、政治、工商、水陸兵法を学んだ。学業を成就して帰国し、軍人や政治家となった。これにより政治は一変し、東方において興起したのである」と述べている。このような状況の中、外国人からも留学生派遣の提言がなされた。イギリス人宣教師のティモシー・リチャードは、光緒帝への上奏文の中で留学生派遣を提言した。また、軍人の宇都宮太郎、福島安正、駐清公使矢野文雄らは清朝各方面に対して留学生の派遣を説いた。これらの提言の後、御史の楊深秀が賛意を示し、『遊学日本章程』を定めることを上奏した。これを受けて軍機処は四月一三日、総理衙門に具体案を上奏するように命じた。一八九八年六月二一日、総理衙門は留学生派遣を上奏し、光緒帝はこれを閲覧の後、八月二日、日本へ留学生を派遣するよう上諭を下し、ここに正式に日本留学への途が開かれたのであった。

留学生の来日

中国から日本への渡航地として、当時は二つの玄関口があった。北方は芝罘《チーフー》（現在の山東省煙台市）、南方は上海であった。いずれの出発地からの船も、日本で最初に到着する港は長崎であった。次は下関、中国語では馬関という。さらに船は神戸に停泊し、船の終点であった横浜で鉄道に乗り換えて東京に向かうのである。途中、神戸で鉄道に乗り換える方法もあったが、ほとんどは横浜まで船で行ったという。

日本へは亡命者もやって来た。ある亡命中国人（宋教仁）の日記によれば、長崎では上陸前に検疫があり、その終了後に船は着岸し、乗客たちは下船して長崎市内の見物に出かけた。宋は「市街をみるとだいたい中国とよく似ている」とか、寺も「中国の寺と似ている」などと、似通ったところを発見している。とはいえ、やはり異なる部分に目が向くようである。「家屋がひどく低くて小さい」とか、墓については「墓碑が連なっていたが、非常に小さくて低く、まるで墳墓の形をなしていない」といった具合である。当事の中国では土葬が一般的で、棺を埋葬して地表を半球状にして塚を作る。そしてそこに墓碑を建てるのであるが、日本の墓石がまるでその墓碑のようだというのである。この日記の作者、宋教仁はさらに船で神戸から横浜まで向かっているが、検疫は横浜でも実施された。横浜には同郷会の人間が出迎えにきており、東京への移動の手段や宿泊に関してもすべて整えていてくれる。東京での日常生活においても、同郷会の集まりはたびたび開かれており、重要な人間関係の場であったことがわかる。

横浜—新橋間の鉄道は、留学生輸送の大動脈とも言えるものであった。宋は列車が走る様子を「飛ぶように走って」新橋に到着したと書いている。宋らは新橋界隈の旅館に宿泊したが、街の様子を「沿道の市街は繁栄しており、広く大きな家屋は多くないが、しかし道路は広くて清潔である……上海にくらべても見劣りしない光景だった」と記している。このようにして彼らは東京に至り、留学生としての生活を送ることになった。

留学生（亡命者を含む）にとって、日本での生活に順応することはそう簡単ではなかった。中でも食事の問題が大きかった。途中の長崎や神戸にはすでに中国料理屋が営業していたため、問題はなかった。だが、日本式の食事にはなかなかなじめなかった。彼らにとっては中国の料理と比べて「さっぱり味がない」と感じられたし、何よりも生ものを食さない中国人にとってとりわけ生卵だの、生魚だの生の大根（タクアン）は苦手だったようだ。このような事情も大きく影響していたのであろう、日記中には連れだって中華料理屋に行ったことがたびたび記されている。しかし、食事ばかりでなく、畳での生活、入浴、等々、生活習慣の違いは大きかった。

勉学など

留学生らが日本で受けた教育は、次のような二つの特徴を持っていた。一つは彼らが学んだのは普通学であること、もう一つは速成教育であったことである。普通学とは専門の学問に対して言うもので、中学程度の諸学科のことを指す。本来は大学に入るための基礎力を養成するための内容であるが、これを自国ではなく日本で学ぶ背景には、中国で本格的な学制が制定されたのが一九〇四年のことであり、なおまだ普通学の履修が十分にできなかったという事情があった。そのために、来日してそれらを学んだのであった。速成教育とは、通常の年限よりも短期間に学ぶもので、普通学は通常三年で学ぶ設定であったが、これをさらに短い期間で学ぶコースのことである。たとえば、嘉納治五郎の創立になる弘文学院には三年間で修了する普通科のほかに、速成師範科が設けられていた。速成コースの中で、とりわけ人気を博したのは速成法政科であった。というのも清朝の新政の実施、科挙停止に刺激されてのことであった。

留学生らは日本に来るまでに日本語を習った経験の無い者も少なくなかった。それ故、彼らは勉学開始当初、「教え方はすこぶる要領を得ていたが、ただ〔教師が〕中国語を解せないのが非常に難点であった」などと記しているように、日本人教師とコミュニケーションを取るのに苦労したようだ。だが、日本で勉学するためには、日本語が必要不可欠である。そこで彼らは家庭教師を雇ったり、あるいは中学校などで開講されている日本語の授業を履修したりし、習得に努めた。また、日本語と並行して英語を習う留学生もいた。宋と同じく日記を残している黄尊三は、正則英語学校に入学している。

留学生らは神田界隈の書店、古書店にも頻繁に足を運び「本やあさり」をした。前述の黄は書店街を「臨時図書館」と記しており、立ち読み、抜き書きなど、かなり自由にできたようだ。彼らは盛んに中国語雑誌を創刊したが、日本語文献を翻訳し、それらの雑誌に掲載することも熱心に行った。雑誌は留日学生間は無論のこと、中国にももたらされて知識人や学生に西洋伝来の近代知を伝える極めて重要な役割を果たした。

留学生活の苦しさと娯楽

留学生いずれもそうだとは限らないが、生真面目な学生は、勉学をたゆまず行い、学業を成就すべく、しばしばその志を全うしなければならないと述べている。一例を挙げよう。黄尊三は「すべての外物や幻想をば、根っこから払い除けて、学問に専念しなければならぬ」と述べている。その一方、「朝、心の中が鬱々として、どうしたらよいか分からない」と弱気になったり、思うに任せない我が身を「一年はすでに終わったが、このわが身は昔のままである。遥かに祖国に思いを馳せて、長時間、もの悲しい感情が心にわだかまった。」とか「僕は、日本に来て数ヶ月、勉強はちっとも進まず……意気阻喪して悔み悩んでいる。」と嘆き、悲しみをつづることもあった。心労のためか体調を崩したり、あるいは精神的に病んで「脳病院」に入院したりする学生もいたし、日本人に侮られて抗議のために自殺する者までいた。

留学生らは日常生活の中でストレスをどうやって発散したのか。一つは、頻繁なる友人との行き来であった。日記中には、いつ誰それの下宿を訪ねたという類の記載が数多く登場する。携帯電話など無い時代であったからあらかじめ約していない場合が多く、会えないこともままあった。そのほかには散歩、運動会、映画（活動大写真）、飲酒などの記事も見られる。東京近郊の各地へ旅行に行ったり、海水浴に行ったりもしていたようである。

参考文献

さねとうけいしゅう『増補中国人日本留学史』（くろしお出版、一九八一年）
黄尊三著、さねとうけいしゅう・佐藤三郎訳『清国人日本留学日記』（東方書店、一九八六年）
宋教仁著、松本英紀訳注『宋教仁の日記』（同朋社、一九八九年）
厳安生『日本留学精神史』（岩波書店、一九九一年）
『しにか（特集・明治日本と中国人留学生）』三―一一（大修館書店、一九九二年）

韓国の「親日派」——民主化と「親日派」問題

林　雄介

「親日」ということば

「外務省のA氏は親米派で、ワシントンに太いパイプを持っている」「日本では韓流ブームのおかげで親韓派が増えた」などと言うとき、その「親米」「親韓」という言葉に否定的なイメージを持つ人は少ないだろう。しかし、韓国で「親日」というとき、その言葉の持つイメージは最悪で、「人間として倫理的にありえない」というものに近い。もちろん、その場合の「親日」の意味合いは、文字通りの「日本に親近感を感じる」「日本に好感を抱く」というものとは違う。そこでいわれる「親日」とは、「日本による植民地支配（あるいは植民地化）に積極的に加担した民族反逆者による行為」という意味であり、したがって冒頭の「親米」「親韓」と同じニュアンスでの「親日」という単語は現在の韓国語には存在しない。

このように、韓国において「親日」あるいは「親日派」とは、基本的に糾弾されるべきものとして取り扱われている。ただ、この「親日派」問題を、単に植民地支配への批判・糾弾の強烈な表出であると見ているだけではその全体を見誤る危険がある。ここではこの「親日派」問題が韓国社会において持つ意味を、少し時間を遡って考えてみたい。

植民地支配と「親日派」

一九一〇年八月、朝鮮（大韓帝国）は日本に併合され、公式に植民地となるが、いわゆる「親日派」問題はその前の時期、韓国統監府が置かれた一九〇六年前後に始まっている。すなわち、日本に外交権を奪われて保護国に転落した第二次日韓協約に賛成したり積極的に抵抗しなかった当時の大臣らは乙巳五賊（協約が結ばれた一九〇五年は乙巳年にあたる）と呼ばれて今でも糾弾の対象だし、韓国併合を韓国人の側から請願した親日団体一進会や併合条約に調印した首相李完用などは売国奴とされる。ただ、本当の意味での「親日派」問題は、植民地化以降に深刻化するとみてよいだろう。

欧米の植民地支配が、基本的に本国から遠く離れた地域を対象とするものであったのにたいして、周知のように、日本の場合は自らを中心として外側に拡大、最終的には大東亜共栄圏へと突き進むタイプのものであった。そこでは被支配民族である朝鮮人は日本人と同化することが要求され、必然的に民族のアイデンティティを放棄させるような政策がとられた。例えば、学校や職場では国語（日本語）の常用が義務づけられ、日本の「イエ」制度を朝鮮に移植すべく創氏改名が行われた。しかし、当然のことながら、こうした無理な政策を遂行するためには、統治される側の社会に広範囲にわたって協力者を作ることが必要であった。

こうして、「植民地支配に協力した者」と「そうでない者」が生まれ、深い溝を民族の中に作ってしまったのである。もちろん、「協力した者」（植民地化以前も含めて）にもそれなりの論理はあった。差別から脱却するために日本人以上に日本人になろうとする者もいたし、日本の支配の中に飛び込むことで、内側から「よりましな」支配へ変えていこうとする者もいた。

一方、植民地下という異常事態のもとで生活していくためには、多かれ少なかれ、ほとんどすべての朝鮮人が何らかの形で日本の支配と折り合いをつけざるを得なかった。しかし、「折り合いをつける」ことを余儀なくさせた者たちへの視線が穏やかであろうはずはなく、「親日派」問題は解放後まで長く続く根の深い問題となったのである。

解放直後の「親日派」問題

一九四五年八月一五日は、朝鮮にとっては解放の日である。その日から、解放された朝鮮人たちは失われた祖国を再興するための作業に入った。ただ、朝鮮の解放は、日本に対する長年の抵抗の成果ではあったが、現実的には外部の力によってもたらされたものという側面は否めず、新たな独立国として独り立ちしていくには未だ国力が十分ではなかった。したがって、まずは国民の統合を急ぐ必要があったが、時はまさに冷戦構造が世界を染めていく時期であり、朝鮮人内部においても、ソ連の影響下にあるものと、アメリカの影響下にあるものとのイデオロギー対立が激化し、容易に妥協点を見出せないでいた。こうした状況の中でも何とか国民統合を進めようとする時、誰からも異議が唱えられない恰好のスローガンが「反日」であった。思想・信条に差異があっても、「反日」では一致できた。来るべき新国家の建設においては、「親日派」は政治的に排除されるべきであるということは、言わずもがなの大前提であった。結局、左右の対立を収束させることができないまま、国際政治に規定されて南北は別々の国家を樹立することになってしまうが、成立直後の大韓民国ではこの大前提に従って国作りを進めるべく、新しい法律が制定された。反民族行為処罰法である。「親日派」を処罰することを目的に作られたこの新法のもと、反民族行為特別調査委員会（反民特委）および特別裁判部が設置され、親日派の調査が始まった。

しかし、この活動は当の「親日派」の抵抗・反発はもとより、李承晩大統領にも妨害され、反民特委は一年あまりで解体された。そもそも、解放直後、米軍政は植民地期の官僚、警察官をほとんどそのまま採用しており、現実的にも彼らにかわる統治スキルを持った者が決定的に不足していた。長いアメリカ亡命生活から帰国したばかりで国内に政治基盤を持たない李承晩としては、彼らと妥協しつつ政権を運営するしかなかった。政府関係者や警察幹部が軒並み処罰対象になりかねない反民特委の活動を認めるわけにはいかなかったのである。こうして、「本来ならば、あの時に清算されるはずだった『親日派』たち」は、そのままその後の韓国政治の枢要部分を占め続けたのである。

民主化以降の「親日派」問題

反民特委が十全に活動できないまま解体されて以降、「本来あるべき姿とは違う」という違和感を皆が持ちながら、「親日派」問題が社会の中で大きく取り上げられることは一部を除いてなくなっていった。李承晩の強権政治から、短期の移行期を経て朴正熙による軍事独裁政権へと政権が移行する中で、いわゆる権威主義体制が確立し、それを脅かすような言説が一切封殺されていったからである。朴正熙自身が満州国の将校だったし、韓国の政治自体が、本来なされるべき「親日派」清算をしないまま、その存在を前提として組み立てられていたから、

「親日派」問題を取り上げることは当然にタブー視された。しかし、そのタブーが一九八七年の民主化宣言以降、特に九〇年代に入ってから徐々にタブーではなくなっていった。民衆の運動によって勝ち取られたこの民主化以降、権威主義体制に抑え付けられてタブー視されていた問題がそこここで噴出し始めた。済州島四・三事件や朝鮮戦争中の良民虐殺事件、光州事件など、従来の政権による非人道的な人権抑圧が続々と表舞台に引きずり出され、被害者の名誉回復が図られると同時に、真相究明のために様々な組織が国家レベルで設けられていった。「親日派」問題も、これらと軌を一にして議論され始め、「日帝強占下反民族行為真相糾明に関する特別法」のもと、親日反民族行為真相糾明委員会による『親日反民族行為関係史料集』(二〇〇七—〇九年、全一六巻)が刊行されるに至った。

日本では「一体いつまでこんなことを続けるのか」といった見方も多いようだが、ここで見たように、今日的な意味での「親日派」問題とは、日本の植民地支配そのものに対する糾弾というよりも、権威主義体制下での様々な人権抑圧、それを可能にした政治システムを清算しなければあるべき民主主義には到達できないという、民主化の完成に向けての作業の一環と考えるのが正確なのである。このことを普通の日本人が当たり前に理解し、韓国においても民主化が完成したと皆が納得するようになったとき、本来の語義をもつ「親日」という韓国語が復活するのかもしれない。

参考文献

藤永壮「韓国における「親日」清算問題の位相」(『歴史学研究』八七二、二〇一〇年)

鄭根埴「韓国の民主主義、光州抗争、移行期正義」(『歴史評論』七三八、二〇一一年)

東京の生い立ち——区が独自的な理由

櫻井　良樹

近代都市制度

日本の自治体の中で、なぜ東京だけ他の道府県とは違って都という名称がついているのだろうか。府も大阪と京都の二つだけである。二〇一一年の統一地方選挙で、大阪府知事や名古屋市長が、大阪都や中京都を作ろうという提言をして戦ったことは記憶に新しい。それは東京都にならった制度を、大阪や愛知にも実現したいということだった。そういえば北海道もただ一つの道である。北海道が県でないのは、明治維新後に日本の領土として開拓され、本土とは違った制度が敷かれた歴史があるからである。東京が東京都になったのも、単に東京が首都だからというわけではなく、長い歴史的経緯がある。

都《と》という言葉は、みやことも読む。古くからの都《みやこ》であった京都がまさにそれである。しかし近代になって京都は都ではなくて京都府となった。同じように府とされたのが、大阪府と東京府である。この三つが府とされたのは、近世の三都であったことによろう。名古屋は、比較的人口は多かったものの、府にはならなかった。

一八八九年（明治二二）、近代地方自治制度を確立したと言われる市制・町村制が発布された。これにより市町村→郡→府県→国という行政体制が成立し、そのトップに市長・町村長→郡長→府県知事が就任することになった。また市会・町村会→郡会→県会→帝国議会という公民の行政参加システムもできあがった。もとよりそれは納税額により制限されたものであり、この中で市会・町村会が市長・町村長を選任するのに対して、郡長・府県知事は官吏であり、郡会・県会の権限は限られていたため、市町村レベルだけがかろうじて自治体と呼べるものであった。

この時に初めて全国各地に市が生まれ、東京市も誕生した。ただし東京市・大阪市・京都市には特例が設けられ、市会は置かれたものの市長を選ぶことはできなかった。三市特例といって、府知事が市長を、府参事官が助役を務めることとされた。これは、東京府や大阪府の中に占める東京市や大阪市の大きさを考えると、市は格段に重い比重を持ち、市長と府知事が別であると二重構造になり色々と不都合が生じる恐れがあるとして、これら三つの重要な都市については、国の力を背景にした強力な都市経営を行えるよう特例が作られたのである。

しかしこの制度は不評であり、独自の市長および市役所を設けられない三市特例は、自治権を侵害する藩閥官僚政治を象徴するものだとして撤廃運動が激しく行われた。その結果、一八九八年（明治三一）に廃止され、初めて市長が選ばれ市役所が設けられた。そしてそれから長く東京は、一般の市と同じ制度の枠組の下で、市政を展開することになったのである。

東京の区の特殊性

さてここまで、東京を大阪、京都と同じように記してきた。しかし東京市の発足当初から、他の都市と違っている点があった。その違いは、今にも続いている。現在、東京は二三区である。これは戦前の三五区を再編したもので、一九三二年（昭和七）九月までは、東京の範囲はもっと狭く、西は赤坂・麻布、北は小石川、東は本所、南は芝までの一五区だった。現在の感覚では大手町から電車で一五分圏内といったところであろう。この区の持つ意味が、東京と他の都市とでは全く違っていた。

現在でも東京には、区毎に区長がいて区議会がある。これらは区民の投票によって選ばれる。しかし区を持つ他の政令指定都市はそうではない。一人の市長に一つの市議会であり、区役所はあるが区議会は存在しない。これに対して東京では、一つの区が一つの市のような形と権限を持っている。

このような区の扱いは、一九四三年（昭和一八）七月一日に東京都が誕生したときの経緯をふまえている。この時に東京府の範囲（市部三五区と八王子市、北多摩郡・南多摩郡・西多摩郡）を合わせて東京都とし、東京市が消滅した。三市特例が廃止されて以来、大都市における市長と府知事の二重構造を解消して単純にしようという提案がしばしばなされてきたが、市長を官選にするか市会が選ぶかなどで対立し、それは実現しなかった。

この時は、戦時という非常時の中で、帝都としての東京に特別な制度を創設しなければならないという要請があり、それで初めて実現した。そして発足当初の都制の性格は、市会の時代より制限された都議会、都長官と次長は官選とされたことに見られるように、執行部権限が大幅に拡大されたもので、国の統制力が強いものだった。もっともこのような時代は短く、戦後になり新たな地方自治法により、官選都長官は有権者が直接選ぶ公選都知事となり、都議会権限も拡大し現在に至ったのである。

市会が消滅して、東京における区が市議会のような位置づけとなったのは、都の成立以前から区会が存在していたことによる。区から見たときに東京府は、実は二重構造ではなくて、区・市・府の三重構造であった。

東京の区が成立したのは、維新後のことで、時には五〇以上の区が置かれたこともあったが、それは一八七八年（明治一一）の郡区町村編成法により整理された。これにより翌年一月に一五区が設置され、区会規則が出され区会と区会議員が生まれた。区の仕事としては学校の運営が主であり、国や府の委任事務として徴兵や徴税などを扱った。同様に大阪や京都などにも区は設けられたが、市制以後になると大阪や京都の区会は行政区とは異なる学区となった。これに対して東京では、行政区と学区の範囲が一致したことなどにより、しだいに区会の活動は学事に限らず広汎となり重要性を増していった。

東京市の公民団体

東京市では、一八八九年五月一日の市制施行前後に各区を単位とする公民団体（多くが〇〇区公民会と称した）が設立された。公民というのは、市制・町村制によって作り出された新たな概念で、住民と違って市町村会議員の選挙権を有すると共に名誉職を担任する義務を有する者を指す。公民資格は納税額によったから、これは資産を有する者であり、名誉職は、町村では町村長および参事会員・議員・各種委員に、市では参事会員と市会議員・各種委員に適用された。このような性格を有する公民たちが集まって組織したのが公民団体である。

麹町公民会を例に述べる。その発会にあたり、元府知事・元老院議官の楠本正隆は、区民の権利を行使して区の公益を図り、ひいては国家の隆盛を実現するには「選挙其人を得る」ことが重要である、しかし東京市および麹町区の風俗人情を見れば、地方とは異なり不特定多数の住民からなり、日常交際に欠けているため、その人となりを知ることができない。このままでは自治制度は名のみになってしまうので、公民会を設けて公民間の情誼を通じ、親睦や公益に関する相談だけでなく、良議員を予選し、法律や学術の研究する必要があると公民会設立の意義を語っている（『東京日日新聞』一八八九年五月七日）。

この麹町公民会は、衛生や教育という全区民にかかわる問題も扱い、区行政の一端を担い、後の町内会的な性格も有していた。つまり市制施行は、東京市の区民組織化を促したといえよう。また各種選挙が区を選挙区としていたため、公民団体は、あらゆる選挙の候補者選定と調整に影響力を発揮することになった。こうして区の持つ重みは区会の権限以上に高まっていったのである。

日露戦後の時期に、区会および区会議員が電車賃の値上げ反対や電灯料金問題を取り上げて活発に運動を繰り広げたのは、区会議員たちが、いちばん地域生活に根ざした意識を持ち活動していたからだと考えられる。

その後、政治的対立などから複数の公民団体が生じ、また大正期から中央政党の影響力が及んでくると、公民団体はかつての影響力を失うか、あるいは政党色を明確化させていき、衆議院議員を頂点に、それに連なる政治団体・選挙団体と化していく。しかし区政自体が、市や府の基盤であったことには変わりはなかった。そういうところからすると一九四三年の東京市の消滅は、区にとってはむしろ歓迎すべきことであったといえる側面がある。この時に東京における区は、日本で独自の位置を獲得することになったからである。

現在の大阪都構想や中京都構想を語るとき、このような歴史的背景の違いを無視して、東京と同列に論じることはできないように思われるのである。

参考文献

磯村英一『区の研究』（市政人社、一九三六年）

京都市市政史編さん委員会編『京都市政史　第一巻』（京都市、二〇〇九年）

櫻井良樹『帝都東京の近代政治史』（日本経済評論社、二〇〇三年）

中島久人『首都東京の近代化と市民社会』（吉川弘文館、二〇一〇年）

山中永之佑『近代市制と都市名望家』（大阪大学出版会、一九九五年）

近代の女性——「新しい女」とは何だったのか

坂井 博美

『青鞜』という存在

『青鞜《せいとう》』という名称は、女性解放運動の萌芽期の雑誌として高校教科書の多くに登場する。また、この月刊誌の創刊者のひとりであった平塚らいてうの名前を知っている人も少なくないだろう。『青鞜』は一九一一年(明治四四)、平塚や保持研子など二〇代前後の女性たちが発起人となって創刊され、一九一六年(大正五)まで続いた。女性が発言することに対して制約が強く働く社会のなかで、若い女性たちが物を書き、それを自ら発信しはじめたことは、脅威として受けとめられ、彼女たちはバッシングに晒された。しかし、青鞜社の人々はこれに屈せず、「家」からの解放や恋愛の自由を主張していった。

従来、『青鞜』を語る際には、一般的に以上のような説明がなされてきた。だが、『青鞜』周辺の女性たちと社会との関係を、こうした抑圧と解放の二項対立的構図のみで捉えると、見逃してしまう問題もあるのではないだろうか。近年、こうした直線的な解放の図式は見直しがなされている。そして、それとともに、男性や社会の側が「新しい女」を作り出した側面もあるということも検討されている。

解放か抑圧か

明治期、政府は富国強兵を推し進めていった。そのなかで人々は近代国家の発展を担う「国民」になることが求められるようになる。そしてそうした「国民」を産み育てる存在として、女性の母としての役割が重視され、良妻賢母規範が強く唱えられるようになった。また、産業化の進行のなかで、労働の場と生活の場が分離していき、男性が前者を持ち場とするようになると、女性が家庭内で家事や育児などを中心的に受けもつことが期待されるようになった。

このような社会の変化のなかで、社会から押しつけられる女性像に反発し、新しい生き方を模索する女性たちが中心となって、『青鞜』はつくられていった。日本各地の女性たちが、文学の道を志して小説や短歌などを寄せたり、自分たちの生活から浮かび上がる感想を発表したりした。さらに『青鞜』誌面のなかで注目されるのは、女性にとって処女であること、処女を捨てることの意味について議論された貞操論争、堕胎の是非をめぐる堕胎論争、性売買に関する廃娼論争というように、数々の議論が行われたことである。男性中心的な社会を打破するうえで、性や生殖のあり方を自分自身で選びとれるようになることは女性にとって重要な課題であり、こうした問題を女性自身がメディア上で論じあったことは、画期的なことだった。『青鞜』の休刊（事実上の廃刊）以降も、多くの『青鞜』のメンバーたちが、評論家として執筆活動を続けたり、女性団体で活動するなどした。

しかし、女性の地位向上を目指す彼女たちのこうした行動は、必ずしも女性の解放へと一直線につながるものではなかったと捉える見方も登場している。社会学研究者の牟田和恵は、平塚らいてうらが、女性の権利を主張するにあたって、女性の母役割を根拠とし、その国家的、社会的意味を強調するようになっていったこと、また、彼女たち自身が、処女性を女性にとって尊いものとみなし、その価値を重視したことを指摘する。そして、女性の地位向上や女性の性的自立性の獲得を願うゆえにつくり出されたこうした思想は、実は、女性を家庭に囲い込むジェンダー規範を作り出し、女性自身のセクシュアリティを封じ込めるものでもあったと論じている。このように、彼女たちの思想は、抑圧からの解放のみではなく、新たな抑圧を生み出した側面ももつことが、近年指摘されているのである。

男にとっての「新しい女」

また、社会は「新しい女」に対して、否定的な反応のみを示したわけではない。確かに『青鞜』は数回にわたり発売禁止処分を受けた。メディアは「新しい女」が遊郭で遊んでいたとか、五色の酒を飲んでいたなどと、誇張やでたらめも加えながら彼女たちの行動や恋愛事情を書き立てた。しかし、「新しい女」を報じる人々の書きぶりからは、彼女たちへの反発とともに、「新しい女」

に実に興味津々な様子が窺えもする。「新しい女」という表象が流行したのは、男性たちが彼らにとって理想的、あるいは魅惑的な新しい型の女性像を追い求めたゆえでもあった。そもそも「新しい女」という語をまず使い出したのは主にメディアや男性知識人などであったのである。

明治から大正期にかけて活躍した自然主義小説家の岩野泡鳴は、「新しい女」に魅了された典型例である。彼は、評論のなかで婦人問題について盛んに発言し、『青鞜』に寄稿したり、青鞜社が開いた講演会にも登壇している。青鞜社との関係は、同社のメンバーであった妻の岩野（遠藤）清を介して結ばれたものであり、泡鳴は清が『青鞜』で活動することを望んでいた。

このように書けば、泡鳴が女性の立場に同情心をもつ良き理解者だったと思われるだろうが、彼がそのように振る舞った理由には、泡鳴自身の利害関係も関与している。青鞜社の講演会で行った講演の筆記録「男子からする要求」のなかで、泡鳴は、近頃自然主義の登場などによって覚醒した「新しい男子」が出現しはじめている、それゆえ女性も個人として覚醒しなければ、このような新思想の男性の要求に添わなくなってしまうだろうと説いている。新時代の男性に見合う女性の登場は、彼自身にとって大きな関心事だったことがわかる。

泡鳴は、新思想の体現者を自任し、独自の作風をもつ作家として、個性的な自己を立ち上げようとしていた。その承認欲求を満たすために、新思想を理解し肯定してくれる女性を欲したのであり、そうした女性であることを岩野清にも期待した。つまり、新しい女性像に対する関心は、男性である泡鳴自身の欲望に基づくものでもあったのである。

泡鳴は清に小説の執筆を勧め、指導を行うとともに、女性の政治的権利の獲得を目指す清の主張を支持し、清を「新しい女」として世に宣伝した。相互に影響を与え合いながら形作られた二人の女性論は、夫婦の結びつきは愛情が唯一の絶対条件であり、どちらかの愛情が失われた時には別れるべきだという主張や、女性の経済的独立の必要性を論じる議論など、共通点が多かった。

女性の「地位」は上がった？

しかし、特に泡鳴と新たな女性の間の関係が発覚し、夫婦が別居を開始した後、双方の思想の距離は開いていく。清が泡鳴を相手取って、同居と妻子扶養料を求める二つの訴訟を起こしたのに対し、泡鳴は離婚を主張し、裁判で争った。別居後も泡鳴は一貫して、女性が経済的独立の用意をしておくことの重要性を説き続けた。愛が消滅した際は離婚するべきだという彼の持論を実現可能なものとするには、女性が自活能力を備えることが必要だったからである。一方、清も経済的独立論を撤回することはなかったが、以前に比べて、家事・育児労働の価値を強調し、さらに男女の本質的違いと「新生命の創造者」である女性の優位性を主張するようになっていった。その理由のひとつとして、特に子どもを抱えた女性の自活が困難な社会状況のなかで、清自身の生活を維持しつつ、かつ女性の地位を上昇させていくための思想として、自らがこれまで担ってきた家事労働の重要性や産む性としての女性の独自性を強調する方向性が、選びえた数少ない選択肢だったことが挙げられる。

以上、『青鞜』の女性たちのケースでみてきたように、女性たちの生活やそれを改善しようとする試みは、「抑圧から解放へ」という単線的な図式で理解できるものではない。そしてこの点は、現在の社会状況を考えるうえでも忘れてならないことである。

一見、「解放」への道程にみえるような事象も、様々な社会的位置にある人々それぞれにとって、どのように作用するのか、新たな「抑圧」を生み出しはしないか、その事象の意味を社会の構造総体との関係のなかで考える必要があるだろう。

参考文献

牟田和恵『戦略としての家族――近代日本の国民国家形成と女性』(新曜社、一九九六年)
牟田和恵『ジェンダー家族を超えて――近現代の生/性の政治とフェミニズム』(新曜社、二〇〇六年)
黒澤亜里子「近代日本文学における《両性の相剋》問題――田村俊子の「生血」に即して」(脇田晴子、S・B・ハンレー編『ジェンダーの日本史』下、東京大学出版会、一九九五年)
坂井博美『「愛の争闘」のジェンダー力学――岩野清と泡鳴の同棲・訴訟・思想』(ぺりかん社、二〇一二年)

近代日本の米食――どのような米を食べていたのか

大豆生田　稔

戦前期の主食――多様な米消費

一九〇〇年頃から六〇年代に至るまで、豊凶はあるが、三〇年代はじめの一時期を除き米はほぼ一貫して不足した。国内米作の発達も著しかったが、それを上回る人口の急増があったのである。不足は朝鮮米や台湾米、東南アジアからの「外米」などにより最終的に補われたが、それが滞れば深刻な食糧難が到来した。米価水準は上昇傾向をたどり、国内市場には質の悪い米も出回るようになった。また、海外からは、従来日本人があまり口にしなかったインディカ種が入ってきた。国内外の産地から集まる多様な米を消費するようになったのである。

農村の主食は、大麦を混ぜた「麦飯」が一般的であり、雑穀、イモ類、屑野菜などを混ぜることも少なくなかった。畑作地帯では米の割合は少なく、麦や雑穀、イモ類などの比重が高まった。また、めん類など小麦を原料とする代用食は都市・農村を通じて用いられた。都市部では、多量に排出される残飯が、下層民になくてはならない食料となった。このように米の消費のされ方には著しい偏差と限界があった。

米消費の急増――産業革命前後

米の一人当たり消費量は、幕末から明治初年までは大きな変化はなかったが、一八八〇年代から上昇傾向が明確になった。八〇年代の〇・七―〇・八石は、約四〇年にわたって増加を続け、一九二〇年前後に約一石の水準に到達し、そこで安定したのである（図1）。

一八八〇年代後半の急増は、当時豊作が続いて米価が下がり、消費がすすんだからであろう。もちろん農村では麦飯が一般的であったから、米価が下がっても消費増には一定の限界があった。だぶついて価格を落とした日本米は、一時的にではあるが海外へ輸出され、欧州やアメリカ、オーストラリアなどに向かった。

明治期を通じた米消費の増加には大幅な地域差、階層差があった。都市では麦などを混ぜない白米の飯が一般的であった。地域差は一県のなかにも存在し、一八八一年（明治一四）の千葉県の場合をみると、麦飯の米比重には相当の幅があるし、麦のほか粟・黍、豆類などを混ぜる地域もあった。また、富津や木更津のような町場では、都市と同様に麦などを混ぜていない（表1）。

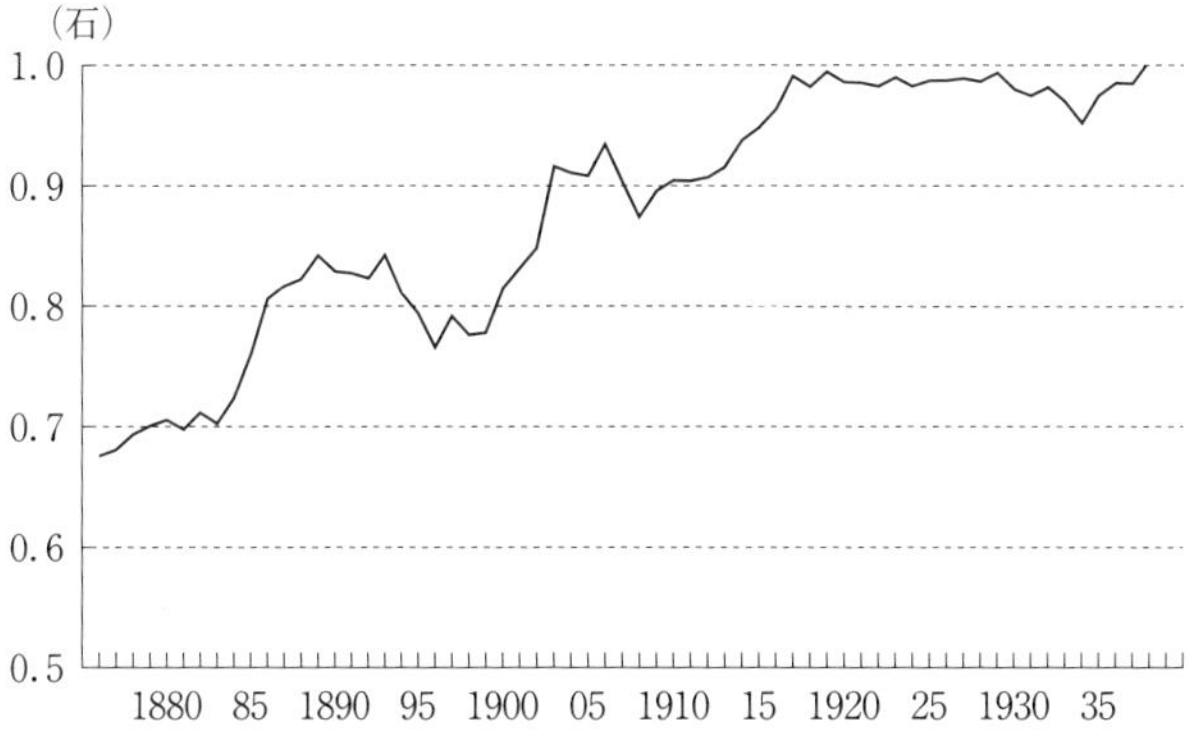

図1　1人当たり米消費量の推移

出典：篠原三代平『長期経済統計6　個人消費支出』東洋経済新報社，1967年
注：人口1人当たり玄米消費量．五カ年移動平均値．

表1　千葉県内各郡の主食構成（1881年）

旧国	郡	うち（%）	構成（%）
安房	安房・平・朝夷・長狭		米（60），麦（25），粟（10），甘薯（5）
上総	天羽	郡中（35）	米（60），麦（40）
		郡中（65）	米（60），麦（30），粟（10）
	周准	郡中（45）	米（50），麦（50）
		郡中（55）	米（50），麦（25），粟（25）
		富津村	米
	望陀	郡中（45）	米（70），麦（30）
		郡中（55）	米（70），麦（20），粟（10）
		木更津村	米
	夷隅		米（40），麦（40），粟（20）
	長柄・上埴生		米（70），麦（30）
	山辺・武射		米（65），麦（30），粟黍（5）
	市原		米（51），麦（41），粟（6），大豆（1），小豆（1）
下総	千葉		米（42.5），麦（51.5），粟（6）
	東葛飾		米（48），麦（40），粟（11），稗（1）
	印旛		米（68），麦（42），粟（10）
	下埴生		米（70），麦（30）
	南相馬		米（53），麦（45），粟（2）
	香取		米（70.2），麦（26.1），粟（3.7）
	匝瑳		米（60），麦（30），粟（5），黍（5）
	海上		米（65），麦（25），粟（5），黍（5）

出典：千葉県記録掛『千葉県統計表 明治十四年』1883年，229-231頁，「人民常食物」のうちの「現今」の欄．印旛郡の数値は出典どおりに記した．

米代に窮する都市の下層社会では、焼き芋（甘藷）など安価な代用食も食された。また、残飯屋が市中の学校や軍隊、官公庁、刑務所などから残飯を仕入れて小売りした。雨の日などは客が押し寄せて店頭にひしめき、買えない者もでてきたという。研いだり炊いたりする手間も省ける残飯の需要は高まった。

農村では、比較的上層の地主の家でも麦飯が普及していたが、明治後期になると、中下層も含めて次第に米の割合が高まった。また麦の代わりに、味や外観にまさる台湾米や外米が混ぜられるようになった。

米消費の急増は深刻な米不足をひきおこし、都市中下層の生活を圧迫した。一九一〇年代後半になると不足は一層深刻になった。一九一七年（大正六）創刊の『主婦の友』などの婦人雑誌には、高騰する食費の節約方法、外米の炊き方などの記事がたびたび掲載されている。

不足の補塡──台湾・朝鮮・東南アジアの米

不足は貿易を通じて補塡された。明治末頃からは、国内産米に加え、比較的安価な朝鮮米や台湾米、東南アジアの外米がさかんに消費されるようになった。日清戦後に植民地となった台湾は米の主産地であり、植民地化前後の朝鮮からも米が大量に入った。さらに、サイゴンやラングーンなどから積み出される外米を加えて、海外のさまざまな米が食膳にのぼるようになった。

日本米は粘り気のある小粒のジャポニカ種である。朝鮮には日本種が普及したが、台湾米や外米は大粒で粘りのないインディカ種であった。パサパサして独特の香りもあり、日本米と混ぜて食べられることが多かった。

一九一八年（大正七）夏の米騒動をへて、米の消費節約と代用食が奨励されるようになった。しばらく前の消費水準に戻れば深刻な不足は解消するはずであったから、首相原敬は麦飯や雑穀飯への回帰を唱えている。

一九二〇年代には、そばやうどんなど、小麦の消費も急増した。世界商品である小麦の価格は、必ずしも米価に直接連動せず、米価が高騰するにしたがって小麦の相対価格が下がったからである。世界的な産地である北米（アメリカ、カナダ）や豪州からの小麦輸入を担ったのは、現地に支店などがある三井物産や三菱商事などの商社であった。小麦輸入は急増して、二〇年代後半には国内生産量に匹敵する量になった。米に加えて小麦も、海外産地への依存を深めていったのである。

植民地米や外米への依存度が高まると、その供給が何らかの事情で停滞した場合、直ちに深刻な食糧難に陥るようになった。米騒動直前にもその兆しはあったが、一九四〇年代、戦時から敗戦直後には深刻な食糧危機が到来した。東南アジアへの侵略は一時的に大量の外米を確保したが、間もなく輸送が寸断され、戦争末期には植民地からの輸送さえ困難となった。さらに戦後は植民地を失い、食糧輸入も直ちに実現しなかった。貿易の円滑な展開が戦前期の、多様な米消費の前提であった。

産地間の競争——米穀検査と規格化

明治中後期には、米の商品流通を促進し、取引を円滑化する設備や制度が整った。鉄道が主要な消費地と全国各地の米産地とを結び、また明治末頃からは米穀検査が各府県に広まり産米改良が本格化した。質の良い高価な米から、質の劣る安価な米まで、産地では銘柄・等級ごとに規格化された。乾燥不良などで品位を落とした東北日本海側や北陸の産米も、それなりの品質の商品として規格化され、一九二〇年代半ばまで道内自給できなかった北海道などに向かった。また朝鮮や台湾でも、検査による規格化がすすんで対日移出を拡大していった。

こうして明治末から、植民地も交えた諸産地の競争が激化した。朝鮮米は大阪方面に大量に出回り、市場では岡山・広島の産米と同格、東北産よりは良質と評された。一方で、鳥取産の米などは打撃を受けることになった。東京市場では明治後期から熊本の肥後米が進出し、東北産などを圧迫して北海道市場へ追いやった。また台湾では日本種の栽培が成功し、「蓬莱米」と名付けられた。二〇年代末に東京へ直航路が開かれると、安価な米として東京市場に歓迎され他産地米を圧迫した。

このように、一九世紀末以降の米消費の拡大は、海外からの補塡を不可欠とし、人びとは内外産地の多様な米を食べるようになった。しかしそれは、円滑な貿易を前提とするものであり、一九三〇年代後半からの戦時への移行はその条件を急速に掘りくずしていったのである。

参考文献

大豆生田稔『近代日本の食糧政策』(ミネルヴァ書房、一九九三年)
大豆生田稔『お米と食の近代史』(吉川弘文館、二〇〇七年)
紀田順一郎『東京の下層社会』(筑摩書房、二〇〇〇年)
木村茂光編『雑穀Ⅱ』(青木書店、二〇〇六年)

近代日本の貿易——総合商社史研究の到達点

谷ヶ城秀吉

総合商社像を相対化する試み

一八五八年に安政五カ国条約を締結した日本は、翌五九年から海外との貿易を本格的に開始した。一八八〇年には輸出入ともに〇・二%であった世界貿易に占める日本の貿易額の割合は、一九三八年には輸出五・四%、輸入四・六%に上昇した。高度成長期の一九六〇年における割合が、輸出三・一%、輸入三・三%であったことを想起すれば、戦前の日本経済にとって貿易がきわめて重要な位置を占めていたことがわかる。

では、近代日本の貿易はいかなる取引主体によって担われたのだろうか。高校で使用されている教科書では、横浜正金銀行や日本郵船の活動とともに三井物産の活躍が強調されている。もちろん、そのこと自体は誤りではない。実際に三井物産は、すでに日露戦後にはグローバルな店舗網と多種多様な商品の取り扱いを基盤として抜きん出た存在となっていた。こうした事実を背景として三井物産を対象とする歴史研究は、膨大な数にのぼる。戦前に活動した総合商社のイメージは、それらの研究に基づいて形成されてきた。

これに対して総合商社を対象とした近年の研究潮流は、次の二つに分類できる。一つは、米国立公文書館やオーストラリア国立公文書館シドニー分館が所蔵する在外日系企業接収資料を用いた研究である。雑多な支店資料を利用したこれらの研究は、日本にある体系的に整理された本店資料からは見ることのできない取引の具体的な態様を明らかにしている。いま一つは、三井物産を対象とした諸研究の知見を意識しつつ、一九二〇年代以降に急成長した三菱商事の活動を明らかにすることで従来の総合商社像の相対化を試みる研究群である。本項では、後者に焦点を絞って近年の研究成果を紹介したい。

三菱商事の成長要因は何か

かつて橋本寿朗は、生産者に対する総合商社機能の競争的な供給が戦前／戦後を通じた日本の経済成長に大きく寄与したと主張した。そしてその過程は、先発者に対する後発者の模倣を基盤とする同質的な競争を伴いながら進展したと見通した。総合商社のビジネスモデルを構築した先発者は、一八七六年に設立された三井物産であり、これを追撃する後発者の典型として橋本が措定したのは、三菱合資会社営業部の分離独立によって一九一八年に設立された三菱商事であった。

一九二一―三六年度における取扱高の年度平均成長率は、三井物産が五・四％であったのに対して三菱商事は一五・二％であった。そのため、一九二一年度には三井物産の一四・六％（一・二億円）にすぎなかった三菱商事の取扱高は、一九三六年度には五五・二％（九・九億円）にまでキャッチアップした。戦間期に三菱商事は、三井物産の強力なライバルとして立ち現れた。

三菱商事の成長要因は何か。かつてその主因は、三菱財閥の重化学工業部門に対する依存にあると考えられてきた。それゆえ、三井物産が純粋な商事・貿易商社的性格を持つのに対して三菱商事は、財閥の購買・販売部門的性格を持つと理解されてきた。

この問題について加藤健太は、同社と三菱重工業の取引が多額にのぼったこと、ただし、この取引によって三菱商事が得た利益は必ずしも大きくなかったことを明らかにしている。加藤の研究は、三菱財閥の重化学工業部門に対するサービスの供給を三菱商事の主たる任務と理解した通説を支持する結果となった。ところが一九二五年度と一九三六年度の二時点における取扱高拡大の要因分解を行うと、機械部門の寄与率が一五・七％であったのに対し、穀肥部門は二七・六％、金属部門は二四・二％であった（表1）。要するにこれらの知見は、三菱商事の成長が財閥内の重化学工業部門に連なる機械取引の急拡大だけでなく、財閥外での穀肥・金属部門の取引にも支えられていたことを示唆している。この点について本項では、植民地期の台湾市場における三菱商事の活動を分析した筆者らの研究を事例に接近したい。

台湾市場における三菱商事の行動

一九二四年に台湾へ進出した三菱商事が直面した問題は、次の二つであった。一つは、先行する三井物産の市

表1　三菱商事における取扱高拡大の要因分解　（単位：千円，％）

年度/部門	燃料	金属	機械	穀肥	食品	雑貨	合計
1925（A）	34,260	55,741	18,229	99,605	80,683	52,555	341,072
1936（B）	78,843	213,288	120,162	279,105	50,880	249,547	991,825
B/A	2.3	3.8	6.6	2.8	0.6	4.7	2.9
寄与率	6.9	24.2	15.7	27.6	−4.6	30.3	100.0

（出所）三菱商事『綜合決算表』各年度（三菱史料館所蔵）より作成．
（備考）1930年および1936年に部が再編されたため，1936年度の穀肥部門は農産部と肥料部の和，同食品部門は水産部，同雑貨部門は雑貨部と生糸部の和を掲げて代替した．

場支配力である。日本の植民地となった台湾へ一八九六年に出店した三井物産の基本戦略は、安定的な供給源を確保しつつ、官庁・大企業をはじめとする大口需要者との取引を重視することにあった。その結果、台湾炭の取扱いや大手向けの大豆粕販売で同社は、六割以上のシェアを占めることになった。後発の三菱商事がここに割り込むことはきわめて困難であった。いま一つは、日本国内とは異なる現地の商慣習への対応である。一九二〇年代には台湾米の対日移出が急増したが、これを牽引したのは基隆に拠点を持つ台湾人商人であった。現地の流通機構を介さなければ集荷できない商品で相応のシェアを保つことは、三菱商事だけでなく、三井物産にとっても容易ではなかった。ところが、一九三〇年代に三菱商事は中小需要者向けの硫安販売で三井物産を上回るシェアの確保に成功し、また台湾米取引でも三井物産とともに台湾人商人に代わる有力な移出商へと成長していった。

　この要因は、次の二つから説明される。第一に参入初期の段階では、現地流通機構との間に生じる商慣習の差を緩和する有力パートナーとの提携が三菱商事の活動を補完した。台湾市場では、肥料と台湾米を扱う在台日本人商人との提携が鍵であった。

　第二に、取扱高がさらに拡大する一九三〇年代には、リスクを管理しうる制度の形成が三菱商事の競争力源泉となった。パートナーとの持続的な利害調整は容易ではない。一方でパートナーへの依存度を緩和するために現地流通機構を構成する多数の零細商と取引すれば、取引に付随するリスクが上昇する。一九三〇年代に三菱商事が台湾米の直接買付を開始し、かつ現地肥料商の組織化に基づく販売網の拡充を図ったという歴史的な事実から鑑みれば、同社の選択は後者であったことがわかるが、そうした選択は同時期に社内で定着したリスク管理制度とその運用によって可能になったと本項は見ている。そして、三井物産でも同様のリスク管理制度がほぼ同じ時期に整備されていったことを想起すれば、生産者に対する総合商社の機能は同質的な競争を伴いながら供給されたと理解されよう。

しかし、同質的な競争の存在を指摘しただけでは、戦間期における三菱商事の急速なキャッチアップを説明できない。この差異性の問題について本項は、両社が採用する管理会計制度の違いから説明したい。戦間期の三井物産が支店レベルにおける利潤の獲得を強く意識させる店別損益制度を採用したのに対し、三菱商事は支店ごとの損益を意図的に明示しない部別損益制度を採用していた。市場占有率の拡大や取扱高の成長を強く企図した三菱商事の行動は、支店の利潤が考査の対象とならない後者の制度によって促進されたと考えられよう。

近年では三菱商事が選択した制度ないしそれによって構築された組織の問題だけではなく、企業活動を支える人的資源の確保・育成の観点からも緻密な成果が提出されている。三菱商事を事例とした実証研究は、まだ緒に就いたばかりである。こうした多様かつ多面的な総合商社の把握によって今後の「総合商社像」はますます豊かになるであろう。

参考文献

上山和雄『北米における総合商社の活動』（日本経済評論社、二〇〇五年）

大石直樹「戦間期三菱商事の取引制度」（『三菱史料館論集』第一二号、二〇一一年）

大島久幸「総合商社の展開」（阿部武司・中村尚史編『講座・日本経営史』2、ミネルヴァ書房、二〇一〇年）

岡崎哲二「戦前期における総合商社の組織と経営行動」（『経営史学』第四七巻第四号、二〇一三年）

加藤健太「戦間期三菱商事の機械取引」（『三菱史料館論集』第一二号、二〇一一年）

橋本寿朗「総合商社発生論の再検討」（『社会科学研究』第五〇巻第一号、一九九八年）

宮本又次・栂井義雄・三島康雄編『総合商社の経営史』（東洋経済新報社、一九七六年）

三和良一・原朗編『近現代日本経済史要覧』（東京大学出版会、二〇〇七年）

谷ヶ城秀吉『帝国日本の流通ネットワーク』（日本経済評論社、二〇一二年）

戦時下の民衆生活——なぜ戦争に「協力」したのか

佐々木 啓

戦時統制と民衆

アジア太平洋戦争下の日本社会において、民衆が厳しい経済統制や言論統制の下に置かれたことは、よく知られている。人口の約一割にまで及んだ兵力動員や、幅広い層を巻き込んで展開された労働力動員。米や物資の供出や、配給制度などを通した耐乏生活の強制。特高警察や憲兵などによる反戦・反軍的な言説の取締り……。戦時体制は人びとの身体、精神を極限まで拘束したのであり、戦時期は民衆にとってまさしく「暗黒時代」であった。

だが、このようにとらえると、一つの疑問が浮かび上がってくる。なぜこれほど厳しい環境に置かれたのに、ほとんどの民衆は敗戦に至るまで戦争に協力し、抵抗運動を起こさなかったのだろうか。もちろんそれだけ言論統制が厳しかったということでもあるだろうし、偏狭なナショナリズムが民衆に浸透していたということもあるだろう。あるいは、軍国主義教育によって批判的な思考をすることをそもそも抑止されていたとする考え方もある。民衆の戦争協力の背景に、これらの諸要素があったことは間違いない。

一方、こうした考え方に対して、九〇年代以降の歴史学はやや異なる角度から答えを導き出している。「総力戦体制論」をはじめとする近年の議論は、右に見てきたような厳しい統制の実態よりも、総力戦下での「社会改革」に注目する。日本の戦時体制は、それまでの社会のあり方を大きく改め、社会的、経済的に劣位に置かれてきた人びとの労働環境や生活水準を改善し、社会全体を均質化、平等化する志向を持っていた、というのである。ほとんどの民衆が支配体制に強く抵抗しなかった背景には、こうした「社会改革」があったのであり、厳しい言論統制や教育だけが要因ではなかったというわけである。

戦時下の「社会改革」

しかし、それでは最初に述べた戦時下の民衆生活の実態とあまりに食い違う歴史像になってしまう。果たして本当に戦時下に「社会改革」など実行されたのであろうか。そこで次に、戦時下の「社会改革」の内容について、具体的に見てみることにしよう。

よく知られているように、第一次世界大戦以降の戦争では、参戦国は前線だけでなく「銃後」をも巻き込んだ総力戦体制を敷いた。そこでは、国家の物的・人的資源が戦争遂行のために全面的につぎ込まれ、社会全体が戦争遂行のための機能性という一点から再編成された。アジア太平洋戦争における日本も同様である。「社会改革」はそうした総力戦体制の構築と深く関わっている。

その一つは、国民の健康管理に関するものである。兵士たちに「名誉の戦死」を強いた戦時体制が国民の健康に気を使うというのは、ある意味で奇妙な話に聞こえるかもしれないが、国民を健康で強靱な身体にすることは戦争遂行上国家にとって必須であるとみなされ、厚生省の下で「健兵健民」政策が進められた。「健民」とは、身体が丈夫で頭脳も明晰、胆力もある国民のことを意味する。「健民」は屈強な兵士＝「健兵」となり、「生産戦」を勝ち抜く優秀な「産業戦士」になると考えられた。こうした観点から、一九三八年四月には、国民健康保険法と職員健康保険法が公布され、国民への医療・保健の普及が推進された。特に前者については、四三年の段階で全国の市町村の九五％に国民健康保険組合がつくられ、戦時中にほぼ「国民皆保険」が達成されている。また、国保組合は、保健婦の設置、「母性」と乳幼児の保護、結核予防、栄養改善、伝染病予防、寄生虫予防など、地域において様々な医療・保健施策を実行に移していった。これに加えて、四二年四月には結核対策や医療内容の向上、無医村対策を目的とする日本医療団が設立され、中央総合病院から地方診療所に至る一般医療施設の整備が目指されている。「健兵健民」という課題の下、経済的な貧富や居住地の「都鄙」にかかわらず医療・衛生環境が整備され、「医療の国民化」が進められたのである。

社会的格差の縮小

こうした健康管理の問題に加え、戦時下においては小作人や労働者の待遇改善が追求されたことも見逃せない事実である。小作人の待遇については、総力戦の遂行に必要な食糧生産を確保するため、食糧生産者＝農民を農村につなぎ止め、人口流出を防止する施策が立てられた。具体的には、農地調整法（一九三八年八月）、小作料統制令（三九年一二月）などの法令が定められ、国家の強力な介入の下に小作料の実質的な引き下げと、自作農の創設・維持が推進された。小作料率は四一年に五〇％前後であったのが四五年には三〇％の水準まで低下し、地主の社会的、政治的、経済的地位は相対的に低下した。

労働の分野においては、一九四〇年一一月の閣議決定「勤労新体制確立要綱」によって、「勤労」は国民にとっての責任であるとともに栄誉であると定められ、労働者も職員も経営者も国家に奉仕する「勤労者」としては平等であり、労働者は生産戦を担う「産業戦士」として尊重されなければならない、とする「皇国勤労観」が導入された。こうした観念に基づき、四〇年一〇月の第二次賃金統制令では、最低賃金が公定され、勤労者とその家族に生活を恒常的に保証することを条件とする「生活給」原則が推進された。また、労働者年金保険法が四一年三月に制定され（四四年には厚生年金保険法と改称）、戦後の厚生年金制度の基礎を築いた。

労働者や小作人の待遇に加え、地域社会のあり方、性別役割分業のあり方も「改革」の対象となった。地域社会における戦争動員機構として日本全国に創設された町内会・部落会や隣組は、配給機構として住民の消費生活を管理すると同時に、従来の地域社会における上流・中流・下流、インテリと庶民の住み分け状態を改編して、社会的混住化を進めた。そこでは、階級、性別、年齢、学識などによる差別が否定され、従来の因襲にとらわれない合理的、科学的な運営をすることが指導された。また、男性の応召、徴用の増大にともなって、女性労働者が増加し、家族経営の農家や商工業者でも女性による戸主機能の代替が進んだ。家父長的な家族制度との矛盾が指摘されながらも、女性の動員はなし崩し的に強化され、政府の把握する託児所の数が一九三七年の八八五から四四年の二一八四にまで増加するなど、労務管理のあり方に変化が生じた。総じて、階級や性別に基づく社会的格差を縮小することが提唱され、実行に移された。

「社会改革」は達成されたのか

以上のように、戦時下においてはたしかに様々な「社会改革」が実行に移され、民衆の社会的、経済的生活に大きな影響を及ぼした。先に述べたように、厳しい統制政策に民衆が従ったことの背景の一つには、こうした総力戦にともなう「社会改革」の理念があったのである。しかし、こうした「改革」が果たしてどこまで実現し、民衆の同意を調達するために役に立ったのかは、より詳細な検証が必要である。そもそも戦時経済は、戦局の悪化とともに破綻していったのであり、人材・資材の不足など、右のような「改革」を支える経済的な条件は時を追うごとに狭められていった。実質個人消費は、一九三五年を一〇〇とすると、四〇年には九一、四四年には六五にまで低下している。これに加え、四四年末から本格化した空襲は、戦時経済を根底から破壊したのであった。

また、様々な社会的格差が縮小する方向に向かったといっても、女性に参政権が与えられたわけではなく、朝鮮や台湾において議会制が確立されたわけではない。劣位に置かれた人びとに対する厳然とした制度的格差は最後まで存続した。また、社会的、経済的な待遇改善といっても、それがあくまでも「戦力」に足るとみなされた人びとに対してのものだったことも考慮に入れておく必要がある。結核患者のように「戦力」と見なされなかった人びとは、極めて劣悪な生活条件の下に置かれた。平等化の範囲は、あくまでも総力戦に「有用」か否かで決められたのである。

以上のように、総力戦にともなう「社会改革」は、社会的な不平等や富の不均衡を是正する理念を含んでおり、民衆を惹きつける内容を持ってはいたが、実際にそれを実現する条件は大きく制限されていた。敗戦が近づくにつれ、戦時体制の求心力は低下し、国家の統制は効かなくなっていった。戦時下の民衆生活の問題は、そうした理念と現実の懸隔をふまえつつ、正確に評価されていく必要があるであろう。

参考文献

山之内靖・ヴィクター・コシュマン・成田龍一編『総力戦と現代化』(柏書房、一九九五年)
雨宮昭一『戦時戦後体制論』(岩波書店、一九九七年)
高岡裕之『総力戦体制と「福祉国家」——戦時期日本の「社会改革」構想』(岩波書店、二〇一一年)

十五年戦争時の中国共産党——歴史的にどう評価するのか

丸山 鋼二

日本軍の侵略に正面から対峙したのは中国共産党軍か

一九三一年九月一八日の満洲事変から、一九三七年の日中全面戦争をへて、一九四五年のアジア太平洋戦争の終結までの日本による中国侵略は一連の歴史過程ととらえられて、十五年戦争と呼ばれている。

この十五年に及ぶ日本軍の中国侵略に対して、当時の中国政府（国民政府）はどう対処したのかはもちろん重要な研究課題である。が、それが抗日戦争史研究の中心的課題であるとしても、「では、中国共産党（以下、中共と略）は何をしていたのか」の方がより重要で興味深い問題かもしれない。

日中戦争前史における中国共産党

満洲事変が発生したとき、「紅軍」（赤軍）と称していた中共軍は自身の革命遂行（ソビエト革命）を目指して、「国民革命軍」と称していた国民政府軍との間で内戦の真最中であった。

中共は満洲事変を帝国主義列強の中国分割、反ソ戦争の序幕ととらえ、ただちに日本帝国主義への抵抗を呼びかけるとともに、国民党政府を帝国主義の手先と決めつけ、中国とソ連の防衛のためにも蔣介石政府の打倒が不可欠と認識していた。満洲事変から二ヵ月後に、中共は江西省瑞金《ずいきん》に暴力による国民政府転覆を目指す中華ソビエト共和国臨時政府（主席＝毛沢東）を樹立するという「国家分裂」の行動に出た。まさに紅軍を使って国民政府に打撃を与え抗日勢力を分散させるという「民族分裂」の反乱を引き続き実行していた。

第一次上海事変や長城抗戦で国民政府軍が正面から日本軍と戦っているときに、中国本土の中共軍は日本軍に対して一発の銃弾も撃たないだけでなく、勢力拡張の行動にでて、背後から国民政府軍を脅かし、日本の侵略を側面から支援するという「売国」的役割を結果として果たしていた。

中共は自らの影響力を拡大し、国民政府打倒のために大衆の抗日感情を利用しようと考え、抗日の旗印を掲げた。一九三四年七月、中華ソビエト共和国は有名な「北上抗日先遣隊」を福建省・浙江省に派遣したが、当時そこには日本兵は一人もおらず、両省は国民政府の重要な戦略地帯であった。その目的は、中央ソビエト区を討伐する国民政府軍を引き寄せて、中央紅軍の「戦略的移動」（退却）を側面から支援するための陽動作戦であった。この戦略的移動が有名な「長征《ちょうせい》」である。中共はその目的を「北上抗日」と宣伝したが、紅軍は実際には西方へ移動したのであり、ますます抗日の前線からは遠ざかっていた。のちに政治的な必要から「長征」という言葉と「北上抗日」という神話が編み出された。

第二次国共合作における中国共産党の「独立自主」

日中戦争勃発の前から、第二次国共合作の協議が行なわれていた。中共は国民党の全国的な指導権を承認したとはいえ、共産党の組織としての独立性については一歩も譲ろうとしなかった。国共間の核心的な問題であった軍隊の問題においても、中共は一貫して自らの軍隊に対する指揮権の保持に固執していた。これは実際には国民政府の命令に服従することを拒否するものであった。が、盧溝橋《ろこうきょう》事件（一九三七年七月七日）と第二次上海事変（八月一三日）によって全面抗戦が避けられないという情勢となり、中共の主張が事実上容認されることになった。八月二二日に国民政府軍事委員会委員長蔣介石《しょうかいせき》が西北の紅軍を第二戦区（司令長官閻錫山《えんしゃくざん》）傘下の国民革命軍第《だい》八路《はちろ》軍《ぐん》（まもなく第十八集団軍と改称）に再編し、朱徳《しゅとく》と彭徳懐《ほうとくかい》を正副総指揮に任命することを正式に発表した。同年一〇月には江南の紅軍遊撃隊を新編第四軍（新四《しんし》軍《ぐん》）に改編することで協議が成立した。

いわゆる第二次国共合作といわれるものも両党の対等な合作ではなく、共産党の合法的地位も一定の条件のもとで一時的な恩恵として与えられた、限定的で不安定なものであった。中国内部に独自の軍隊をもった二つの政党と政権が屹立し日本軍と対峙するという「奇妙な戦争」が日中戦争全期を通じてみられ、末期になるほど両者の矛盾・対立は激化し続けた。

日中戦争における二つの戦場

中共軍は有名な「独立自主の遊撃戦」という作戦方針でもって日本軍と戦った。この正面作戦を避け側面攻撃に徹するという作戦方針は、中共軍のそれまでの特徴と戦闘経験を生かせるものであった。貧弱な武器装備しか持っていない中共軍には正面作戦を担当するだけの戦闘力は備わっていなかったので、適切な戦術・作戦方針であった。

日本軍の急速な進撃により、正面戦場が華北・華東・華中に不断に拡大し、それに伴って敵後方戦場も出現した。問題は正面戦場と敵後方戦場という二つの戦場が有機的に連携し相互に協調して効果的に共同作戦でもって日本軍に抵抗できるかどうかであった。

山西抗戦における中国共産党

八路軍は作戦区域に指定された山西《さんせい》前線に赴いた。山西で、周恩来《しゅうおんらい》や彭徳懐ら八路軍司令部は、第二戦区の閻錫山司令長官や第一戦区の程潜《ていせん》司令長官らと作戦計画や戦闘地域について協議するなど、協力関係を深めた。

中共は当初から正面戦場ではなく、独立自主による遊撃戦を中心的な戦術としていたが、林彪《りんぴょう》の指揮下の八路軍第一一五師団による抗戦最初の大勝利であると「誇大宣伝」された平型関《へいけいかん》の九月二五日の一日のみの戦闘は国民政府軍との共同作戦のもとで勝ち取られた勝利であった。第一一五師団が担った任務は、戦役全体のごく一部に過ぎなかったのである。

その後の省都太原《たいげん》を防衛するための忻口《きんこう》会戦（太原会戦）においても、当初は朱徳が右翼総指揮として八路軍だけでなく一部の政府軍をも指揮して戦った。中央の正面戦場では衛立煌《えいりつこう》前敵総指揮下の第十四集団軍が英雄的に頑強に戦った。八路軍はこれに呼応し、警戒が厳重な陽明堡《ようめいほ》飛行場を襲撃して二四機の飛行機を炎上させ、忻口に対する日本軍の空中支援能力を喪失させるなど、日本軍を攻撃した。一ヵ月にわたった忻口会戦は、華北抗戦において国共両軍の共同作戦が成果をあげた戦役であった。が、太原陥落以後、八路軍は完全に遊撃戦に転じて根拠地建設に重点を置き、国共両軍の共同作戦は見られなくなった。

抗戦中期・後期の中国共産党

一九三八年一〇月の武漢《ぶかん》陥落後、戦線は膠着状態に陥り、日中戦争はいわゆる戦略的対峙段階に入った。そして、太平洋戦争の勃発後は、疑いなく国共両党は戦後に備えるために、双方とも自らの勢力の温存を図り、抗戦の努力をサボタージュしたのである。武漢会戦後、敵後方戦場の比重が急激に拡大したことは事実であるが、正面戦場で大きな会戦がなくなったわけではない。

国民政府軍の正面戦場では、盧溝橋事件から武漢陥落までの抗戦初期（三七年七月―三八年一〇月）に八つの会戦（日中両軍の大兵団による決戦的大戦役）があったのに対し、それから太平洋戦争勃発までに九つの会戦、そして太平洋戦争勃発後も九つの会戦を戦っている。この間、中共軍が大規模な戦役を戦ったのは、一九四〇年八―一二月の百団大戦の一度だけであった。

一九四四年、日本軍が発動した「大陸打通作戦」に対して、正面戦場の国民政府軍は河南《かなん》・湖南《こなん》・広西《こうせい》で大敗した。ちょうどその頃、初めて延安《えんあん》を訪問した内外記者団に対して、八路軍総参謀長の葉剣英《ようけんえい》が、これまで敵後方戦場が牽制していた日本軍は六四・五％を占め、正面戦場は三五・五％にすぎないと説明し、「解放区の戦場」が「国民党の戦場」よりも抗戦に大きく貢献しているとアピールした。

しかし、正面戦場の堅持があってこそ、敵後方戦場も存在意義があるのであって、どんなに敵後方戦場の比重が高まろうとも、あるいは正面戦場がどんな苦戦を強いられようとも、正面戦場の存在・堅持があって初めて戦争勝利（少なくとも戦争継続）という結果がもたらされたのである。中華人民共和国が成立した後になって、かつて国民党は抗戦をサボタージュし、共産党が抗戦を主導したという神話が作られた。しかし、抗戦が全民族的なものであったのであれば、当然のことながら、中国抗日戦争史は全戦場を研究対象としなければならない。近年、国民政府による正面戦場の歴史的見直しがなされつつあるが、中共の歴史的役割を含めてその歴史的評価は未だ定まっていない。

参考文献

謝幼田『抗日戦争中、中国共産党は何をしていたか——覆い隠された歴史の真実』（草思社、二〇〇六年）

エネルギー革命——石炭需給の減少と公害

島西 智輝

石炭産業からみたエネルギー革命とは

日本の石炭産業は、第二次世界大戦後の国産エネルギー（石炭）から輸入エネルギー（石油・ガス）への転換、すなわちエネルギー革命に価格面で対抗できず、高度成長期に衰退していったとされている。確かに、日本のエネルギー需給量に占める石炭の比率は高度成長期に急速に低下した。しかし、日本の石炭需給量が急減したのは一九六〇年代後半であり、それまではほぼ横ばいであった。このことは、一九六〇年代後半に何らかの変化がエネルギー革命に起こったことを示している。

これまでの日本経済史研究は、日本の石炭需給量が維持された要因として、一九五〇年代半ばから政府が開始した石炭産業合理化政策による大口需要者（鉄鋼業、電力業）への国内炭引取り要請や、燃料用一般炭輸入規制の効果を指摘している。しかし、これだけでは一九六〇年代後半の石炭需給量の急減を説明できない。本項は、エネルギー革命に対する石炭産業の対応をとおして石炭需給量の急減の実態を明らかにするとともに、日本のエネルギー革命について再検討する。

日本のエネルギー革命については、供給側（タンカー大型化、港湾インフラ整備など）、需要側（余剰エネルギーの有効利用、エネルギー原単位の改善など）の双方について研究が進展している。また、石油危機以降の省エネルギー化を高度成長期から連続する動きとして把握する見方も提示されている。本項は、これらの議論を踏まえつつ、石炭産業の衰退とエネルギー革命の双方について、新たな見方を提示したい。

石炭の品質管理

日本の炭鉱は、原料炭と一般炭の両方を産出する原料炭炭鉱と、一般炭のみを産出する一般炭炭鉱とに大別される。原料炭は鉄鋼業などが使用するコークス（蒸し焼きにした石炭）の原料となる粘結性や溶融性の高い石炭であり、一般炭は電力業などが使用するボイラー用燃料となる粘結性や溶融性が低い石炭である。

高度成長期には、鉄鋼業が著しく成長していたため、原料炭炭鉱は原料炭の生産比率をできるだけ高めるのが有利であった。そこで原料炭炭鉱は、一九六〇年前後から採掘した原炭（石炭や岩石が入り混じったもの）のなかから、原料炭を可能な限り多く選別する選炭設備を整備した。液体中における物質の比重差を利用して良質の石炭を選別する選炭機、沈殿物から微粉状の原料炭を回収する設備などが、それである。こうした設備によって生産された原料炭は、外国原料炭よりも高価格であったものの、溶融性が非常に高く、コークスをより強固にする性質をもっていた。一般に、コークスは高強度なほど高品質とされるため、鉄鋼業は安価な外国原料炭に国内原料炭を配合してコークスを製造していた。鉄鋼業が高価な国内原料炭を引取っていたのは、石炭産業によって外国原料炭とは異なる独自の性質をもつ原料炭が供給されていたからだったのである。

高度成長期における一般炭の最大の需要は、電力業における火力発電用燃料であった。電力の大消費地である太平洋ベルト地帯の発電用燃料市場では、一般炭と輸入重油が直接競合していたため、価格差をできるだけ縮小する必要があった。そこで一般炭炭鉱は、カロリー当たり価格を可能な限り引下げる対応をとった。その方法は、やはり選炭設備の整備であった。一般炭炭鉱もまた、各種の選炭機や回収設備を設置して原炭を繰り返し選別して、高カロリー一般炭（高カロリー炭）の生産比率を高めたのである。

しかし、石炭火力発電では燃焼灰の処理費などが発電コストに上乗せされるため、太平洋ベルト地帯では高カロリー炭でも重油火力発電に価格面で対抗できなかった。それにもかかわらず電力業が国内一般炭を消費し続けた理由として、以下の二点が指摘できる。第一に重油（後に原油も）を発電用燃料に使用する許可を政府から取りつけるためには、政府の国内炭引取り要請にしたがわねばならなかった。第二に一九六〇年代初めに政府が立案した産炭地域振興事業団による発電事業参入計画を退けるためには、重油専焼火力の重油・石炭混焼火力への転換や石炭専焼火力の新増設を受け入れねばならなかった。

ただし、電力業にとって、国内一般炭引取りは政府との交渉材料にとどまらない重要な意味をもっていたことにも注意せねばならない。当時の輸入石油の中心であった中東石油は硫黄含有量が多く、燃焼時の亜硫酸ガスが大気汚染の元凶となっていた。これに対して、高カロリー炭のなかには、選炭過程で石炭表面の硫黄が除去された結果、亜硫酸ガス発生量が中東石油よりも相対的に少ないものもあった。すなわち、高カロリー炭の消費は、電力業による大気汚染への対応策のひとつにもなったのである。

ところで、炭鉱が高カロリー炭を生産するために選炭を入念に行うほど、岩石と低カロリー一般炭（低カロリー炭）が商品価値のないボタ（廃石）として産出されることになる。ボタの廃棄コストを節約するために、炭鉱は、ボタを再び選炭して低カロリー炭を抽出し、産炭地の電力業に安価な火力発電用燃料として販売するようにもなった。

このように、石炭産業は、鉄鋼業へ高品質の原料炭を、太平洋ベルト地帯の電力業へ高カロリー炭を、そして産炭地の電力業へ低カロリー炭を供給することでエネルギー革命に対応したのである。原炭の品質は各炭鉱の炭層条件に規定されていたから、すべての炭鉱がこうした対応を取り得たわけではない。しかし、多くの炭鉱が原炭のなかから原料炭、高カロリー炭、低カロリー炭を選別する技術を導入・整備して石炭の品質管理を改善することでエネルギー革命に対応したことは確かである。石炭産業が品質管理の改善によって大口需要者が引取ってくれる品質の石炭を供給することに成功したがゆえに、一九六〇年代後半まで日本の石炭需要は何とか維持されていたといえよう。

公害問題と品質管理の限界

高度成長期に深刻化した公害問題に対して、政府は一九六七年に公害対策基本法を、翌年には大気汚染防止法を制定した。これらに基づいて、一九六九年には亜硫酸ガス排出基準が制定された。電力業をはじめとした各産業は、東南アジアの石油や天然ガスなどの低硫黄燃料を輸入することで公害規制に対応した。これらの燃料の燃焼時における亜硫酸ガス発生量は、国内一般炭のそれよりも圧倒的に少なかった。それゆえ、公害規制の緩かった北海道電力を除いて、電力業は続々と国内一般炭引取りを縮小した。こうして、最大の需要を失った一般炭炭鉱の多くは縮小・閉山を余儀なくされたのである。

公害規制の影響は原料炭炭鉱にもおよんだ。鉄鋼業の成長にともなって原料炭需要は堅調であったが、原料炭炭鉱もまたボタを再選炭して低カロリー炭を生産、販売できなくなったからである。低カロリー炭の販売収入の減少とボタの廃棄コストの増加は、原料炭炭鉱の経営も圧迫したのである。なかには原料炭需要があるにもかかわらず、縮小・閉山に追い込まれる原料炭炭鉱もあった。

石炭産業は品質管理の改善によってエネルギー革命下での急速な衰退を回避したが、公害規制の強化という新たな環境変化には対応できなかったのである。

石炭産業の衰退と重層的なエネルギー革命

日本の石炭産業は、エネルギー革命にともなう輸入エネルギーとの価格競争に敗北して単線的に衰退していったのではない。価格競争に勝てなかったがゆえに石炭の品質を改善し生き残りをはかったにもかかわらず、一九六〇年代後半の公害規制の強化とそれによってもたらされた硫黄含有量の少ない輸入燃料との品質競争に敗北した結果、最終的に衰退を余儀なくされたのである。

他方、公害規制の強化に対応した硫黄含有量の少ない燃料の導入と国内一般炭需要の急減は、化石燃料消費による環境負荷を緩和した。その意味では、日本のエネルギー革命は、国内エネルギーから輸入エネルギーへの転換、省エネルギー化、そして環境負荷の緩和という三つの重層的な変化によって特徴づけられるといえる。

参考文献

橘川武郎『日本電力業発展のダイナミズム』（名古屋大学出版会、二〇〇四年）
小堀聡『日本のエネルギー革命——資源小国の近現代』（名古屋大学出版会、二〇一〇年）
小堀聡「エネルギー供給体制と需要構造」武田晴人編『高度成長期の日本経済——高成長実現の条件は何か』（有斐閣、二〇一一年）
島西智輝『日本石炭産業の戦後史——市場構造変化と企業行動』（慶應義塾大学出版会、二〇一一年）
杉山大志監修・加治木紳哉著『戦後日本の省エネルギー史——電力、鉄鋼、セメント産業のあゆみ』（エネルギーフォーラム、二〇一〇年）

あとがき

『歴史評論』では、一一月の大会準備号にあわせて、歴史学の研究動向を紹介する「歴史学の焦点」を特集している。この特集が始まったのは二〇〇一年からで、二〇〇三年からは「歴史学の焦点」との特集名になった。以後、たとえば二〇一四年一一月号は「緊急小特集・特定秘密保護法問題」を組んだために「歴史学の焦点」が一二月号になったりすることもあったが、ほぼ毎年継続してきている。もっとも、研究動向の紹介といってもすべての分野を網羅するのではなく、新しい視点で研究がすすんでいる注目すべきテーマや、興味深い研究成果が蓄積され従来の通説や社会に流布している社会通念とは大きく変容したテーマなどを取り上げている。歴史教育に携わる方々には、自分の専門以外の研究の現状や視点を学ぶことができるので、大変好評である。編集委員も、今日の研究動向と深くかかわる時代や地域を超えた広く歴史学のあり方を議論できる素材を提供するべく、テーマ選定に努力を傾けている。本書は、その「歴史学の焦点」の成果を踏まえた「きょうだい」編ともいう位置にある。

「聖徳太子はいなかった」と学生に説明すると、「弥生時代に日本人はいなかった」と発言した時と同様に、ほぼ全員がキョトンとした顔をする。そうなれば、その日の授業は大成功！、学生は興味深く聞く顔になる。教壇に立つ教員や、社会教育で多くの聴衆を前にした研究者の方々は、大なり小なり皆このような、人を引きつけるエピソードの数々をポケットに忍ばせていることであろう。本書は、そのような活用にも役立つと思われる。また、本書は、歴史愛好家の方々にも、手にとっていただけると確信している。

どこから読み進めても良いような構成になっているので、お好きな所から読み始めて欲しい。一人でも多くの方々が本書を手にして下さることを願っている。

本書がなるのは、ご多忙の中、企画から編集までを推進していただいた編集委員の皆様と、趣旨を理解して玉稿をお寄せいただいた五〇人以上にも及ぶ執筆者の方々のおかげである。あつくお礼を申しあげたい。しかも、早くから玉稿をお寄せいただいた方々には、出版社や諸般の事情で刊行が大変遅くなり、ご迷惑をおかけしたことを、心からお詫び申しあげる。『歴史をよむ』(二〇〇四年刊)、『天皇・天皇制をよむ』(二〇〇八年刊)に引き続き、刊行をお引き受けいただいた東京大学出版会にも、謝意を申しあげたい。

本書が、「歴史の常識」を問い直すとともに、歴史学の議論の活性化に資することを期待したい。

二〇一五年一月

(財)歴史科学協議会代表理事

服藤早苗

執筆者一覧（執筆順．職名は省略した．）

木村茂光（帝京大学文学部）
大日方純夫（早稲田大学文学学術院）
北條勝貴（上智大学文学部）
田中英司（埼玉県立さきたま史跡の博物館）
設楽博己（東京大学大学院人文社会系研究科）
大山誠一（中部大学人文学部）
金子修一（國學院大學文学部）
遠山美都男（学習院大学・日本大学）
大隅清陽（山梨大学大学院教育学研究科）
関根淳（富士見丘中学高校）
荒木敏夫（専修大学文学部）
服藤早苗（埼玉学園大学人間学部）
鎌倉佐保（首都大学東京都市教養学部）
野口実（京都女子大学宗教・文化研究所）
野口華世（共愛学園前橋国際大学国際社会学部）
髙橋昌明（元 神戸大学文学部）
高橋典幸（東京大学大学院人文社会系研究科）
近藤成一（東京大学史料編纂所）
黒田智（金沢大学人間社会学域学校教育学類）
秋山哲雄（国士舘大学文学部）
海津一朗（和歌山大学教育学部）
川戸貴史（千葉経済大学経済学部）
湯浅治久（専修大学文学部）
藤木久志（元 帝京大学文学部）
谷本晃久（北海道大学大学院文学研究科）
渡辺美季（東京大学大学院総合文化研究科）
松本和也（早稲田実業学校）
六反田豊（東京大学大学院人文社会系研究科）
高野信治（九州大学大学院比較社会文化研究院）
小川和也（中京大学文学部）
大橋幸泰（早稲田大学教育・総合科学学術院）
深谷克己（元 早稲田大学文学学術院）
山本英二（信州大学人文学部）
中西崇（江東区地域振興部文化観光課）
若尾政希（一橋大学大学院社会学研究科）
山本陽子（明星大学造形芸術学部）
野尻泰弘（明治大学文学部）
須田努（明治大学情報コミュニケーション学部）
石井寛治（元 東京大学経済学部）
大谷正（専修大学文学部）
田中比呂志（東京学芸大学教育学部）
林雄介（明星大学人文学部）
櫻井良樹（麗澤大学外国語学部）
坂井博美（南山大学人文学部）
大豆生田稔（東洋大学文学部）
谷ヶ城秀吉（名城大学経済学部）
佐々木啓（茨城大学人文学部）
丸山鋼二（文教大学国際学部）
島西智輝（香川大学経済学部）

編集委員（五十音順）

大橋幸泰
川手圭一（東京学芸大学教育学部）
小嶋茂稔（東京学芸大学教育学部）
田中比呂志
高松百香（東京大学史料編纂所）
戸川点（都立町田高等学校）
林雄介
宮瀧交二（大東文化大学文学部）
谷ヶ城秀吉

歴史の「常識」をよむ

2015年3月20日　初　版
2015年6月12日　第3刷

［検印廃止］

編　者　歴史科学協議会《れきしかがくきょうぎかい》

発行所　一般財団法人　東京大学出版会

代表者　古田元夫

153-0041 東京都目黒区駒場4-5-29
http://www.utp.or.jp/
電話 03-6407-1069　Fax 03-6407-1991
振替 00160-6-59964

印刷所　株式会社三陽社
製本所　牧製本印刷株式会社

© 2015 Association of Historical Science, Editor
ISBN 978-4-13-023066-7　Printed in Japan

JCOPY 〈㈳出版者著作権管理機構 委託出版物〉
本書の無断複写は著作権法上での例外を除き禁じられています．複写される場合は，そのつど事前に，㈳出版者著作権管理機構（電話 03-3513-6969，FAX 03-3513-6979，e-mail: info@jcopy.or.jp）の許諾を得てください．

著者	書名	判型	価格
歴史科学協議会 鵜飼・蔵持・杉本 宮瀧・若尾 編	歴史をよむ	A5	二五〇〇円
歴史科学協議会編	天皇・天皇制をよむ	A5	二八〇〇円
竹内誠 佐藤和彦 君島和彦 木村茂光 編	教養の日本史 第2版	A5	二〇〇〇円
史学会編	歴史学の最前線	A5	四八〇〇円
ひろたまさき キャロル・グラック 監修	歴史の描き方 全3巻	四六	各二五〇〇円
遅塚忠躬著	史学概論	A5	六八〇〇円
三谷博 並木頼寿 月脚達彦 編	大人のための近現代史 19世紀編	A5	二六〇〇円

ここに表示された価格は本体価格です．御購入の
際には消費税が加算されますので御了承下さい．